French for You

GCSE edition

COLIN ASHER AND DAVID WEBB

Stanley Thornes (Publishers) Ltd

Originally published in 1982 by Hutchinson Education
Reprinted 1987 (twice)

Reprinted in 1989 by
Stanley Thornes (Publishers) Ltd
Ellenborough House
Wellington Street
CHELTENHAM GL50 1YD

Reprinted 1991, 1993, 1994

British Library Cataloguing in Publication Data

Asher, Colin
    French for you.
    1
    1. French language – For schools—1950–
    I. Title
    448 PC2112

    ISBN 0 7487 0262 8

Printed and bound in Great Britain by
Butler & Tanner Ltd, Frome and London

Acknowledgements

The authors gratefully acknowledge the help they have received from the following:
    Daniel Abolivier
    Béatrice Berlikowski
    Colette Bonafos
    Lisa Dudeney
    David Morris
    Dennis Rudd
    Rachel Thomas
    M and Mme B. Weber
    Catherine Winch

Designed by SGS Education, 8 New Row, London WC2N 4LH and Janet McCallum

Illustrated by Dave Farris, David La Grange, Julia Osorno and Barry Thorpe

The publishers would like to thank the following for permission to reproduce copyright photographs: Colin Asher, pages 3, 4, 23, 36, 80, 92, 97, 98, 99, 119, 124, 149, 152, 155, 159, 167, 168, 169, 170, 174, 175, 182, 183, 191, 192, 199, 202, 209, 222, 233, 235, 237, 246, 248, 250, 252, 253; Mansell Collection, pages 17, 27; National Gallery, London, reproduced by courtesy of the Trustees, page 164; The Phillips Collection, Washington, page 244; David Webb, pages 118, 265, 272; Jean Webb, pages 6, 50, 79, 94, 120, 121, 181.

Contents

Preface

This new edition of *French for You* is a two-part course for fourth- and fifth-year pupils who have already started French and who are working towards a GCSE examination.

The course is divided into units, each based on a topic and each providing practice in listening, speaking, reading and writing. Units comprise two parts: a core element designed for all pupils and an **Extra** section, indicated with a black top corner, providing further practice and more demanding tasks for those aiming at a higher level of proficiency. Structures are introduced within the body of each unit and there is also a reference grammar on page 327. In the **Extra** sections, the symbol indicates a learning task.

In the authors' experience, systematic re-introduction and practice of material already encountered in earlier years of foreign language learning is essential. In addition to extending pupils' knowledge of the French language and culture, *French for You* aims to gather together the strands of what has gone before, thus providing another chance to master what may previously have been imperfectly grasped. It is hoped that pupils may be helped to a new confidence, and that they will enjoy working with the course. Wherever possible, authentic French material has been used and each unit ends with a not-too-serious item, *la bonne bouche*.

Each unit has a list of *mots essentiels*, words that the pupils will need to learn. These have been kept to a minimum, and a French–English vocabulary has been provided for reference at the end of the book. Each part of the course is accompanied by a cassette, and the symbol in the text indicates a taped item. A complete teacher's tapescript is included on page 310.

What are they like?

This Unit is about how to give and find out personal
information and how to describe people and things. When you
have finished it, you will be able to talk about yourself and
other people and exchange information on these topics: age,
address, date and place of birth, appearance and likes and
dislikes. You will also have learnt how to set out a letter to a
French friend.

Cartes d'identité

Every French adult has to carry an identity card. If these
famous people from French history were alive today, their
identity cards might look something like this:

Nom	d'Arc	Bonaparte	de Gaulle
Prénom	Jeanne	Napoléon	Charles André
			Marie Joseph
Domicile	Orléans	Paris	Paris
Âge	18 ans	35 ans	75 ans
Date de			
naissance	1412	le 15 août 1769	le 22 novembre 1890
Lieu de			
naissance	Domrémy (Lorraine)	Ajaccio (Corse)	Lille (France)
Taille	moyenne: 1m 62	petite: 1m 57	très grande: 1m 91
Poids	50 kg	70 kg	86 kg
Cheveux	bruns	bruns	gris
Yeux	bruns	bruns	bleus
Profession	capitaine d'armée	général	président de la
			République française

1 Now use the information on the identity cards to answer these questions:

a Comment s'appelle la jeune fille sur la première photo?

b Où habite Napoléon?

c Quels sont les prénoms du Président de Gaulle?

d Quel âge a Napoléon? et de Gaulle?

e Quel est l'anniversaire de Napoléon?

f Comment s'appelle le village où Jeanne d'Arc est née?

g Qui est le plus grand des trois?

h Combien est-ce que Napoléon pèse?

i Qui a les cheveux bruns?

j Qui a les yeux bleus?

2 Say whether the following statements about the characters are true *(vrai)* or false *(faux)*, and if false, try to correct them:

a Napoléon est né à Paris.

b Jeanne d'Arc a dix-sept ans.

c Elle habite Domrémy.

d Nous savons la date exacte de la naissance de Jeanne.

e De Gaulle est né en dix-huit cent quatre-vingt-dix.

f Domrémy est en Alsace.

g Jeanne pèse quinze kilos.

h De Gaulle est le plus lourd des trois.

i Les yeux de Jeanne sont de la même couleur que ses cheveux.

j Jeanne est plus grande que de Gaulle et plus petite que Napoléon.

3 Imagine you have to fill in an identity card for the person in this picture. Before you start, make a list of the headings (**Nom, Prénom**, etc.), then listen to the tape and write in the details.

4 Look again at the identity cards and make two more, one giving details of yourself and one of a friend. Learn the details for future use and be prepared to describe yourself in French making use of this information.

You will need to answer questions such as:

Comment vous appelez-vous?

Où habitez-vous?

Quel âge avez-vous?

Quelle est la date de votre anniversaire?

En quelle année êtes-vous né(e)?

Où êtes-vous né(e)?

Combien mesurez-vous?/De quelle taille êtes-vous?

Combien pesez-vous?

De quelle couleur sont vos yeux/vos cheveux?

Finding out names and giving them

There are two kinds of questions you might be asked if someone wanted to know your name:

Comment vous appelez-vous?/Comment t'appelles-tu?

or *Quel est votre/ton nom?*

In answer to the first one you would say:

Je m'appelle (Philip Smith);

and in the second case you would say:

C'est (Philip Smith) or perhaps just (Philip Smith).

If you wanted to ask someone what another person was called, you would say:

Comment s'appelle-t-il/elle?

and if it was more than one person you wanted to find out about:

Comment s'appellent-ils/elles?

Sometimes you might want to specify the person you were asking about, like this:

Cette jeune fille, comment s'appelle-t-elle?

or Comment s'appelle *cette jeune fille?*

Le capitaine de l'équipe française, comment s'appelle-t-il?

or Comment s'appelle *le capitaine de l'équipe française?*

If you were asking about someone, you would expect the answer to start

Il/elle s'appelle . . . or *Ils/elles s'appellent . . .*

Now prepare answers to these questions:

a Comment vous appelez-vous?

b Comment s'appelle votre soeur/votre frère?
Comment s'appellent vos soeurs/vos frères?

c Votre professeur de français, comment s'appelle-t-il/elle?

d Vos chanteurs préférés, comment s'appellent-ils?

e Votre meilleur(e) ami(e), comment s'appelle-t-il/elle?

Jean-Paul Raveneau

Read the information given about Jean-Paul Raveneau, then do the exercises:

Nom:	Raveneau
Prénom:	Jean-Paul
Âge:	vingt-quatre ans
Anniversaire:	le quatorze août
Nationalité:	française
Poids:	79 kg
Taille:	1m 75
Cheveux:	bruns
Yeux:	bruns

Personnalité

Caractère:	aimable
Principale qualité:	il ne fume pas
Principal défaut:	il parle trop
Passion:	les vieilles autos
Ambition:	devenir célèbre

Goûts

Sport préféré:	la natation
Passe-temps préférés:	aller au cinéma et faire des promenades à bicyclette
Plat préféré:	le bifteck
Boisson préférée:	le vin de Champagne

1 Complete the sentences below by choosing the correct information:

a Il a...
A 17 ans
B 26 ans
C 24 ans
D 45 ans

b Il est né...
A au printemps
B en été
C en automne
D en hiver

c Il pèse...
A seize kilos
B soixante-neuf kilos
C soixante-dix-neuf kilos
D trente-neuf kilos

d Il mesure . . .
  A un mètre
     soixante-neuf
  B un mètre
     cinquante-cinq
  C un mètre
     quatre-vingts
  D un mètre
     soixante-quinze

e Il a les cheveux . . .
  A courts
  B longs
  C gris
  D blonds

f Il est . . .
  A gentil
  B paresseux
  C drôle
  D méchant

g Il déteste . . .
  A les autos
  B le cinéma
  C le vin
  D les cigarettes

h Il aime se promener . . .
  A à vélo
  B en auto
  C à cheval
  D à pied

i Il préfère manger . . .
  A le poisson
  B le boeuf
  C les pommes
     de terre
  D le fromage

2 Using the model above, give a profile of
yourself or one of your friends.

Regardez bien!

Look at the picture of passers-by in a Belgian
street, then do the exercises:

M Brosseau

Alain Delmas   M et Mme Kerpel   Mme Renay   Anne-Marie Godin

Valérie Ibert

1 *Questions*

a Combien de personnes portent des lunettes?

b Combien de sacs à main voyez-vous?

c ... et qui le porte?

d Combien de vestons de cuir y a-t-il?

e ... et comment s'appellent les personnes qui les portent?

f Combien de femmes portent un manteau?

g ... et comment s'appellent-elles?

h Combien d'hommes portent un pardessus?

i ... et comment s'appellent-ils?

j Qui porte un chapeau ou une casquette?

k Combien de jeunes filles en jean ou en pantalon y a-t-il?

l Comment s'appelle la femme en jupe?

2 Complete the following description of Alain Delmas:

Cet homme _____ Alain Delmas. Il est assez _____. Il n'est pas _____, mais il n'est pas vieux non plus. Il a les _____ bruns et courts et il a une petite moustache _____. Aujourd'hui il porte un _____ gris et un _____ noir à col roulé.

3 Who are these persons?

a Cette jeune fille est assez jeune (elle a 13 ou 14 ans) et elle a les cheveux longs et châtains. Elle n'aime pas les jupes et porte toujours un jean et un veston de cuir.

b Ce monsieur est assez âgé (il a environ 65 ans). Il a les cheveux gris et porte un pardessus noir. Aujourd'hui il porte aussi une casquette. Il ne porte pas de lunettes.

4 Now write similar descriptions of Mme Renay and Anne-Marie Godin.

Describing people and things

If you want to ask what someone or something is like, you use *Comment* ...? For example:

'Ta voiture, *comment* est-elle?'

In the answer you will usually hear one or more adjectives:

'Eh bien, elle est assez *neuve, bleue* et très *confortable. Rapide* aussi, mais très *économique.* C'est une Renault 5.'

Adjectives in French change according to what they are describing and usually have different forms according to whether they are masculine, feminine or plural. The normal pattern is:

un livre intéressant
des livres intéressant*s*
une histoire intéressant*e*
des histoires intéressant*es*.

But some adjectives are irregular, and have to be learnt separately, for example:

blanc/blanche (white)
vieux/vieille (old)
beau/belle (beautiful).

A more complete list of irregular adjectives appears in the Reference Grammar, page 125.

Adjectives usually come after the noun they are describing (un film *amusant*), but some common ones come in front, for example:

grand (tall)	jeune (young)
petit (small)	joli (pretty)
nouveau (new)	bon (good)
vieux (old)	mauvais (bad)
gros (big, fat)	beau (fine, beautiful)

This and that ...

To say *this/that* ... or *these/those* ... you use

	singular	plural
masc.	ce	
	cet (before a vowel)	ces
fem.	cette	

For example:

Ce pantalon est bleu.
Cet enfant a les cheveux blonds.
Cette chemise est chère.
Ces hommes sont français.
Ces jeunes filles portent des chaussures de tennis.

If you want to stress that you mean *this* thing as opposed to *that* one, you add *-ci* (this) or *-là* (that) to the noun:

Ce pull-*ci* est trop grand, ce pull-*là* est trop petit!
Je préfère ces pantalons-*là* à ces pantalons-*ci*.

La lettre d'Anne-Marie

Read the following letter, then do the exercises:

Meaux, le 29 septembre

Chère Alison,
   Je m'appelle Anne-Marie Faivre et j'ai 15 ans. Le prof.
d'anglais dit que tu cherches une correspondante française.
Moi, je veux bien correspondre avec une jeune Anglaise.
   J'habite Meaux, qui est une petite ville située sur la
Marne, à environ 35 km au nord-est de Paris. J'ai un frère
(17 ans) et une soeur (12 ans). Mon père travaille dans un
bureau et ma mère est vendeuse dans une pâtisserie à
Meaux.
   J'aime nager (il y a une belle piscine neuve à Meaux) et
écouter les disques. Quel est ton groupe préféré? Le soir, je
fais mes devoirs ou je sors avec mes amis.
   Voici une photo prise l'été dernier. Je suis blonde et j'ai les
yeux bleus.
   Quel âge as-tu, et quelle est la date de ton anniversaire?
Est-ce que tu as des frères ou des soeurs? Et quels sont tes
passe-temps préférés?
                    Écris-moi bientôt,

                       Anne-Marie Faivre

Whilst we write our full
address at the top of a
letter, French people
usually put just the town
and the date. However,
they put the full address on
the back of the envelope.
This means that if a letter
goes astray it can be
returned to the sender
without being opened.

1 *Questions*

a Anne-Marie, quel âge a-t-elle?
b Combien de frères a-t-elle?
c Sa soeur, quel âge a-t-elle?
d Où habite-t-elle?
e Quels sont ses passe-temps préférés?

2 Now look at the photo Anne-Marie has sent to Alison. Write a short description of her using the words and phrases you have been practising in the Unit so far.

3 Answer these questions about yourself:

a Quel âge avez-vous?
b Avez-vous des frères? des soeurs?
c Combien de personnes y a-t-il dans votre famille?
d Où habitez-vous?
e Que faites-vous le soir?
f Aimez-vous nager?
g Avez-vous les yeux bleus?
h Avez-vous les cheveux blonds? Si *non*, de quelle couleur sont-ils?

The Present tense

Most of the verbs in this Unit are in the Present tense, which is the tense people use most of the time in normal conversation. The formation of the three regular types of verbs is shown in the Reference Grammar, page 332. However, many common verbs are irregular and have to be learnt separately. The most common irregulars are given in the Verb Table on page 337.

Asking questions

For questions which expect the answer *Oui* ... or *Non* ..., all you need do is keep the verb the right way round and raise your voice slightly at the end of the question. For example,
   Vous avez un frère?
or M Martin travaille en ville?

Another easy way to ask this kind of question is to start with *Est-ce que* ...?
   Est-ce que vous avez un frère?
or Est-ce que M Martin travaille en ville?

A third way is to turn the verb round, like this:
   Avez-vous un frère?
or M Martin, travaille-t-il en ville?

For practice, try these. What questions received these answers? (Remember there are three possibilities in each case):

   a Oui, j'aime beaucoup la musique moderne.
   b Oui, je parle français, un peu.
   c Oui, il pleut beaucoup en Angleterre.
   d Ma soeur? Non, elle a les cheveux blonds.
   e Non, le directeur n'est pas très sévère.

Accidents de route

Here are some extracts from a Belgian local newspaper giving brief details of accidents which happened one weekend near the town of Liège. Read them through, then do the exercises.

LIÈGE — rue de Bex, collision entre une auto et le motocycliste Emile Colemont, rue G. Thiriards 27, à Liège. Ce dernier, qui a une fracture ouverte de la jambe droite, a été transporté à Bavière par l'ambulance des pompiers de Liège. (Samedi, 11h.)

HARZE — route Bastogne - Liège, au carrefour Békannou, collision entre une auto conduite par M André Damsin et la petite Anne-Marie Bouvier (8). Cette dernière est blessée au visage et au pied droit. (Dimanche, 15h 20.)

ROCOURT — Chaussée de Tongres, Mme Maria Monseur, (68), avenue de l'Observatoire 50, à Lierneux, a fait une chute et s'est blessée à l'épaule gauche. Elle a été transportée aux Anglais par l'ambulance des pompiers de Liège. (Samedi, 17h 15.)

HERSTAL — rue Elvaux, en face du 5, le cyclomotoriste, Eugène Leroy, rue Joset 45, à Momalle, a heurté deux autos en stationnement: celle de M Gaston Goffin, rue de Fléron, à Momalle, et celle de son beau-père, M Joseph Pieters, rue Elvaux 5, à Herstal. M Leroy, pour qui l'on craint une fracture du bras gauche a été transporté à Bavière, par une ambulance de la Protection civile. (Samedi, 20h 30.)

VIGNEVIS — rue de Cheratte, une Simca 1000 a été déportée dans un virage, a heurté le talus de gauche et s'est immobilisée, les roues en l'air. La voiture est hors d'usage. Le conducteur, M Walter Dubois (20), rue des Wallons 84, à Vignevis, qui était seul, a été blessé au visage et au genou droit. (Dimanche, 11h 15.)

FLEMALLE-GRANDE — Place Joseph Wauters, Philippe Guitoun (6), rue Crucifix 17, à Flemalle-Grande, a fait une chute de vélo et s'est blessé au bras droit. Le garçon a été transporté à la clinique Merlot par l'ambulance des pompiers de Seraing. (Samedi, 19h.)

1

a What injuries were received by these people?
M Colemont
Anne-Marie Bouvier
Mme Monseur
M Leroy
M Dubois
Philippe Guitoun

b What do you think Bavière is? What other two similar places are mentioned in the extracts?

c Which of the injured people were riding bikes, mopeds or motor bikes?

d Give, in English, a brief description of the accident at Herstal involving M Leroy.

e What is different about the way Belgian addresses are written from the English and French arrangement?

f Which was the first accident to happen? Which was the last?

g Who was the oldest person to be injured? Who was the youngest?

2 Look at the reports of the accidents which happened at Vignevis and at Rocourt. The injured people gave the following answers in reply to questions. What were the questions?

a 'Je m'appelle Walter Dubois.'
b 'J'ai vingt ans.'
c 'Mon adresse est rue Joset 45, à Momalle.'
d 'Oui, j'ai une Simca Mille.'
e 'Je suis blessé au visage et au genou droit.'

a 'Mon nom? C'est Maria Monseur.'
b 'Oui, j'ai soixante-huit ans.'
c 'J'habite Lierneux.'
d 'Oui, je suis seule à la maison.'
e 'Non, je suis blessée à l'épaule gauche.'

Accident à Orléans

Read through the newspaper report of a street accident at
Orléans, then do the exercises:

ACCIDENT A ORLEANS
DENISE SOUCHET, VEDETTE DE TELEVISION,
GRAVEMENT BLESSEE

Hier soir, Mlle Denise Souchet, présentatrice de la série de
télévision INTER-STAR, a été frappée par une voiture en
traversant la rue des Florentins. La voiture, malgré les cris des
passants, a continué sa route vers la sortie de la ville et a bientôt
disparu dans la circulation intense de la fin d'après-midi. Mlle
Souchet, 25 ans, qui habite à Vincennes (Val-de-Marne),
passait le week-end chez des amis avant de retourner à Paris
pour préparer son programme de la semaine prochaine.
Gravement blessée, Mlle Souchet a été transportée par
l'ambulance Denoyer à l'hôpital Ste-Geneviève, d'où nous
recevons ce bulletin: Mlle Souchet n'a pas encore repris
connaissance. Elle a une fracture de la jambe droite, une
fracture du bras droit et de multiples blessures internes.
Pourtant sa vie n'est pas en danger et on espère une
récupération totale.

Les parents de Mlle Souchet, appelés d'urgence près de la
blessée, sont encore à Ste-Geneviève et attendent une prochaine
reprise de connaissance de leur fille.

Les policiers, avertis par le propriétaire d'une épicerie voisine,
ont commencé leurs recherches pour trouver le conducteur de la
voiture ou la voiture elle-même. On recherche une Citroën GS
bleue, conduite par un homme de 25 à 30 ans aux cheveux frisés
et vêtu d'un veston de cuir noir (ou de couleur sombre) et d'un
pullover blanc.

1 *Questions*

a What was Mlle Souchet doing at the time of
the accident?

b What was the reaction of those who saw the
accident?

c What did the driver of the car do?

d What was Mlle Souchet doing in Orléans
that weekend?

e Why did she have to return to Paris?

f What details have been released by the
hospital about her condition?

g Where are her parents now, and what are
they doing?

h What are the police looking for?

i Who informed them of the accident?

j What description do we have of the car's
driver?

2 Complete the following:

a Le nom de la victime est _____.

b Elle _____ 25 ans.

c Elle _____ Vincennes.

d Elle _____ présentatrice d'un
programme de télévision qui _____
INTER-STAR.

e Mlle Souchet est _____ à la _____ droite et au bras _____.

f La police _____ le conducteur de la voiture.

g Cet homme _____ un veston de cuir.

3 In the course of their inquiries to locate the driver who knocked down Denise Souchet, the police are interviewing all owners of Citroën cars like the one involved in the accident. Imagine that you are a man who has such a car and who is being questioned by a policeman. Answer his questions in the way suggested:

Agent: Bonjour, monsieur. Je dois vous poser des questions sur un accident qui s'est passé hier, rue des Florentins. Je peux entrer?

Vous: (Tell him yes, come in)

Agent: Merci bien. (Pause, while he takes out a details form) ... Quel est votre nom, monsieur?

Vous: (Tell him you're called Roger Jamart)

Agent: ... et quel âge avez-vous?

Vous: (Tell him 26)

Agent: Votre adresse ... vous habitez ici?

Vous: (Tell him yes, you live here, it's 56, rue Étienne Duval)

Agent: Avez-vous une voiture, une Citroën GS?

Vous: (Tell him yes, you've a Citroën GS)

Agent: De quelle couleur est-elle, s'il vous plaît?

Vous: (Tell him it's blue)

Agent: Bon, merci. (He writes it down, then looks at you closely) Vous avez les cheveux bruns ...

Vous: (Yes, you've brown hair)

Agent: ... et de quelle couleur sont vos yeux? Gris?

Vous: (No, they're brown, as well)

Agent: Oui, bien sûr. (Writes it down) ... Est-ce que vous avez un veston de cuir?

Vous: (Yes, it's black)

Agent: ... et un pullover blanc?

Vous: (Tell him you've two white pullovers, why?)

Agent: (Doesn't answer) Votre voiture, monsieur, je peux l'examiner?

Vous: (Tell him yes, he can examine it)

Agent: Elle est là?

Vous: (Yes, it's here, in the garage)

Agent: Bon. (Goes off and comes back five minutes later) Voilà, c'est ça. Je peux vous laisser tranquille maintenant, monsieur. Votre voiture n'est pas la Citroën que nous cherchons. Votre voiture est toute neuve, propre et en bon état: l'autre est assez vieille, sale et en très mauvaise condition. Allez, au revoir, monsieur, et encore une fois merci.

Vous: (Breathing a sigh of relief, say goodbye to him)

La bonne bouche
Mots croisés

The Dutch artist Vincent van Gogh (1853 – 90) painted some of his most famous works in France, spending the last two years of his life in Provence. He suffered from mental illness and on one occasion cut off part of his ear.

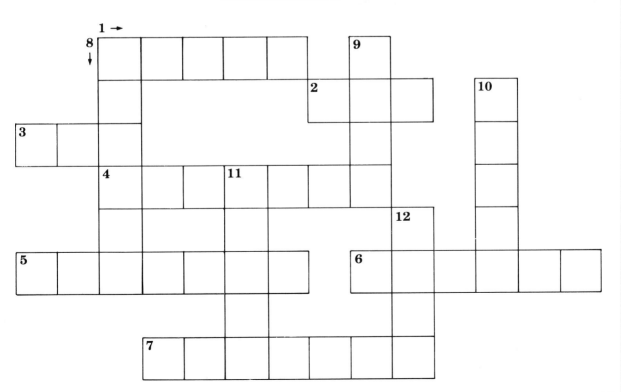

Mots essentiels

1

Le corps — **the body**

la barbe	beard
la bouche	mouth
le bras	arm
le(s) cheveu(x)	hair
le cou	neck
une épaule	shoulder
le front	forehead
le(s) genou(x)	knee(s)
la jambe	leg
la joue	cheek
la main	hand
le nez	nose
un oeil (les yeux)	eye(s)
une oreille	ear
le pied	foot
le visage	face

2

Les vêtements (m) — **clothes**

le bouton	button
la casquette	cap
le chapeau	hat
la chaussure } le soulier }	shoe
la chemise	shirt
la cravate	tie
un imperméable	raincoat
le jean	jeans
la jupe	skirt
les lunettes (f)	glasses
le manteau	overcoat
le pantalon	trousers
le pardessus	overcoat
le pull(over)	pullover
la robe	dress
la veste } le veston } (de cuir)	(leather) jacket

3

Les saisons (f) — **the seasons**

au printemps	in spring
en été	in summer
en automne	in autumn
en hiver	in winter

4

anglais	English
français	French
blanc(he)	white
bleu	blue
brun	brown
gris	grey
noir	black
blond	blond, fair
petit	small
moyen(ne)	average
grand	big, tall
long(ue)	long
court	short
droit	right
gauche	left
propre	clean
sale	dirty
neuf (neuve)	(brand) new
nouveau (nouvelle)	new
aimable } gentil(le) }	pleasant, nice
drôle	funny
lourd	heavy
méchant	nasty
paresseux (-euse)	lazy
blessé	hurt, injured
préféré	favourite

Extra

More about the Present tense

As you saw on page 13, it's vital that you know the Present tense thoroughly. Unfortunately, there's no easy way: you just have to learn it and make sure you use it as often as possible.

1 Test!
Learn the Present tense of the verbs listed below:
a *aller* to *dormir* (page 337)
b *écrire* to *pouvoir* (pages 337–8)
c *prendre* to *vouloir* (page 338)

2 Write out these sentences, filling in the gaps with any verb in the Present tense which makes sense, then write out underneath what each sentence means.
a Ma soeur _____ brune et elle _____ les yeux noirs.
b Mon amie _____ Julie et elle _____ Meaux.
c Nous _____ quinze ans toutes les deux.
d Le soir, que _____ -vous?
e Je _____ pour l'école à 8h15.
f Les jeunes Français _____ beaucoup de devoirs?
g Vous _____ français? Non, je _____ anglais.
h Le matin, je _____ du thé.
i Quels _____ tes passe-temps préférés? Tu _____ nager?
j Je _____ vous poser des questions. Je _____ entrer?

3 This is part of a letter from a French pen-friend, but all the verbs are in the Infinitive instead of the Present tense. Write down the correct form.
'. . . il n'y (avoir) pas grand-chose de nouveau ici. À l'école nous (avoir) beaucoup de travail, surtout en anglais. Le professeur (être) très sévère; elle (être) aussi exaspérante parce qu'elle (crier) tout le temps, même lorsque nous (être) sages. Quelle langue étrangère (pouvoir)-on apprendre dans ton école?
    'Je (croire) que je (aller) m'arrêter là; j' (avoir) beaucoup de devoirs et après, je (devoir) dormir pour récupérer de la fatigante journée que je (venir) d'avoir. J'(espérer) te voir bientôt. Si tu (avoir) le téléphone, (pouvoir)-tu me donner ton numéro?'

4 What would you write for the following in a letter to a French pen-friend?
a How old are you?
b Have you any brothers and sisters?
c What do you do in the evening?
d I go out with my friends.
e We like to go to the cinema or to listen to records.
f What do you do in summer? Where do you go?
g I do my homework, then I go to the swimming pool.
h What are your parents like?
i My mum and dad work in town.
j Do you want to write in English or French?

Catastrophe!

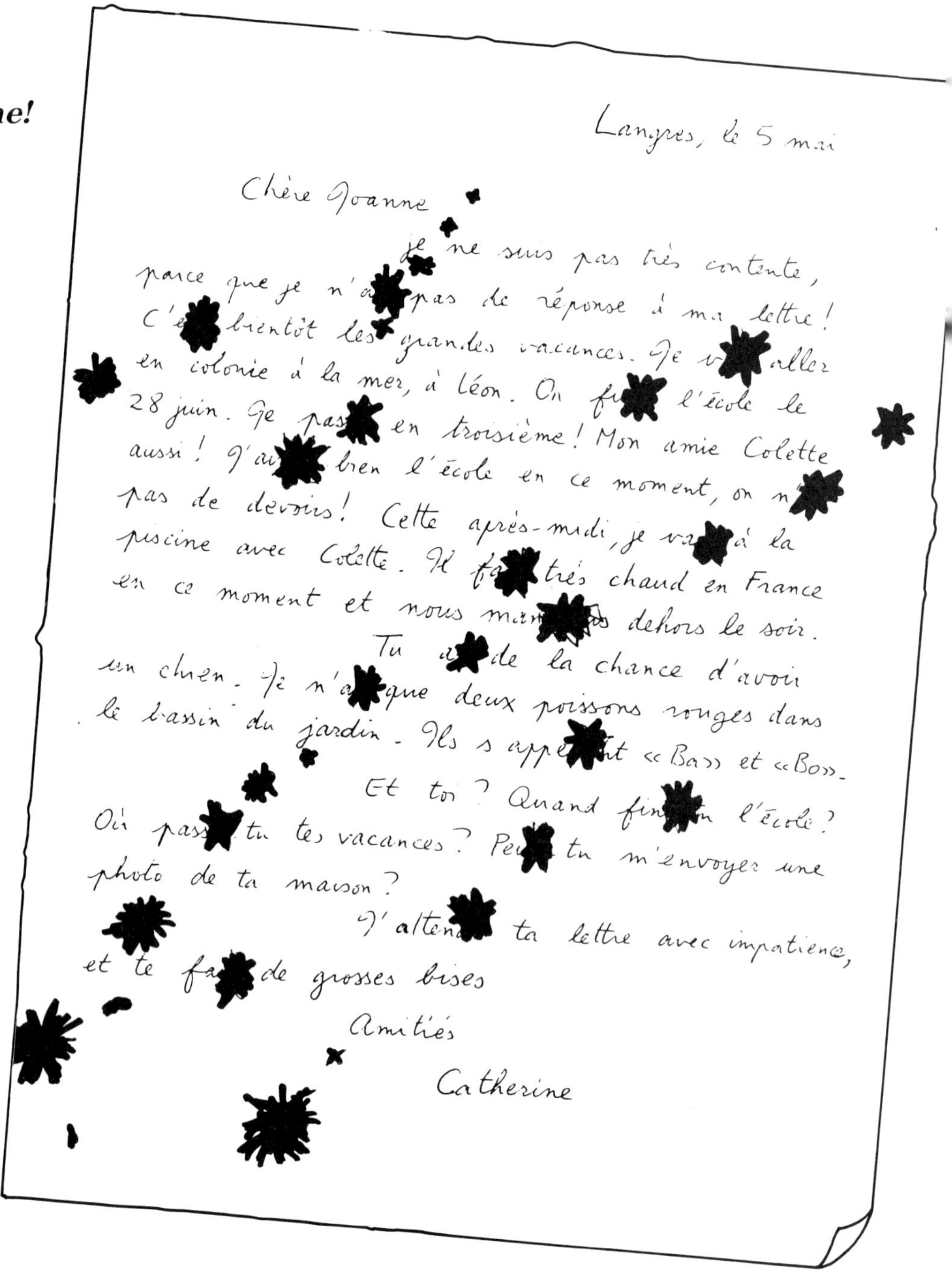

Langres, le 5 mai

Chère Joanne

Je ne suis pas très contente, parce que je n'a▓ pas de réponse à ma lettre! C'e▓ bientôt les grandes vacances. Je v▓ aller en colonie à la mer, à Léon. On f▓ l'école le 28 juin. Je pas▓ en troisième! Mon amie Colette aussi! J'ai▓ bien l'école en ce moment, on n'▓ pas de devoirs! Cette après-midi, je va▓ à la piscine avec Colette. Il fa▓ très chaud en France en ce moment et nous ma▓ dehors le soir.

Tu a▓ de la chance d'avoir un chien. Je n'a▓ que deux poissons rouges dans le bassin du jardin. Ils s'appe▓t « Bas » et « Bo »...

Et toi ? Quand fini▓n l'école? Où pass▓ tu tes vacances? Peu▓ tu m'envoyer une photo de ta maison?

J'atten▓ ta lettre avec impatience, et te fa▓ de grosses bises

Amitiés

Catherine

You've just had a nasty accident with a tin of paint near your young sister's letter from her pen-friend. She shouldn't have left it lying around, but she's still going to be upset when she finds out. Just for peace and quiet, you're going to have to write it out properly for her, and anyway, Catherine wants a quick reply ...

1 Write out the letter in French

2
a Explain why Catherine's cross.
b Say where she's going for her holidays.
c Explain why she likes school at the moment.
d Say what she's doing this afternoon.
e Say two things about Catherine's pets.

Ce, etc

1 Learn the various ways of saying 'this', 'that', 'these' and 'those' (page 11), then use what you have learnt to do these exercises.

2 Write out these sentences, filling in the gaps:

a _____ histoire est très amusante!
b Regarde _____ chapeau!
c Elle est belle, _____ voiture!
d _____ homme est dangereux.
e Je la connais, _____ chanson.
f Tu viens à la disco _____ soir?
g Je les aime bien, _____ chaussures.
h Que vas-tu faire de tout _____ argent?
i D'où viennent-ils, tous _____ gens?
j Il n'est pas difficile, _____ exercice!

3 Write sentences saying who these items belong to. The larger items are here, the smaller ones over there. For example:

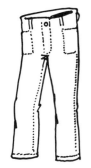
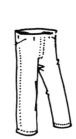

Robert   Philippe

Ce jean-ci est à Robert, ce jean-là est à Philippe

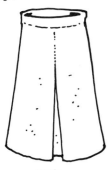

a   Hélène   Françoise

b   Christophe   Marie-Anne

c   Célestine   Paul

d   François   Julienne

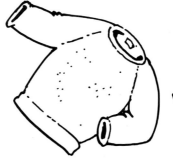

e   Pascale   Antoine

More questions

On page 13 you practised asking questions which were answered with *Oui* . . . or *Non* . . . You need to know other question forms as well. Here are some common words used to start questions:

Où . . . ?	(Where . . . ?)
Pourquoi . . . ?	(Why . . . ?)
Comment . . . ?	(How . . . ?)
Quand . . . ?	(When . . . ?)
Combien de . . . ?	(How much/many . . . ?)
Qui . . . ?	(Who . . . ?/Whom . . . ?)
Qu'est-ce que . . . ?	(What . . . ?)

When you use these question words, you can either use the easy *est-ce que* way, for example:

Où est-ce que tu habites?

Quand est-ce que Paulette arrive?

NB *Qu'est-ce que* already has *est-ce que* in it, so you can only use it in this way

or, more difficult, you can turn the verb round, like this:

Où habites-tu?

Quand Paulette arrive-t-elle?

Very often, in conversation, you will hear French people use question forms like this:

Tu habites où?

Elle arrive quand, Paulette?

Another question word, *quel* (*quelle/quels/ quelles*) . . .? is easy: it's used like 'which . . .?' or sometimes 'what . . .?' in English. For example:

Quel est ton pull préféré?

À quelle heure est-ce que tu pars?

1 How would you ask someone:
a . . . where they live?
b . . . how they come to school?
c . . . what they are doing this evening?
d . . . why they're wearing a coat?
e . . . how much money they've got?
f . . . when they're going to town?
g . . . what their favourite colour is?

2 Look at the street scene on page 10 and make up five questions of your own based on what you see. When you have finished, practise them with a partner.

On choisit un cactus

Look at the photograph on the right.

1 Write a short description of each of the four main characters in this photo. Include information about:
— where they are
— what they are doing
— what they are wearing
— what they look like

2 Now prepare five questions about the scene and, working in pairs, ask your partner the questions you have written. Your partner should close the book. When you have finished, change round.

Mme Dupré

M et Mme Gervais

Sylvie Legros

Mots extra

1 *célèbre* — famous
frisé — curly
gros(se) — big, fat
jeune — young
joli — pretty
sage — well-behaved
svelte — slim
vieux (vieille) — old

2 *le nom* — name
peser — to weigh
le poids — weight
le prénom — first name
la taille — height

3 *le carrefour* — crossroads
le conducteur — driver
une épicerie — grocer's shop

le lieu — place
le marché — market
la pâtisserie — cake shop
la rue — street

4 *le boeuf* — beef
la boisson — drink
le fromage — cheese
la pomme de terre — potato
le thé — tea

5 *(s')arrêter* — to stop
la chanson — song
chercher — to look for
une image — picture
la natation — swimming
la veuve — widow

Point final: Lonely hearts

These advertisements come from the contact column of a
French newspaper.

1 25 ans, mais seule
Je suis une jolie petite vendeuse, aux
chev. longs et aux yx. verts. Je
souhaite renc. v. mar. J.H. sinc. et
travailleur. Ecrire au journal sous
n°· C263843

2 Infirmière, 28 ans
Svelte, blonde aux yx. bleus, aime le
jardin, ch. J.H. sérieux et affect.
région, situat. indiff. Joindre photo
qui sera retournée. Ecrire pour mod.
et cond. de renc. évent. sous n°· D743

3 Jean-Philippe, 22 ans
Sympa, un joli sourire, un peu timide,
rech. J.F. moderne et dans le vent.
Ecr. ou tél. (65) 31.25.99

4 J'ai tant souffert
Déjà veuve à 26 ans, aime musique,
cinéma, piscine. Je suis tr. douce et je
donner. tout mon amour au J.H. sér.
qui saura m'aimer. Adr-vous au (66)
89.26.76 après 20 h.

5 Petite enfant et mon gentil papa, 39
ans, souhaitent rencontrer adorable
maman en v. mar. Ne sachant pas
encore lire, envoie aussi ton image.
Ecrire au journal sous n°· B478361

a To save space (and therefore money),
advertisers often use abbreviations. For
example *J.H.* is *jeune homme, v. mar.* is
vue mariage. What do you think the
following stand for?
| J.F. | yx. | sér. | tr. |
| chev. | renc. | Ecr. | |
b What is the job of the first advertiser?
c . . . and of the second?
d Which advertisers want a picture to be
sent?
e Which one admits to being a bit shy?
f . . . and which is looking for someone who
is hard-working?

g Which of the advertisers is a widow?
h Which of the advertisements is supposed
to come from a small child?
i Which advertiser likes swimming?
j . . . and which is looking for a really up-to-
date partner?
k Which advertiser says that geographical
location and social position don't matter?
l Write as full a description as you can of
the second advertiser.
m How are you told to reply to the first
advertisement?
n . . . and to the fourth one?

Daily life

This Unit is about life at home. When you have finished it, you will be able to exchange information about the members of your family and daily routine at home: getting up, going to school, meal times, evening activities, and so on. You will get practice in saying who something belongs to and learn about some important dates in the French calendar.

La journée de Marcel: 7h à 8h 30

Look at the pictures and the accompanying text, then answer the questions.

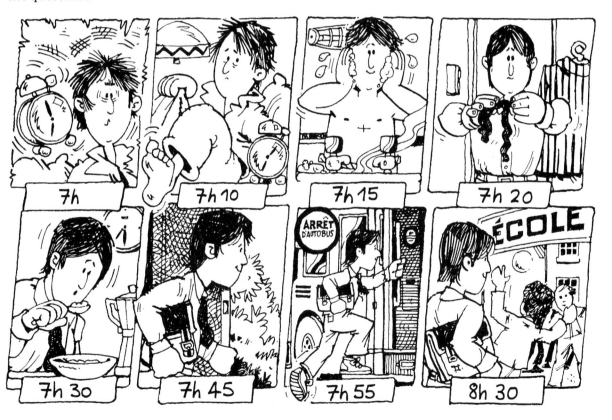

Marcel se réveille tous les jours à sept heures. Il se lève et va à la salle de bains où il se lave. Puis il s'habille. Dix minutes plus tard, il prend le petit déjeuner. À huit heures moins le quart il part pour l'école. Il prend l'autobus et arrive à l'école à huit heures et demie.

1 *Questions*

a Que fait Marcel à 7h 10?

b À quelle heure est-ce qu'il prend l'autobus?

c Que fait-il à 7h 15?

d Est-ce qu'il se réveille à 7h 20?

e À quelle heure est-ce qu'il se lève?

f Que fait-il à 8h 30?

g Est-ce qu'il part pour l'école à 7h 20?

h Est-ce qu'il prend le petit déjeuner à 7h 30?

i À quelle heure est-ce qu'il arrive à l'école?

j Que fait-il à 7h?

2 Listen to *la journée de Martine*: an account of how Martine starts her day. Your teacher will tell you how many times the tape will be played and when to answer the following questions:

a À quelle heure est-ce que Martine se réveille?

b À quelle heure est-ce qu'elle se lève?

c Que fait-elle à 7h 30?

d Quand est-ce qu'elle prend le petit déjeuner?

e Que fait-elle à 8h?

f À quelle heure est-ce qu'elle arrive à l'école?

Reflexive verbs

In English it is quite common for people to say things like 'Did you hurt yourself?', 'Have you cut yourself?' or 'Look at yourself in the mirror'. The same sort of thing happens in French, but also they sometimes use 'myself', etc. to indicate actions which are described by a simple verb in English. For example, where the French say *'il se lève'* (he gets *himself* up) we would just say 'he gets up'. In the same way they would say *'il s'habille'* (he gets *himself* dressed) and *'il se rase'* (he shaves *himself*). These are known as reflexive verbs and are recognized by their reflexive pronoun which goes with them. For example:

se laver (to get washed)

je *me* lave	nous *nous* lavons
tu *te* laves	vous *vous* lavez
il/elle *se* lave	ils/elles *se* lavent.

When the verb is negative, the reflexive pronoun still goes straight in front of it:

Le père de Jules ne *se rase* pas, il a une barbe.

Le dimanche Mireille ne *se lève* pas avant onze heures.

The reflexive verbs you will need most often are mostly -ER verbs and are to do with daily routine:

se réveiller (to wake up)

se lever (to get up) — Note: the first 'e' is written è, except in the *nous* and *vous* forms, e.g. je me *lève*, but nous nous *levons*

se laver (to get washed)

se raser (to get shaved)

s'habiller (to get dressed)

se peigner (to comb one's hair)

se brosser les dents (to brush one's teeth)

se déshabiller (to get undressed)

se coucher (to lie down/go to bed)

You also need to know *s'appeler* (to be called — see Unit 1) and *s'asseoir* (to sit down):

je m'assieds	nous nous asseyons
tu t'assieds	vous vous asseyez
il/elle s'assied	ils/elles s'asseyent

Un examen oral

Look at this dialogue between an oral examiner and his candidate: these are some of the things *you* might be asked about what you do each day:

Examinateur:	Bonjour, mademoiselle.
Élève:	Bonjour, monsieur.
Examinateur:	Asseyez-vous.
Élève:	Merci bien.
Examinateur:	Comment vous appelez-vous?

Élève:	Je m'appelle Valerie Smithson.
Examinateur:	Bon. Alors, Valerie, pour commencer voulez-vous me parler de votre journée? Par exemple, qu'est-ce que vous faites le matin?
Élève:	Eh bien, d'abord je me réveille ...
Examinateur:	À quelle heure?
Élève:	Oh, vers sept heures et demie.
Examinateur:	Et après, qu'est-ce que vous faites?
Élève:	Après, je me lève, et je me lave dans la salle de bains.
Examinateur:	Puis ... ?
Élève:	Puis je retourne à ma chambre, je m'habille, je me peigne et je descends à la cuisine.
Examinateur:	Et dans la cuisine, qu'est-ce que vous faites?
Élève:	Mon frère et moi, nous aidons notre mère à préparer le petit déjeuner, puis, après, je remonte à la salle de bains, je me brosse les dents, je me peigne encore une fois.
Examinateur:	Bien. Et à quelle heure quittez-vous la maison?
Élève:	Généralement je pars pour l'école à huit heures et demie ou à neuf heures moins vingt-cinq.
Examinateur:	Très bien, mademoiselle, merci.

1 Other things connected with daily routine will be covered in later Units, such as meals, school and transport. For the moment prepare answers, using Valerie's performance as a pattern, for these questions:

a À quelle heure vous réveillez-vous, normalement?

b Et le weekend, à quelle heure vous réveillez-vous?

c Qu'est-ce que vous faites après? (Use *se lever, se laver* and *s'habiller*, saying *where* you do these things for the last two)

d Quand est-ce que vous vous brossez les dents?

e Vous peignez-vous dans votre chambre?

f À quelle heure est-ce que vous prenez le petit déjeuner?

g À quelle heure est-ce que vous partez pour l'école?

h À quelle heure est-ce que vous vous couchez, normalement?

i Et le weekend, à quelle heure vous couchez-vous?

2 Once you are sure your French is correct and have practised the answers with your teacher, divide into pairs. One of you closes the book while the other takes the part of the oral examiner and asks you the questions put to Valerie, or similar ones. When you (and your partner!) are satisfied that you have practised enough, change round.

On

In the passage on page 28 and in many other Units of the book, you will see the pronoun *on*. This convenient word usually refers to people in general, where in English we would say *people, they* or *you*. It is used much more widely than the English *one*. You might say, for example,

En France on ne mange pas beaucoup au petit déjeuner (*people/they* don't ...)

On achète le pain à une boulangerie. (*You* buy ...)

Sometimes, instead of *on* alone, you may see *l'on*, especially when the word before it ends in a vowel, for example *si* (if) or *où* (where).

Une journée en famille

The following is an article from a French school magazine,
written after an exchange visit to England. Read it through,
then do the exercises.

Chaque famille a, bien entendu, une vie différente. On peut, malgré tout, parler d'une journée typique.

Beaucoup de nos correspondants ont une petite activité qui leur permet de gagner leur argent de poche: certains font du baby-sitting, d'autres distribuent des journaux. Les élèves qui distribuent des journaux se lèvent très tôt, vers 6h. Ils recommencent leur tournée après leur sortie de l'école.

Nous nous levons vers 7 h 30 ou 8 h. Certaines familles pratiquent encore la tradition de l' 'early cup': une tasse de thé au saut du lit. Le petit déjeuner est copieux: oeufs au bacon, corn flakes, toast et confiture, petits gâteaux secs ... et même des saucisses. Ensuite chacun va à ses affaires.

À midi, chacun déjeune sur son lieu de travail.

Au retour de l'école, c'est le 'tea': un véritable dîner avec de nombreux desserts, que l'on prend entre 5 et 6 heures. Dans plusieurs familles on s'habille pour ce dîner: chemise blanche, costume foncé, cravate. Après ce 'thé' tout le monde sort: en promenade dans les parcs, à la patinoire, à la piscine, au cinéma ou à la discothèque. Pendant ces sorties, on mange des 'fish and chips': on en trouve des boutiques à tous les coins de rue.

Vers 10 ou 11h de retour à la maison, on prend à nouveau un léger repas avant d'aller se coucher ... avec une tasse de thé, bien entendu.

Nous aimons beaucoup la gaîté de la vie familiale anglaise. Les gens chantent volontiers lorsqu'ils ne regardent pas la télévision et qu'ils n'écoutent pas la musique de la radio ou de leur chaîne haute-fidélité. Chacun va à ses propres affaires avec beaucoup d'indépendance. Mais tous se retrouvent au 'thé'. Ce mélange de liberté et de tradition est très sympathique.

1 *Questions*

a Some of the French children's English partners have a part time job baby-sitting. Which other job is mentioned?

b What time did the French children get up?

c Where does everyone have their midday meal?

d According to the French children, is tea a large or small meal?

e After tea, people go to the parks, the cinema or to a disco. Name one other place mentioned.

f When the English are not looking at TV or listening to music what, according to the writer, do they often do?

g The writer sees English family life as a mixture of two things. What are they?

2 Is your own daily routine similar to that described in the magazine article? Answer these questions:

a Est-ce que vous avez 'une petite activité'?

b Combien d'argent de poche recevez-vous chaque semaine?

c À quelle heure vous levez-vous?

d Que prenez-vous pour le petit déjeuner?

e À quelle heure prenez-vous le déjeuner?

f Est-ce que vous rentrez à la maison pour déjeuner?

g Où allez-vous quand vous sortez le soir?

h Que faites-vous quand vous restez à la maison?

i Aimez-vous chanter?

j Quels sont les principaux repas de la journée?

3 What differences are there between your day and that described in the article? Try to write at least four sentences. The following may help you:

Ils se lèvent vers 7h 30 ou 8h. Je me lève ...

Au petit déjeuner ils mangent ...

Je mange ...

Ils prennent le 'tea' entre 5 et 6 heures.Je prends le 'tea' ...

Après le 'tea', je ...

Possessive adjectives

In Unit 1 you practised agreement of adjectives and noted that adjectives have to agree with what they are describing. The same goes for Possessive Adjectives (*my, your,* etc.) which are included in this Unit. They are:

masc.	*fem.*	*plural*		*masc.*	*fem.*	*plural*	
mon	ma	mes	(my)	notre		nos	(our)
ton	ta	tes	(your)	votre		vos	(your)
son	sa	ses	(his, her, its, one's)	leur		leurs	(their)

If a feminine word starts with a vowel, don't use *ma, ta, sa* but *mon, ton, son.* For example:

une auto ... mon auto

une orange ... ton orange

une échelle ... son échelle

For practice, try these. Fill in the spaces with the appropriate possessive adjective:

a Il prend _____ petit déjeuner à 7h 30.

b 'Je m'habille dans _____ chambre,' dit Martine.

c 'À quelle heure quittez-vous _____ maison?' demande l'examinateur.

d Nous rencontrons _____ amis français à la gare.

e Elle arrive à _____ école à 9h.

L'anniversaire de Madame Mercier

C'est le 17 novembre, l'anniversaire de Mme Yvette Mercier. Elle a cinquante ans. Tous les membres de sa famille ont un cadeau pour elle. Voici sa famille et les cadeaux:

a son mari, Jacques

b son père, André
   sa mère, Françoise

c son frère, Alain
   sa soeur, Madeleine

d son fils, Robert
   sa fille, Chantal

e son cousin, Henri

f son beau-père, Charles
   sa belle-mère, Julia

g sa tante, Louise
   son oncle, Gérard

h son neveu, Christophe
   sa nièce, Anne-Marie

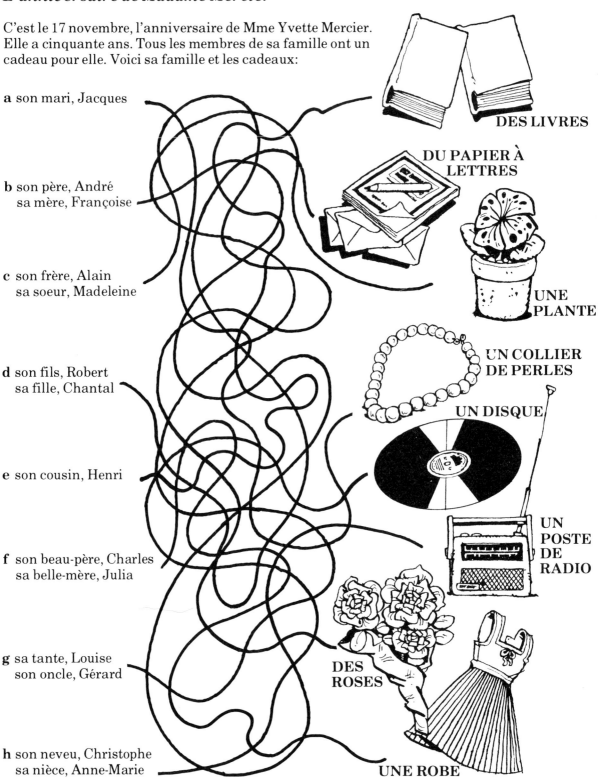

DES LIVRES

DU PAPIER À LETTRES

UNE PLANTE

UN COLLIER DE PERLES

UN DISQUE

UN POSTE DE RADIO

DES ROSES

UNE ROBE

1 *Questions*

What do they give Mme Mercier? Follow the lines to find out, then complete the following:

a Son mari offre à sa femme ...

b Ses parents offrent à leur fille ...

c Son frère et sa soeur offrent à leur soeur ...

d Son fils et sa fille offrent à leur mère ...

e Son cousin offre à sa cousine ...

f Ses beaux-parents offrent à leur belle-fille ...

g Son oncle et sa tante offrent à leur nièce ...

h Son neveu et sa nièce offrent à leur tante ...

2 Now supply answers for these questions *to* Mme Mercier's relations:

a Jacques, qu'est-ce que vous offrez à votre femme?

b Alain et Madeleine, qu'est-ce que vous offrez à votre soeur?

c Henri, qu'est-ce que vous offrez à votre cousine?

d Louise et Gérard, qu'est-ce que vous offrez à votre nièce?

e Christophe et Anne-Marie, qu'est-ce que vous offrez à votre tante?

f Jacques, quel âge a votre femme?

g Alain, combien de soeurs avez-vous?

h Chantal, combien de frères avez-vous?

i Charles et Julia, êtes-vous les parents d'Yvette?

j Charles, comment s'appelle votre femme?

3 *Vrai, faux ou possible?*

Look again at the members of Mme Mercier's family, then say whether the following statements about their relationships are true, false or simply possible:

a Yvette est la femme de Jacques.

b Julia est la mère d'Yvette.

c Robert et Chantal sont les cousins de Christophe et d'Anne-Marie.

d Anne-Marie est la fille de Gérard.

e Charles est le père de Jacques.

f Henri est le fils de Louise.

g Christophe est le fils de Madeleine.

h Chantal est la soeur de Robert.

i Louise est la tante d'Alain.

4 Answer these questions about Mme Mercier:

a Quel âge a-t-elle?

b Quel est son prénom?

c Quelle est la date de son anniversaire?

d Combien de cadeaux reçoit-elle?

e Est-ce que son mari s'appelle Henri?

f Combien d'enfants a-t-elle?

g Comment s'appellent sa fille et son fils?

h Quel est le nom de sa nièce?

i Combien de soeurs a-t-elle?

j Qui est Julia?

5 Fill in the spaces with the appropriate possessive adjective (*mon, son,* etc.)

a Mme Mercier aime beaucoup _____ collier de perles. Elle dit 'J'aime beaucoup _____ collier de perles.'

b Elle met _____ plante sur la fenêtre de la cuisine. Elle dit à — mari: 'Regarde _____ plante, elle est jolie, n'est-ce pas?'

c 'Elles sont belles, _____ roses,' dit Jacques Mercier à _____ femme, 'et _____ plante est belle aussi.'

d 'Tu es contente de _____ papier à lettres?' demandent les enfants à _____ mère.

e Qu'est-ce que nous offrons cette anneé à _____ belle-fille?' demande Julia. 'Elle apprécie toujours _____ cadeaux.'

f Christophe et Anne-Marie donnent _____ cadeau à _____ tante, puis ils jouent avec _____ cousins.

g 'Vous êtes très gentils tous les deux,' dit Mme Mercier à Christophe et Anne-Marie. '_____ cadeau est charmant.'

h 'J'ai des paquets pour vous aujourd'hui,' dit le facteur à Mme Mercier. 'C'est _____ anniversaire, ou l'anniversaire d'un de _____ enfants?'

6 Definitions. How would you define, in French, the following members of your family? For example:

Votre neveu.

Mon neveu est le fils de mon frère/ de ma soeur.

a Votre cousin.

b Votre beau-père.

c Votre tante.

d Votre nièce.

e Votre grand-mère.

7 Here is a list of the presents which Mme Mercier receives, together with eight adjectives to describe them. The form of the adjectives or their meaning will tell you which present they belong to. See if you can match them up:

Des livres ...   rouges
Du papier à lettres ...   illustrés
Une plante ...   magnifique
Un collier de perles ...   verte
Un disque ...   élégante
Un poste de radio ...   classique
Des roses ...   bleu
Une robe ...   japonais

Writing a letter
In Unit 1 you read a letter from a French girl, Anne-Marie, to her pen-friend, Alison (page 12).

Imagine that the letter was addressed to you and write a reply to it. Use the material you have already learnt to tell her something about yourself and your family and to answer her questions (*quel âge as-tu?*, *quelle est la date de ton anniversaire?*, etc.)

There are several ways that you can end a letter of this sort. Anne-Marie has just put *écris-moi bientôt* (write soon), but you might also put *ton ami(e)* or *bien amicalement* (best wishes).

Write 100–120 words.

Les fêtes

As in England, the daily routine is punctuated by special days and public holidays. These are called *jours de fête*. They may be *les fêtes religieuses* like Easter *(Pâques)* and All Saints' Day *(La Toussaint)*, or *les fêtes civiles* such as *La Fête Nationale*, often known as *Le 14 juillet*, and *La Fête du Travail*. The following are some of the more important ones:

Le Jour de l'An (1er janvier). Jour de congé ou 'jour férié': c'est-à-dire qu'on ne travaille pas. On reçoit des cartes qui vous souhaitent la bonne année ou la joyeuse année et on fait des cadeaux ('les étrennes'). On donne de l'argent au facteur, au concierge, etc.

Pâques. Le dimanche avant Pâques s'appelle 'Le Dimanche des Rameaux'. Le vendredi avant Pâques s'appelle 'Le Vendredi Saint'. À Pâques, on reçoit des oeufs ou des lapins en chocolat.

La Fête du Travail (1er mai). On ne travaille pas. Les syndicats *(trade unions)* organisent des défilés *(marches)*. Mais beaucoup de personnes vont à la campagne et on offre le muguet *(lily of the valley)* aux amis. C'est une fleur qui porte bonheur.

La Fête Nationale (14 juillet). Jour férié: célébration de la prise de la Bastille, le 14 juillet, 1789, commencement de la

Révolution française. On voit partout le drapeau français, 'le tricolore', et il y a un grand défilé sur les Champs-Élysées à Paris. Le soir, partout en France, il y a de la musique, on danse et il y souvent un feu d'artifice *(fireworks display)*

L'Assomption (15 août). Fête religieuse. L'Assomption de la Vierge Marie. Jour de congé.

Noël (25 décembre). La veille de Noël, on va à l'église pour la messe de minuit. Après, on fait 'le réveillon': grand repas où l'on mange toutes sortes de bonnes choses. Le père Noël met les cadeaux des enfants dans leurs souliers, laissés près de la cheminée ou, s'il n'y en a pas, près de l'arbre de Noël.

JANVIER
Les jours augmentent de 1 h 05

1	M	J. DE L'AN	
2	M	s Basile	01
3	J	se Geneviève	
4	V	s Odilon	
5	S	s Edouard	
6	D	Epiphanie	
7	L	s Raymond	02
8	M	s Lucien	
9	M	se Alix	
10	J	s Guillaume	
11	V	s Paulin	
12	S	se Tatiana	
13	D	se Yvette	
14	L	se Nina	03
15	M	s Remi	
16	M	s Marcel	
17	J	se Roseline	
18	V	se Prisca	
19	S	s Marius	
20	D	s Sébastien	
21	L	se Agnès	04
22	M	s Vincent	
23	M	s Barnard	
24	J	s Franç. Sales	
25	V	Conv. s. Paul	
26	S	s Paule	
27	D	se Angèle	
28	L	s Th. d'Aq.	05
29	M	s Gildas	
30	M	se Martine	
31	J	se Marcelle	

FÉVRIER
Les jours augmentent de 1 h 38

1	V	se Ella	
2	S	**Présentation**	
3	D	s Blaise	
4	L	se Véroniq.	06
5	M	se Agathe	
6	M	s Gaston	
7	J	se Eugénie	
8	V	se Jacqueline	
9	S	se Apolline	
10	D	s Arnaud	
11	L	Lourdes	07
12	M	s Félix	
13	M	se Béatrice	
14	J	s Valentin	
15	V	s Claude	
16	S	se Julienne	
17	D	s Alexis	
18	L	se Bernad.	08
19	M	**Mardi gras**	
20	M	**Cendres**	*ja*
21	J	s P. Damien	
22	V	se Isabelle	*a*
23	S	s Lazare	
24	D	**Carême**	
25	L	s Roméo	09
26	M	s Nestor	
27	M	se Honor.	*QT*
28	J	s Romain	
29	V	s Auguste	*a*

MARS
Les jours augmentent de 1 h 51

1	S	s Aubin	
2	D	s Ch. le Bon	
3	L	s Guénolé	10
4	M	s Casimir	
5	M	se Olive	
6	J	se Colette	
7	V	se Félicité	*a*
8	S	s Jean de D.	
9	D	s Franç. R.	
10	L	s Vivien	11
11	M	se Rosine	
12	M	se Justine	
13	J	**Mi-Carême**	
14	V	se Mathilde	*a*
15	S	se Louise M.	
16	D	se Bénédicte	
17	L	s Patrice	12
18	M	s Cyrille	
19	M	s Joseph	
20	J	s Herbert	
21	V	se Clémence	*a*
22	S	se Léa	
23	D	s Victorien	
24	L	se Cat de Su	13
25	M	**Annonciation**	
26	M	se Larissa	
27	J	s Habib	
28	V	s Gontran	*a*
29	S	se Gwladys	
30	D	**Rameaux**	
31	L	s Benjam.	14

AVRIL
Les jours augmentent de 1 h 42

1	M	s Hugues	
2	M	se Sandrine	
3	J	s Richard	
4	V	**Vend.Saint**	*ja*
5	S	se Irène	
6	D	**PAQUES**	
7	L	s J.-B. Sal.	15
8	M	se Julie	
9	M	s Gautier	
10	J	s Fulbert	
11	V	s Stanislas	
12	S	s Jules	
13	D	se Ida	
14	L	s Maxime	16
15	M	s Paterne	
16	M	s Benoît-J.L.	
17	J	s Anicet	
18	V	s Parfait	
19	S	se Emma	
20	D	se Odette	
21	L	s Anselme	17
22	M	s Alexandre	
23	M	s Georges	
24	J	s Fidèle	
25	V	s Marc	
26	S	se Alida	
27	D	**Souvenir Dép**	
28	L	se Valérie	18
29	M	se Cath. de Si.	
30	M	s Robert	

MAI
Les jours augmentent de 1 h 18

1	J	**F. TRAVAIL**	
2	V	s Boris	
3	S	ss Jacq./Phil.	
4	D	s Sylvain	
5	L	se Judith	19
6	M	se Prudence	
7	M	se Gisèle	
8	J	**Victoire 1945**	
9	V	s Pacôme	
10	S	se Solange	
11	D	**Fête J. d'Arc**	
12	L	s Achille	20
13	M	se Rolande	
14	M	s Matthias	
15	J	**ASCENSION**	
16	V	s Honoré	
17	S	s Pascal	
18	D	s Eric	
19	L	s Yves	21
20	M	s Bernardin	
21	M	s Constantin	
22	J	s Emile	
23	V	s Didier	
24	S	s Donatien	
25	D	**PENTECOTE**	
26	L	s Bérenger	22
27	M	s Augustin	
28	M	s Germain	*QT*
29	J	s Aymar	
30	V	s Ferdinand	
31	S	**Visitation**	

JUIN
Les jours augmentent de 12 mn

1	D	**F. des Mères**	
2	L	se Blandine	23
3	M	s Kévin	
4	M	se Clotilde	
5	J	s Igor	
6	V	s Norbert	
7	S	s Gilbert	
8	D	s Médard	
9	L	se Diane	24
10	M	s Landry	
11	M	s Barnabé	
12	J	s Guy	
13	V	s Ant. de Pa.	
14	S	s Elisée	
15	D	**F. des Pères**	
16	L	s JF Régis	25
17	M	s Hervé	
18	M	s Léonce	
19	J	s Romuald	
20	V	s Silvère	
21	S	s Rodolphe	
22	D	s Alban	
23	L	se Audrey	26
24	M	s J.-Baptiste	
25	M	s Prosper	
26	J	s Anthelme	
27	V	s Fernand	
28	S	s Irénée	
29	D	ss Pierre/Paul	
30	L	s Martial	27

JUILLET
Les jours diminuent de 1 h 01

1	M	s Thierry	
2	M	s Martinien	
3	J	s Thomas	
4	V	s Florent	
5	S	s Ant.-Marie	
6	D	se Marietta G.	
7	L	s Raoul	28
8	M	s Thibaut	
9	M	se Amandine	
10	J	s Ulrich	
11	V	s Benoît	
12	S	s Olivier	
13	D	ss Henri/Joël	
14	L	**FETE NAT.**	29
15	M	s Donald	
16	M	ND Mt Carmel	
17	J	se Charlotte	
18	V	s Frédéric	
19	S	s Arsène	
20	D	se Marina	
21	L	s Victor	30
22	M	se Marie-Mad.	
23	M	se Brigitte	
24	J	se Christine	
25	V	s Jac. le Maj.	
26	S	se Anne	
27	D	se Nathalie	
28	L	s Samson	31
29	M	se Marthe	
30	M	se Juliette	
31	J	s Ignace de L.	

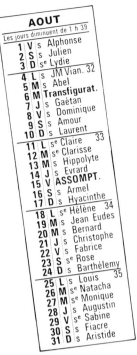

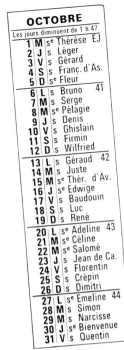

As well as these *jours de fête*, French people have their own special *fête* or Saint's day. This is in addition to their real birthday — *l'anniversaire*, (although, of course, some people are named after the saint on whose day they are born). As you can see from the calendar, almost every day is a saint's day. Look for your own Christian name, and this will be your *fête*. For example: Claire — 11 August, Helen — 18 August, and so on.

1 Use the text *Les fêtes* and the calendar to answer the following questions:

a On what date do these people have their *fête*?

David   Richard
Julie   Robert
Christine   Elizabeth

b What is the date of *La Toussaint* (All Saints' Day)?
c What do we call *Le Vendredi Saint*?
d What is commemorated on 14th July in France?
e Where is the big parade in Paris on 14th July?
f Why do French postmen like New Year's Day?
g What is *le muguet* supposed to bring?
h What is commemorated in France on 11th November?
i Where do French children find their Christmas presents?
j What is the meal called which is eaten early on Christmas day, after midnight mass?

2 Match an item from the first column with one from the second to make a correct sentence. For example:

a Le drapeau français s'appelle le tricolore.

a Le drapeau français	est le 24 décembre.
b Il y a souvent un feu d'artifice	s'appelle le Dimanche des Rameaux.
c La fleur qui porte bonheur	le 1er janvier.
d La veille de Noël	s'appelle le muguet.
e La Sainte Anne	est le 1er mai.
f Le dimanche avant Pâques	s'appelle le tricolore.
g On donne les étrennes	est le 5 novembre.
h La Sainte Sylvie	est la Fête Nationale.
i La date de la Fête du Travail	le 14 juillet.
j Le 14 juillet	est le 26 juillet.

Negatives

To make a sentence negative, the basic formula is *ne* (verb) *pas*.

Les jours de fête, on *ne* travaille *pas*.

However, certain other words can be put in place of *pas* to give a different meaning:

Je *ne* me rase *jamais*	I *never* shave
Il *ne* fume *plus*	He does *not* smoke *any more*
Elle *n*'a *qu*' un frère	She has *only* one brother

Look at the list of these words given in the Reference Grammar, page 126. 329

Note that *jamais* (never), *personne* (nobody) and *rien* (nothing) can also be used alone and before the verb and *ne*:

Est-ce que tu portes un veston de cuir? *Jamais.*

Personne ne travaille le 14 juillet.

Look at the following questions and choose the best answer to each from the three possibilities. For example, C is the correct answer to question **a**.

a Combien de frères et de soeurs avez-vous?
  A Je n'aime pas mon frère
  B Je ne parle jamais à ma soeur
  C Je n'ai ni frères ni soeurs

b Vous parlez français?
  A Non, personne ne parle français
  B Non, je ne parle pas français
  C Non, je ne parle plus

c Que faites-vous ce soir?
  A Jamais
  B Rien
  C Personne

d Vous prenez l'autobus pour aller à l'école?
  A Je ne prends jamais l'autobus
  B Je n'ai ni autobus ni auto
  C Je n'ai qu'un autobus

e Vous vous levez à 6h?
  A Jamais!
  B Personne!
  C Rien!

f Vous entendez quelque chose?
  A Non, je n'entends personne
  B Non, je n'entends rien
  C Non, je n'entends plus

g Vous avez deux cousins?
  A Non, je n'en ai rien
  B Non, je n'aime pas mes cousins
  C Non, je n'en ai qu'un

La bonne bouche

1
a Where would you expect to see this sign?
b What is its English equivalent?

2
a Why has the dog been tied to the gate?
b What is *une laisse*?
c *Même* can mean two things. One of them is *same*, but what does it mean here?

Mots essentiels

1 La famille — **the family**

le cousin } *la cousine*	cousin
un(e) enfant	child
la femme	wife
la fille	daughter
le fils	son
le frère	brother
la grand-mère	grandmother
le grand-père	grandfather
le mari	husband
la mère	mother
le neveu	nephew
la nièce	niece
un oncle	uncle
le père	father
la soeur	sister
la tante	aunt

2 Les repas (m) — **meals**

le déjeuner	lunch
le dîner	dinner
le petit déjeuner	breakfast

3 Le jour, la journée — **the day**

un après-midi	afternoon
le matin } *la matinée*	morning
le soir } *la soirée*	evening
tôt	early
tard	late

4

un anniversaire	birthday
l'argent (m) de poche	pocket money
le cadeau	present
la confiture	jam
le disque	record
le journal	newspaper
partir	to leave, depart
puis	then
rentrer	to return (home)
rester	to remain, stay
sortir	to go out
souvent	often

Extra

Reflexive verbs

Earlier in this Unit you saw a group of reflexive verbs to do with daily routine. Here are some others that you will need to know:

se fâcher	(to get angry)
se dépêcher	(to hurry)
s'ennuyer	(to be bored, see page 336)
s'endormir	(to fall asleep, like *dormir*, see page 337)
s'amuser	(to have a good time)
se promener	(to go for a walk, like *mener*, see page 336)
s'intéresser à	(to be interested in)
se demander	(to wonder, ask oneself)
se cacher	(to hide)

Write out these sentences, putting in the correct form of the reflexive:

a Ils _____ pour arriver à l'école à 8h 30.

b Le samedi soir, nous _____ bien: nous allons à la discothèque.

c Ce matin, tu vas _____ dans le parc?

d Je _____ à quelle heure je dois me lever pour arriver à temps.

e Ma soeur et son amie ne _____ rien. Elles _____ toujours, même au cinéma.

f Je déteste les maths, et de temps en temps je _____ pendant le cours. Puis le prof _____ , bien entendu!

g Où est Hervé? Il _____ derrière cet arbre.

On in practice

1 Replace the Infinitive in these sentences by the correct part of the Present tense:

a À Pâques on (avoir) des oeufs ou des lapins ou des cloches en chocolat.

b Le 14 juillet on (aller) regarder les feux d'artifice.

c À la mi-Carême on (faire) des crêpes.

d Le 11 novembre on (acheter) des chrysanthèmes pour porter au cimetière.

e À Noël on (inviter) la famille pour le réveillon, on (recevoir) des cadeux et on (dépenser) beaucoup d'argent.

f On (pouvoir) apporter son manger.

2 On page 27 you saw various meanings of *on*. Write out the sentences above in **good** English.

3 *On* would probably be used in the following sentences. How would you say these things about English life to your French penfriend?

a In England, people often drink tea at breakfast.

b They don't often eat croissants.

c But if you want to buy croissants, it's possible.

d On Sundays, people get up late.

e You see lots of dogs.

ne ... aucun(e)

On page 35 you saw the most common negatives (*ne ... pas, ne ... rien*, etc.) and learnt how they are used. Another negative you may sometimes need is *ne ... aucun*, which means 'no ...' or 'not a ...'. *Aucun* is an adjective, so has a feminine form, *aucune*. Look at these examples:

Il n'y a aucun problème (There's no problem)
Je n'ai aucune idée! (I've no idea!)

For practice, make these sentences negative, using *ne ... aucun(e)*, then say what they mean. To help you, the gender of the key word is given.

a Il _____ a _____ raison (fem.) de me téléphoner.

b Tu _____ as _____ chance (fem.) d'arriver avant minuit.

c Nous _____ avons _____ désir (masc.) de manger au restaurant.

d Je _____ ai _____ difficulté (fem.) à me lever le matin.

e Elle _____ a _____ intention (fem.) d'acheter un cadeau.

Now revise the full list of negatives on pages 35 and 329 and do these exercises:

1 Write down the opposites of these statements, using the negative indicated, then say what the sentences you have written mean.

a J'habite Lausanne. (*ne ... pas*)

b Il y a beaucoup de choses sur la table. (*ne ... rien*)

c J'ai de la difficulté à comprendre. (*ne ... aucune*)

d Tout le monde est content. (*Personne ne ...*)

e Il aide toujours sa mère. (*ne ... jamais*)

f Oui, je vois Catherine. (*ne ... plus*)

g Toutes sortes de choses intéressent Philippe. (*Rien ne ...*)

h Tu as toutes les chances d'être le premier. (*ne ... aucune*)

i Hélène n'aime pas le poulet. (*ne ... que*)

j Il y a beaucoup d'élèves en classe. (*ne ... personne*)

2 Here are two completely different characters: Nathalie, who does everything right, and Delphine, who's just the opposite. Nathalie's virtues are listed in the next column. Using the most appropriate negative in each case, write a similar list describing Delphine.

Nathalie

Delphine

a Elle aime le travail.

b Elle rit tout le temps.

c Le soir elle fait beaucoup de travail.

d Tout le monde trouve Nathalie très gentille.

e Elle a beaucoup d'enthousiasme.

f Le matin elle dit bonjour à tout le monde.

g Elle est toujours polie.

h Elle aime tout le monde.

i Beaucoup de choses intéressent Nathalie.

j Elle n'aime pas regarder la télévision.

3 Earlier, you saw a realistic oral examination dialogue (page 26). The one which follows is hardly that: more a pre-examination bad dream. You take the part of the candidate.

Examinateur:	Vous aimez vous réveiller de bonne heure?
Vous:	No! I don't like waking up early.
Examinateur:	Comment! Vous ne vous levez pas à sept heures?
Vous:	Certainly not. I never get up at seven o'clock.
Examinateur:	Et vous vous couchez à quelle heure?
Vous:	I never go to bed before midnight.
Examinateur:	Et qu'est-ce que vous faites le dimanche?
Vous:	Nothing. There's nothing to do on Sundays.
Examinateur:	Vous ne travaillez pas?
Vous:	Nobody works on Sundays.
Examinateur:	Vous avez des frères, peut-être?
Vous:	I've only got one brother, but I've got three sisters.
Examinateur:	Et vous fumez, je suppose?
Vous:	I don't smoke any longer.
Examinateur:	Mais vous buvez? De la bière, du vin?
Vous:	I don't drink beer or wine. I only drink whisky.

Point final: *La fête des autres*

This letter comes from a magazine's correspondence column: clearly the writer feels she has problems!

Papa s'appelle Jean, sa fête c'est le 24 juin, juste après la Fête des Pères. C'est dur pour l'imagination!

Maman, c'est Jacqueline, on marque le coup le 3 mai. Un mois après, ou presque, c'est la Fête des Mères. C'est dur pour le pouvoir d'achat. Elle est née le 1er décembre, trois jours après l'anniversaire de papa: les fins d'année sont toujours très difficiles.

Ma soeur aînée, rien de très spécial, elle est née le 10 février et s'appelle Dominique: on fête ça au mois d'août, en vacances! Ma tante habite chez nous, on ne peut pas faire autrement que de lui souhaiter sa fête et son anniversaire: elle est née le 10 mars et s'appelle Madeleine.

Maintenant, je suis la marraine d'un filleul adorable né le 6 janvier qui s'appelle Alexandre: et toc! – il n'y avait rien au mois d'avril. Heureusement, le chat Simon est né le 6 septembre mais pour lui on ne marque le coup qu'en améliorant l'ordinaire. Sinon, tous les mois de l'année, il y aurait un événement à souhaiter ...

Using the calendars on pages 33–4 to help you
1 Make a table listing:
a the members of the family mentioned in the letter
b their relationship to the writer
c birthday dates
d Saint's day dates

2 Write down the date of:
a Mother's Day
b Father's Day

Mots extra

1 *aîné*   elder
 le beau-père father-in-law
 la belle-mère mother-in-law

2 *dur*   hard
 foncé   dark (colour)
 léger (-ère) light (weight)
 poli   polite
 sec (sèche) dry

3 *le cimetière* cemetery
 la cloche bell
 le coin   corner
 le collier necklace
 la crêpe pancake
 dépenser to spend
 le drapeau flag
 la journée day
 le lapin   rabbit
 le parc   park
 la patinoire skating rink
 plusieurs several
 le poulet chicken
 le retour return
 rire   to laugh
 la tasse   cup
 la vie   life

At home

This Unit is about houses, furniture and household jobs. When you have finished it, you will be able to discuss where you live and describe your house, what is in it, and say how you help in the home. You will practise ways of indicating where things are, and of saying that something is *in the process* of happening and is *going* to happen.

Maison à vendre

Look at the information about a house for sale, then do the exercises.

À vendre —
Jolie maison, située à la campagne à 10km de Saumur, comprenant:

Au rez-de-chaussée —
grand salon
salle à manger
cuisine
cabinet de toilette
WC

Au premier étage —
3 chambres, WC
salle de bains avec douche

Au sous-sol — garage, cave.

Entièrement en matériaux traditionnels. Chauffage à gaz. Jardin.

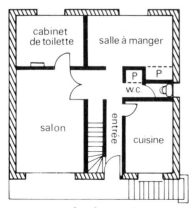

rez-de-chaussée

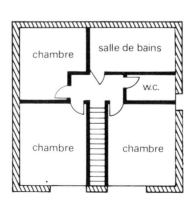

premier étage

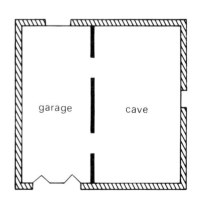

sous-sol

1 *Questions*

a Où se trouve cette maison?

b Quelles pièces se trouvent au rez-de-chaussée?

c Où se trouve la salle de bains?

d Combien de chambres y a-t-il?

e Qu'est-ce qu'il y a au sous-sol?

f Combien de pièces y a-t-il au premier étage?

g Comment monte-t-on au premier étage?

h Où se trouve la cuisine?

2 Many French families live in a flat *(un appartement)*. Like us, they often have a combined lounge – dining room. This is called *une salle de séjour* or *un living*.

Answer these questions about your own house or flat:

a Combien de pièces y a-t-il dans votre maison/appartement?

b Quelles sont ces pièces?

c À quel étage se trouve votre chambre?

d Où se trouve la cuisine?

e Avez-vous une salle de séjour ou un salon?

f Dans quelle pièce vous lavez-vous?

g Est-ce que vous avez un garage? Où se trouve-t-il?

h Préférez-vous habiter une maison ou un appartement? Pourquoi?

3 Imagine that your own house or flat is for sale. Using the model on page 40, write an advertisement for it. List the rooms, say where they are, whether there is a garden or a garage, etc.

Prepositions

In this Unit you are learning words which indicate where things are. These are prepositions of place. Sometimes one word is enough (e.g. *dans, sur*), but sometimes you will need a phrase with *de (près de . . . à côté de . . .)*. Don't forget that if you use a phrase, *de* may become *du* or *des*. For example:

La chaise est près *du* lit.
La table est près *des* fenêtres.

The prepositions and phrases you will find most useful are:

sur	(on)
sous	(under)
dans	(in)
derrière	(behind)
devant	(in front of)
entre	(between)
chez	(at, to the house or shop of)
près de	(near)
loin de	(a long way from)
à côté de	(beside, next to)
à droite de	(to the right of)
à gauche de	(to the left of)
en face de	(opposite)
au milieu de	(in the middle of)
au centre de	(in the centre of)
au pied de	(at the foot of)
au bord de	(at the edge of)
au coin de	(at the corner of)
au-dessus de	(above, over)

La chambre de van Gogh

Read the following text and look at the picture which accompanies it. Then do the exercises.

Voici la chambre à coucher du peintre Vincent van Gogh, à Arles. À droite, il y a le lit. On voit les draps blancs, et deux oreillers. Près du lit et sous la fenêtre, il y a une chaise. L'autre chaise se trouve à gauche, près de la porte. Dans un coin, il y a une petite table. Au-dessus de la table, entre la porte et la fenêtre, il y a un miroir. Il n'y a pas de tapis sur le plancher. Derrière le lit on voit des vêtements et à côté de la porte, suspendue au mur, il y a une serviette. Sur le mur il y a aussi, naturellement, des tableaux.

1 *Questions*
a Combien de tableaux y a-t-il?
b Combien de chaises?
c Qu'est-ce qu'il y a derrière le lit?
d Qu'est-ce qu'il y a au-dessus de la table?
e Où sont les chaises?
f Est-ce qu'il y a une armoire dans cette chambre?
g Qu'est-ce que vous voyez entre la porte à gauche et la petite table?
h Où est le chapeau de van Gogh?

2 Look again at van Gogh's painting of his bedroom and listen to the eight questions, each of which is repeated. Your teacher will tell you how many times the tape will be played and when you should answer.

3 Draw a sketch plan of your bedroom and write a simple description of it, like the one above. Be prepared to talk about it.

4 Draw a sketch plan of your living room, labelling the items of furniture and showing where they are. Working in pairs, quickly draw the outline of the room on paper for your partner, indicating doors, windows and fireplace *(la cheminée)*. Then describe the room, saying what furniture there is and where it is in the room, while your partner draws it on the outline plan. When you have finished, your partner reads back the information and you check it. Then compare both drawings to see if the information has been exchanged correctly. In addition to the words you have already met, you will find others you may need in the *Mots essentiels* on page 48.

The Immediate Future

If you want to talk about things people are going to do in the future, you can use the Future tense (see Unit 5). Another, easier, way is to use *aller* + an Infinitive. For example, one can say: *je vais jouer au tennis*, just as in English we say: *I'm going to play tennis*. All you need to know, then, is the Present tense of *aller* and the right Infinitive to say what action is going to be done. For example:

je vais nager	nous allons prendre une bière
tu vas jouer au football	vous allez finir vos devoirs
il/elle va faire du ski	ils/elles vont voir leurs amis

1 What are the people shown in the pictures going to do? *Qu'est-ce qu'ils/elles vont faire?*

Valérie

Philippe

Julie et Yvonne

Jean et Roger

2 If you asked them what they were going to do, what would they say in reply?
e.g. Valérie would say: 'Je vais ...'

3 Prepare answers to these questions about yourself:

a Qu'est-ce que vous allez faire ce soir?
b Qu'est-ce que vous allez faire demain?
c Qu'est-ce que vous allez faire ce weekend?
d Où allez-vous passer vos vacances cette année?
e Allez-vous quitter l'école à la fin de l'année?

Être en train de

In Unit 1 you practised the Present tense. Sometimes, though, you need to stress that somebody is in the middle of doing something, and in that case you would use the expression *être en train de* with the Infinitive of the verb that is being done. For example:

Non, je ne peux pas sortir pour le moment, je *suis en train de faire* mes devoirs.

or Ne parle pas à Maman, elle *est en train de lire* son journal!

1 What are these people in the middle of doing? *Qu'est-ce qu'ils/elles sont en train de faire?*

Anne et Gérard

Marcel

Jacqueline et Jules

Antoine

2 If you asked them what they were busy doing, what would they reply?

Le ménage

The three Leblanc children, André, Marie-Claire and Simon, have decided (or have been persuaded) that they ought to help more about the house. To show them what has to be done, their parents have drawn up a list of necessary jobs which the children are going to do next week. They are:

faire les lits

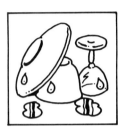
faire la vaisselle

faire la lessive

faire le repassage

éplucher les légumes
(pommes de terre, carottes, etc.)

préparer les repas
(le déjeuner, le dîner)

passer (les tapis) à
l'aspirateur

polir/cirer les
meubles

laver/nettoyer la
voiture

désherber le jardin

tondre la pelouse

1 Here are the things they prefer to work with or the places they prefer to work. What *three* things are they each going to do? *Qu'est-ce qu'ils vont faire?*

a André aime les machines électriques.
  Il va ...

b Marie-Claire aime bien travailler dans la cuisine.
  Elle va ...

c Simon préfère travailler en plein air.
  Il va ...

Now answer these questions for them:

d André, qu'est-ce que vous allez faire?
e Marie-Claire, où allez-vous travailler?
f Qu'est-ce que vous allez faire?
g Simon, préférez-vous travailler dans la maison, ou dehors?
h Allez-vous laver la voiture?
i Qu'est-ce que vous allez faire aussi?
j If each child makes his/her own bed, which job is left?

2 Here are some clues as to what they are busy doing now. Answer the questions using *Il/Elle est en train de . . .* and one of the housework expressions:

a André est dans la salle de séjour. Il fait du bruit. Il nettoie le tapis. Qu'est-ce qu'il est en train de faire?

b Marie-Claire a une pomme de terre à la main gauche et un couteau à la main droite. Qu'est-ce qu'elle est en train de faire?

c Simon a un seau d'eau et une peau de chamois. Il est devant le garage. Qu'est-ce qu'il est en train de faire?

d André met du linge dans la machine à laver. Qu'est-ce qu'il est en train de faire?

e Marie-Claire met des légumes et de la viande dans une casserole. Qu'est-ce qu'elle est en train de faire?

f Simon marche sur la pelouse. Il pousse une tondeuse à gazon. Qu'est-ce qu'il est en train de faire?

3 *Une journée de travail*

Imagine you have been given a day's housework to do. The tasks are indicated by the pictures. Write out in full what you do, beginning 'À huit heures et demie je fais les lits, puis je . . .'

À 8h 30 , puis . Après cela,

  et . Après le déjeuner

. Ensuite . S'il fait beau

ou . À 18h 00 , et après

le dîner encore une fois. Comme je

suis fatigué(e)!

4 Prepare answers for these questions:

a Aidez-vous vos parents à la maison?

b Quand? — rarement? de temps en temps? souvent? tous les jours?

c Qu'est-ce que vous faites le matin? et le soir?

d Quelles tâches préférez-vous?

e Et qu'est-ce que vous n'aimez pas faire?

Listening exercise
Maison à vendre: Vrai ou Faux?

Look again at the house plans on page 40 and listen to the tape. You will hear eight statements about the house, each of which is repeated. For each statement write down *vrai* if it is true, or *faux* if it is false.

Exclamations with *Comme . . .!* and *Que . . .!*

In Unit 1 you learnt how to describe people and things:

Il est grand (He's tall).

Jeanne est aimable (Jeanne is nice).

To make descriptions like these into exclamations (which you may need to liven up essays), all you do is put *Comme* or *Que* at the beginning:

Comme il est grand! (How tall he is!)

Que Jeanne est aimable! (How nice Jeanne is!)

(Note that the word order in French is not the same as in English.)

What exclamations are being made about these things? (Write the English as well.) For example: **a** Comme/Que ce panier est lourd! (How heavy this basket is!)

a   ce panier

lourd

b   cet arbre

haut

c cette route

longue

d ces cheveux

longs

e ces pommes

délicieuses

Writing a letter

An English friend wants to arrange an exchange with a French boy or girl, but does not have a pen-friend. Write a letter to your French correspondent to see if he/she can help find someone. Give a description of your friend, and your friend's family and home. Write 100–120 words.

Le jeu des 10 erreurs

En recopiant son dessin original, notre artiste a fait dix erreurs. Pouvez-vous les trouver dans le dessin modifié?

Exemple: Dans le dessin original le garçon a les cheveux blonds; dans le dessin modifié il a les cheveux noirs.

La bonne bouche

Le mot mystère

La règle de ce jeu est simple. Tous les mots de la liste figurent dans la grille : horizontalement (de gauche à droite ou de droite à gauche), verticalement (de haut en bas ou de bas en haut) ou bien obliquement (de gauche à droite ou de droite à gauche). Les 9 lettres qui restent, marquées en gros, sont l'anagramme du mot mystère dont la définition est : ON Y PREND SON BAIN. Maintenant à vous!

M	F	S	E	A	U	R	E	V	I	E	R	E
O	A	**I**	N	R	E	E	S	A	V	L	U	L
I	U	C	O	M	F	F	A	**E**	E	L	E	E
D	T	S	H	O	E	R	S	O	L	E	S	C
A	E	I	C	I	G	I	P	B	O	S	I	T
R	U	P	R	R	N	G	I	A	R	S	V	R
E	I	A	O	E	I	E	R	V	E	I	E	O
D	L	T	T	**B**	L	R	A	A	S	A	L	P
E	A	**A**	E	U	I	A	T	L	S	V	E	H
T	M	**G**	D	F	T	T	E	B	A	E	T	O
S	P	N	I	**N**	F	E	U	A	C	V	F	N
O	E	**I**	B	F	O	U	R	N	**R**	A	E	E
P	U	A	E	D	I	R	B	C	**O**	L	R	R

armoire
aspirateur

banc
bidet
buffet

casserole

électrophone
évier

fauteuil
fer
feu
four

lampe
lavabo
lave-vaisselle
linge
lit

machine à laver

pendule
poste de radio

réfrigérateur
rideau

seau

tapis
téléviseur
torchon

vase

Don't mark the book! Copy out the puzzle on paper OR place a sheet of tracing paper over the puzzle and work on that OR ask your teacher to duplicate the puzzle for you.

Mots essentiels

1 La maison — the house

un appartement	flat
la cave	cellar
la chambre (à coucher)	bedroom
la cuisine	kitchen
un escalier	staircase
le premier (deuxième, troisième, etc.) étage	first (second, third, etc.) floor, storey
la fenêtre	window
le garage	garage
le mur	wall
la pièce	room
le plancher	floor
la porte	door
le rez-de-chaussée	ground floor
la salle à manger	dining room
la salle de bains	bathroom
le salon	lounge
le sous-sol	basement
les WC	toilet

2 Les meubles (m) — furniture

une armoire	wardrobe
la baignoire	bath
la bibliothèque	bookcase
le buffet	sideboard
le canapé	sofa
la chaise	chair
la cuisinière	cooker
la douche	shower
un électrophone	record player
un évier	sink
le fauteuil	armchair
la lampe	lamp
le lavabo	washbasin
le lave-vaisselle	dishwasher
le lit	bed
la machine à laver	washing machine
le miroir	mirror
la pendule	clock
le placard	cupboard
le réfrigérateur	fridge
le rideau	curtain
la table	table
le tableau	picture
le tapis	carpet
le téléviseur	TV set

3

un aspirateur	vacuum cleaner
une assiette	plate
la casserole	saucepan
le couteau	knife
la cuiller	spoon
le dessin	drawing
le drap	sheet
faire la lessive	to do the washing
faire la vaisselle	to do the washing-up
faire les lits	to make the beds
le fer à repasser	iron
le feu	fire
la fourchette	fork
les légumes (m)	vegetables
le linge	washing
nettoyer	to clean
un oreiller	pillow
le seau	bucket
la serviette	towel
la tâche	task, job
la tondeuse à gazon	lawnmower
le torchon	duster, tea towel
le verre	glass

Extra

Correspondance par cassette

Mike and his penfriend Alain sometimes correspond by letter,
sometimes by cassette. Mike has just received this recorded
description of Alain's new house. Listen to what Alain says,
then draw a plan of the house.

STEPHANIE - 6 pièces

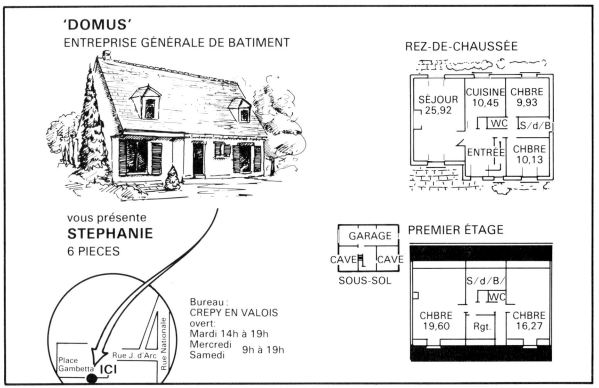

'DOMUS'
ENTREPRISE GÉNÉRALE DE BATIMENT

REZ-DE-CHAUSSÉE

SÉJOUR 25,92	CUISINE 10,45	CHBRE 9,93
WC	S/d/B
ENTRÉE	CHBRE 10,13

vous présente
STEPHANIE
6 PIECES

Bureau:
CREPY EN VALOIS
overt:
Mardi 14h à 19h
Mercredi
Samedi   9h à 19h

Place Gambetta **ICI**
Rue J. d'Arc
Rue Nationale

GARAGE
CAVE | CAVE
SOUS-SOL

PREMIER ÉTAGE

S/d/B/
WC
CHBRE 19,60 | Rgt. | CHBRE 16,27

1 Using the plans to help you, write a
description of the house in the
advertisement. Say what accommodation
there is on the *rez-de-chaussée, premier
étage* and *sous-sol* and explain where the
rooms are in relation to each other.
Rgt. = Rangement, storage space.

2 Working in pairs and using the
information in the advert to help you, take
turns in playing the rôles in the following
dialogue:

Passant: Pardon monsieur/
mademoiselle, savez-
vous où se trouve la Place
Gambetta?

Vous: Say the Place Gambetta is near
here, near the Rue Jeanne
d'Arc.

Passant: C'est là qu'on est en train de
construire des maisons?

Vous: Yes, but the office is at Crépy
en Valois.

Passant: Et le bureau est ouvert le
dimanche?

Vous: Say no, and explain when it is
open.

Passant: Merci monsieur/mademoiselle.

Point final

RESERVÉ AU VERRE USAGÉ

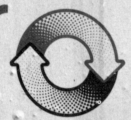

N'Y JETEZ PAS

COUVERCLES, BOUCHONS, PORCELAINES,

et autres corps étrangers

BRIQUES, CAILLOUX, TERRES

Tous Bouchons

Vaisselles Briques

SEULEMENT LE VERRE

NE DÉPOSEZ PAS D'ORDURES ...

MERCI DE VOTRE PARTICIPATION !

PAS DE VERRE DANS LES ORDURES MÉNAGÈRES. C'EST UNE MATIÈRE PREMIÈRE

a Where would you expect to find this notice?

b What does it say? Write down as many details as you can.

Mots extra

le banc	bench
le bruit	noise
le chauffage	heating
construire	to build
dehors	outside
le four	oven
le jardin	garden
le panier	basket
le peintre	painter
la pelouse	lawn
en plein air	in the open air
le toit	roof

Going to school

This Unit is about schools: the school day, the timetable, favourite and least favourite subjects, school reports and differences between French and English schools. You will learn how to use pronouns and to say *how long* you have been doing something.

Schools in France

French schools and their pupils' daily lives are different in many ways from what we are used to in this country. Some children begin their school lives as early as the age of two in a state nursery school *(école maternelle)*. From there they go to an *école primaire* when they are six. At the age of eleven they usually begin their secondary education in a *collège*. Afterwards they may leave school or continue their education elsewhere (e.g. at a *lycée*). French classes are numbered in the reverse order from ours, so that pupils begin in a *classe de sixième* and move up to the top class, which in a *collège* is a *classe de troisième. Lycées*, which are something like our Sixth Form Colleges, consist of various *classes de seconde* and *première*.

Ribeauvillé
Much of the material in this Unit comes from a *collège* in Ribeauvillé, a town of about 70,000 inhabitants in the *département* of Haut Rhin. This is very close to the German and Swiss borders, which means that some of the pupils' names are not what we think of as being typically French.

Un emploi du temps

On the opposite page is the timetable of an *élève de troisième* in a *collège* in Ribeauvillé. Look it over, then do the exercises:

1 *Questions*
a À quelle heure est-ce que les cours commencent le matin?
b Quels jours de la semaine est-ce qu'il n'y a pas de cours?
c À quelle heure est-ce que les cours de la matinée finissent?
d Les cours de l'après-midi, ils commencent à quelle heure?
e Combien de cours y a-t-il par jour, en général?
f Combien de cours cette élève a-t-elle le lundi?
g Quel est son premier cours le jeudi?

51

	Lundi	Mardi	Jeudi	Vendredi	Samedi
8	Français	Maths	Dessin	Anglais	Français
9	Français	E. P. S	Anglais	Maths	Allemand
10	Anglais	Latin	Allemand	Histoire	Latin
11	Histoire	Histoire	Sciences Naturelles	Allemand	Maths
14	Sciences Nat (1.3) Assistante Anglais? (4)	Sciences Physiques	Français	Français	
15	Maths	Sciences Physiques / Travail Manuel	E. P. S	Latin	
16	Musique	Travail Manuel	E. P. S		
17					

h Quel est son dernier cours le lundi?

i Combien de cours de maths a-t-elle par semaine?

j Combien de matières différentes étudie-t-elle?

2 *OUI ou NON?*

Look again at the timetable and imagine you are the French pupil to whom it belongs. You will hear eight statements, each repeated, which are either right or wrong. If you agree with a statement, answer *oui*, if not, *non*. Your teacher will tell you how many times the tape will be played and when to answer.

3 How does the French girl's timetable compare with your own? Below are a series of statements about her school week as seen on the timetable. Write similar ones describing your own situation. In most cases, maybe in all, it will be different from hers. For example:

l'élève française:	Elle étudie le latin.
et vous?	Je n'étudie pas le latin.
or	J'étudie le latin aussi.

a Ses cours commencent à 8 heures du matin. *Et vos cours . . . ?*

b Elle a deux heures pour déjeuner. *Et vous . . . ?*

c Ses cours de l'après-midi finissent à 5 heures, en général. *Et vos cours . . ?*

d Elle ne va pas en classe le mercredi. *Et vous . . ?*

e . . . mais elle doit aller en classe le samedi matin. *Et vous . . ?*

f Elle a 31 heures de cours par semaine. *Et vous . . ?*

g Elle apprend l'allemand. *Et vous . . . ?*

h Elle n'étudie pas la géographie. *Et vous . . . ?*

i Elle fait trois heures de EPS par semaine. *Et vous . . . ?*

j Elle a cinq cours de français et trois d'anglais. *Et vous . . . ?*

4 Write out your own *emploi du temps*, putting the days, times, and names of lessons in French. In addition to the subjects already mentioned, you may need *la biologie, la physique* and *la chimie* as well as *les arts ménagers* (housecraft). Be prepared to talk about your timetable in French with your teacher and oral examiner.

Le bulletin trimestriel

It is usual in French schools for pupils' progress and performance to be reported to parents at the end of each term. This termly report *(bulletin trimestriel)* contains comments by teachers in the same way that English school reports do. They also show the *note* (mark) obtained by the pupil in each of his subjects. This *note* is always out of 20, and the pupil can consider himself successful if he achieves more than 12 in each subject. If he is given many marks below this level on his final report, he may well have to repeat the year. The pupil whose report you see on this page appears to be in no danger of this, however. Discuss the report with your teacher, then do the exercises:

ÉTABLISSEMENT

COLLÈGE CLAUDE SYLVAIN

Notes obtenues par **DESCHAMPS, J-P**

Classe: 301
Effectif: 34

2e TRIMESTRE
1er SEMESTRE 1982   1983

MATIERES ET NOMS DES PROFESSEURS	NOTE	CONDUITE	APPRECIATIONS DES PROFESSEURS	Signature
Mathématiques				
Sciences Nat.	14.5	B	Bonnes aptitudes. Attention à l'étourderie.	
Technologie	19½	B	Excellent!	BV
Histoire - Géo. Instruc. Civique	15,25	B	Elève sérieuse	Sny
Latin	15	B	Toujours très bon	Malin
Français	0 16			R
	4 15			
	R 13.5	B	Bon niveau	
Langue I	Rk 17			
Langue II	14.5 / 14	B	Travail satisfaisant. S'intéresse à la langue.	BW
Dessin	16	B	C'est très bien -	IS
Travaux Manuels Educatifs	13	B	Travail satisfaisant	RE
Educ. Musicale	15	B	Bons résultats	NT
Educ. Physique	13	B	Bon travail	AP
Instruc. Religieuse			Dispensé	EL

Appréciations du Professeur Principal

Excellent trimestre

53

1 Complete the following statements:
a Cet élève s'appelle _____.
b Le nom de son collège est _____.
c L'élève est en classe de _____.
d Il y a _____ élèves dans sa classe.
e Il étudie _____ matières différentes.
f Il apprend _____ langues étrangères . . .
g . . . mais il n'étudie pas le _____.
h Sa meilleure note est en _____.
i Sa plus mauvaise note est en _____.
j Sa conduite est _____.

2 From the report, find the French for:
a a term
b conduct
c satisfactory work
d results
e serious.

Quelle est votre matière préférée?
Quelle est la matière que vous n'aimez pas?

These questions were asked in a recent survey of pupils' likes and dislikes in a *classe de troisième*. The table shows the opinions of 20 of the class: their favourite subjects are ticked, their least favourite marked with a cross. Look at the table, then answer the questions:

Elève \ Matière	Français	Mathématiques	Allemand	Histoire	Géographie	Latin	Technologie	Biologie	Musique	Dessin	Anglais	Travaux Manuels	Ed. physique
ANTONY Sylvia	✗							✓					
BARBARAS Roger									✗				✓
BROCARD Yves	✗	✓											
CULLI Isabelle				✗						✓			
DABROWSKI Michel	✗									✓			
FARNY Jacques				✗								✓	
GANTER Martine		✗									✓		
HANSJACOB Natalie				✗									✓
HERBRECHT Franck	✗												✓
HIRN Edith		✓					✗						
HUARD Catherine		✓									✗		
KLACK Sylvie								✗			✓		
KOEHLER Jocelyne		✗									✓		
MAECHLING Claire			✗							✓			
MAECHLING Marie				✗							✓		
PHILIPPE Isabelle				✗			✓						
RUEF Annick		✓		✗									
SCHAFFAR Véronique				✓				✗					
SCHOTT Natalie		✓		✗									
VOGEL Catherine	✓							✗					

a Combien d'élèves aiment bien l'anglais?

b Combien d'élèves n'aiment pas le français?

c Combien de filles aiment les mathématiques?

d Combien de garçons n'aiment pas l'histoire?

e Comment s'appelle l'élève qui aime bien la technologie?

f Comment s'appelle le garçon qui n'aime pas la musique?

g Quelle est la matière préférée de Martine Ganter?

h Quelle est la matière préférée de Franck Herbrecht?

i Quelle est la matière que la plupart *(most)* des élèves préfèrent?

j Quelle est la matière que la plupart des élèves n'aiment pas?

Relative pronouns (*qui* and *que*)

Qui and *que* (*qu'* before a vowel) refer to people or things and mean *who/whom* and *which*. *Qui* is the subject of what comes next, so it is closely followed by a verb:

C'est un élève *qui* s'appelle Marc (*who* is called . . .).

C'est une matière *qui* est très intéressante (*which* is . . .).

Que is the object of the next verb, so it is usually followed by a noun or a pronoun:

C'est un garçon *que* je n'aime pas (*whom* I don't like).

C'est une matière *que* tout le monde déteste (*which* everybody hates).

C'est une matière *qu'*on étudie en troisième (*which* they study . . .).

For practice, fill the blanks in the following sentences with *qui* or *que/qu'*, whichever is appropriate:

a L'élève _____ est en tête de la liste s'appelle Sylvia.

b La matière _____ Jocelyne Koehler préfère est l'anglais.

c C'est les mathématiques _____ elle n'aime pas.

d Sur la liste, il n'y a personne _____ préfère le latin . . .

e . . . mais c'est aussi une matière _____ personne ne déteste!

f Le professeur _____ Marie Maechling préfère est probablement le prof. d'anglais.

g Jacques Farny? C'est un garçon _____ aime beaucoup les travaux manuels.

'La journée d'un collégien moyen'

Pupils who live a long way from their school and so have to board there from Monday until Saturday lunchtime are called *pensionnaires*. A *demi-pensionnaire* is a pupil who goes home every day but who stays at school for lunch. Pupils who go home for lunch are called *externes*.

Les permanences are private study periods, supervised by *surveillants*, who are not teachers, but people responsible for order and discipline, often university students needing extra money to continue their own studies.

The following is an account by a French *élève de troisième* (15–16 year-old) of a typical schoolday. Read it through, then answer the questions:

S'il est demi-pensionnaire et s'il doit prendre le bus pour venir en classe, l'élève devra se lever très tôt: entre 6h 15 et 6h 45 du matin, car il faut prendre le bus qui le plus souvent part entre 7h 15 et 7h 30. Les externes pourront dormir un peu plus longtemps. À Ribeauvillé, la journée scolaire est divisée en deux: la matinée de 8h à 12h, et l'après-midi de 14h à 16 ou 17h. Les emplois du temps sont toujours inclus dans ces horaires, mais peuvent aussi être soulagés par quelques heures de permanence. Les cours durent 55 minutes et sont entrecoupés de pauses de 5 minutes. À 10h et à 16h, il y a des récréations de 15 minutes. Le dimanche, le mercredi et le samedi après-midi sont fériés, alors on ne va pas en classe.

Entre 12 et 14h, les externes rentrent chez eux déjeuner. Les demi-pensionnaires mangent au réfectoire qui fonctionne en libre service; les élèves doivent néanmoins se présenter par classes d'âges, au rythme d'une toutes les dix minutes environ. Lorsqu'ils ont fini de déjeuner, ils peuvent se promener dans la cour, s'adonner à diverses activités proposées par des clubs, aller au centre de documentation pour lire ou encore en permanence pour y faire des devoirs. Les permanences sont assurées par des surveillants qui, en outre, surveillent les élèves dans la cour et les bâtiments. À la fin des cours (16h ou 17h), les élèves rentrent chez eux comme ils sont venus.

a Beaucoup de demi-pensionnaires se lèvent à quelle heure?

b Pourquoi?

c La matinée au collège dure combien d'heures?

d Un cours dure combien de temps?

e À quelle heure est-ce que la récréation commence l'après-midi?

f Combien de temps dure-t-elle?

g Quand est-ce qu'on ne va pas en classe?

h Est-ce que les demi-pensionnaires rentrent chez eux déjeuner?

i Après le déjeuner, que peuvent-ils faire?

j Qu'est-ce qu'on fait si on est surveillant?

Direct Object pronouns

The purpose of pronouns is to shorten and simplify sentences by replacing nouns. The first ones you used in French were Subject pronouns (*je, tu, il, elle,* etc.) which tell you who is doing what:

Philippe est dans la cuisine? — Oui, *il* prépare le dîner.

Et Marianne, qu'est-ce qu'elle fait? — *Elle* lave la voiture.

Object pronouns are also closely connected with verbs, and in French usually go in front of them, whereas in English they come after. For example:

Est-ce que Philippe prépare *le dîner*? — Oui, il *le* prépare.

Est-ce que Marianne lave *la voiture*? —Oui, elle *la* lave.

Est-ce que vous aimez *les gâteaux à la crème*? — Oui, je *les* aime.

Here is the full list of Direct Object pronouns:

me	(me)	nous	(us)
te	(you)	vous	(you)
le/la/l'	(him, her, it)	les	(them)

1 For practice, fill in the blanks with the Direct Object pronoun which makes most sense, then write the English version of the sentence underneath:

a Voici la nouvelle élève. Tu _____ connais?

b Jacqueline, tu as mes crayons? — Non, je ne _____ ai pas.

c Je travaille dur en histoire, mais je ne _____ aime pas beaucoup.

d Notre professeur d'anglais est très sympathique; il _____ amuse beaucoup avec ses histoires.

e Alors, Jean-Pierre, tu m'écoutes? — Oui, monsieur, je _____ écoute.

2 Answer these questions about yourself, using Direct Object pronouns:

a Aimez-vous les sports?

b À quelle heure quittez-vous la maison le matin?

c Prenez-vous le déjeuner à l'école?

d Où faites-vous vos exercices de français?

e Aimez-vous le français?

Interview: Life at school

This is an interview with a French schoolboy about life at school. The interviewer speaks first:

'Comment vous appelez-vous?'

'Je m'appelle Yves Brocard.'

'En quelle classe êtes-vous?'

'Je suis en troisième.'

'Combien d'élèves y a-t-il dans votre classe?'

'33.'

'Et quelles matières étudiez-vous à l'école?'

'Le français, les mathématiques, l'allemand, l'anglais, l'histoire, la géographie, la technologie, la biologie, la musique, le dessin, l'éducation physique, et les travaux manuels.'

'Quelle est votre matière préférée?'

'C'est les mathématiques.'

'Et depuis combien de temps étudiez-vous les mathématiques?'

'Depuis l'âge de six ans, c'est-à-dire depuis neuf ans.'

'Et l'anglais, depuis combien de temps l'apprenez-vous?'
'Je l'apprends depuis quatre ans.'
'Quels sports pratiquez-vous à l'école?'
'La gymnastique, l'athlétisme, le volley et le basket.'
'Et vous avez des devoirs à faire le soir?'
'Bien sûr. Le travail à la maison nous prend entre une heure
et une heure et demie.'
'Que pensez-vous du règlement de l'école?'
'Moi, je trouve qu'en général on ne nous fait pas assez
confiance: par exemple, nous n'avons pas le droit de sortir
pendant la récréation et on ne nous permet pas de fumer,
c'est stupide. Mais, de toute façon le règlement est fort peu
respecté.'
'Merci bien, Yves Brocard.'

Imagine that you are being asked the same questions. When
you have worked out what to say (in French!), check what you
have prepared with your teacher. Then, working in pairs, take
it in turns to be the interviewer and the interviewee.

Depuis
In French, to say that you have been doing
something for a certain time, and still are, you
use *depuis* (literally *since*) with the Present
tense, where in English we would use the
Perfect. For example, in his interview, Yves
Brocard talks about the length of time he has
been learning English. He says:

Je l'apprends *depuis* quatre ans (I've been
learning it *for* four years).

If you were *asking* someone how long they
have been doing something, your question
would start

Depuis combien de temps . . . ?
or   Depuis quand . . . ?

For practice, prepare answers to these
questions:

a Depuis combien de temps apprenez-vous le
français?
b Et les mathématiques, depuis combien de
temps les étudiez-vous?
c Depuis combien de temps êtes-vous à cette
école?
d Depuis quand habitez-vous cette ville/ce
village?
e Depuis quand connaissez-vous votre
meilleur(e) (*best*) ami(e)?

Writing a letter
Write a letter to your French pen-friend
telling him/her about life in an English
school. Mention things like uniform, school
subjects, games, school meals and daily
routine. Ask about his/her school in France.
Write about 120 words.

La bonne bouche

Mots croisés

Horizontalement

1 Le français, la biologie, etc. sont des

   _____ .

3 On les fait le soir, à la maison.

4 En général, le travail de l'élève Deschamps

   est _____ bon.

8 Il y en a trois dans l'année scolaire.

9 ANTONY Sylvia est en tête de la _____

   d'élèves.

10 On doit le faire à l'école.

12 Si on habite loin de l'école, on doit

   _____ lever tôt.

13 En France les _____ commencent à

   huit heures du matin.

14 Les profs les mettent sur les bulletins des

   élèves.

Verticalement

2 En France si on a 15 ou 16 ans, on est

   probablement en classe de _____

5 Les élèves s'amusent, jouent, etc. pendant

   la _____ .

6 Matière qui consiste de dates, de batailles,

   etc.

7 Les élèves qui prennent leur déjeuner à
   l'école mangent ici.

9 L'anglais et l'allemand? Je _____

   apprends depuis 3 ans.

11 En France un cours _____ une heure.

Mots essentiels

1 Le collège, l'école (f) school

apprendre	to learn
la cour	playground
le cours	lesson
les devoirs (m)	homework
durer	to last
un(e) élève	pupil
étudier	to study
la matière	school subject
la note	mark
préférer	to prefer
le/la professeur	teacher
la semaine	week
travailler	to work
le trimestre	term

2

premier (-ière)	first
deuxième	
second	second
troisième	third
dernier (-ière)	last

Extra

Hourra, c'est la rentrée!

After the long summer holidays, it's time for school again. This picture story, which appeared in a French magazine, tells of Laurent's first day at his new school. The words under the pictures haven't been changed, but the words spoken by the characters have been taken out. You write (but not in the book!) what you think they might be saying in each picture. The words below the pictures may be of some help.

À sept heures le père de Laurent vient le réveiller. Il lui demande si toutes ses affaires sont prêtes

À l'arrêt d'autobus il y a d'autres nouveaux élèves. Laurent se présente. La mère d'un autre nouveau veut lui donner des sandwiches, mais le garçon préfère manger à la cantine avec les autres

Dans le bus les nouveaux commencent à se poser des questions. Deux élèves de seconde se moquent de leur enthousiasme

Dans la cour Laurent et son camarade aperçoivent deux profs qui arrivent. L'homme paraît un peu sévère, mais la dame plus gentille

Devant le collège un prof lit la liste d'élèves. Laurent est content, car il est dans la même classe que son copain

Un surveillant mène les nouveaux à leur salle de classe. Les élèves parlent de leurs matières préférées

Dont

Dont is a relative pronoun, like *qui* and *que* which you saw earlier in the Unit. It can refer to people or things and usually means *whose, of whom/which, about whom/which.* What does it mean in each of these sentences? Write them out in English.

a Voilà le prof dont elle parle tout le temps!

b C'est mon copain Marc dont tu connais la soeur

c Nous habitons la maison dont vous voyez le toit d'ici

d Ce sont des livres dont je n'ai plus besoin

e Ça, c'est Agnès dont la mère est présentatrice à la télé

f Aurélie? C'est une fille dont il ne veut plus entendre parler!

Jeu de définitions

Look at the *dessin original* on page 46.

1 Choose three things from the picture, then work out three ways of describing each of them, using sentences including *qui, que* or *dont*

For example, for *le couteau* you might say:
c'est un objet qui est sur la table
c'est un objet qui est utile
c'est quelque chose dont on a besoin pour couper
c'est quelque chose qu'on ne donne pas aux petits enfants

2 Pair work. When you have decided on your definitions, take it in turns to say them to your partner and to work out what is being defined.

Échange linguistique

Your teacher has arranged for you to attend a holiday course in Orléans. On your first day there is an official welcome for all the foreign students. Listen to what is said, then answer the questions.

Section 1
a What is Madame Arnaud's normal job in the school?
b When do the morning sessions start and finish?
c What is one of the activities mentioned that will occupy the morning sessions?
d What time does the afternoon programme start?
e On which days of the week will there be excursions?

Section 2
f What are two of the sports on offer?
g What is said about equipment?
h Where will the second excursion be to?
i What hope does Mme Arnaud express at the end of her talk?

Lequel
Look at these sentences:
La porte derrière *laquelle* il se cache
The door behind *which* he's hiding

C'est l'arbre sous *lequel* je m'assieds quand il fait beau
It's the tree under *which* I sit when it's fine
After prepositions (see Unit 3, page 41), if you are referring to things (*une porte, un arbre*), the word for *which* is not *qui* or *que* but *lequel* (or *laquelle, lesquels, lesquelles,* depending on whether the thing it stands for is masculine or feminine, singular or plural).

Write out the following sentences, filling in the right part of *lequel*, and putting what they mean in English underneath.
a La cour, au milieu de _____ se trouve le collège
b Les arbres, entre _____ vous voyez ma maison
c La salle à manger, au centre de _____ il y a une table
d Un couteau est un instrument avec _____ on épluche les légumes
e Ce sont les fenêtres derrière _____ se trouve ma salle de classe
f L'école, devant _____ on voit la voiture du prof

For more information about the use of *lequel*, see Reference Grammar, page 331.

Point final: Qu'est-ce qu'on est en train de faire?

Here is a picture of a French classroom of about 1880. Say as much as you can about what you see and what is going on.

Mots extra

la cantine	canteen, dining hall
le choix	choice
fournir	to supply
le jeu	game
se moquer de	to make fun of
se présenter	to introduce oneself
prêt	ready
la rentrée	beginning of term
utile	useful

What people do

This Unit is about the future: what you will do this weekend, jobs, professions and future career. You will learn more about pronouns and practise telling people *to do* and *not to do* things.

Offres d'emploi

Read through the job advertisements from a French newspaper, then answer the questions.

Agence de Publicité

Mᵉ PALAIS-ROYAL

recherche

DACTYLO-STANDARDISTE

Excell. dactylo. elle aura l'expérience du téléphone, et sera chargée d'accueillir les visiteurs. Très bonne présentation exigée.

Galeries Lafayette

recherchent

POUR SAISON HIVER

VENDEUSES

excellente présentation références exigées

horaires de travail : 9h30 - 18h30 4 JOURS PAR SEMAINE DONT SAMEDI ET LUNDI

a What staff do the Galeries Lafayette (a large Paris department store) need?

b When are they needed?

c What time would they finish work?

d Would they have to work on Saturdays?

BOULANGERIE PATISSERIE PARIS-9ᵉ cherche

VENDEUSE

repos dimanches et fêtes Tél. 526.61.97

e What sort of place would this *vendeuse* be working in?

f What time off would she have?

POSTES STABLES PARIS 15ᵉ

2 SECRETAIRES

PARFAITEMENT BILINGUES ANGLAIS 25 ans minimum POUVANT VOYAGER A L'ETRANGER

g What are the two requirements for these secretaries' jobs?

h What may they find themselves doing?

Sté EDITION QUARTIER LATIN recherche

DACTYLO

EXPERIMENTEE

et STENODACTYLO

DEBUTANTE

pour remplacement 3 mois Tél. pour r.vs 325.02.61

i A *dactylo* is a typist. What do you think a *sténodactylo* is?

j What do you think *expérimentée* and *débutante* mean?

BRITISH LEYLAND **ARLES**

Rech. **MECANICIEN**

AUTO, tr, compétent, salaire important. Ecrire av. référ. Ets CANALI av. de Camargue, 13200 ARLES ou Tél. 16 (90) 96.48.69

k What is a *mécanicien*?

l How should people apply for the job?

m This *agence de publicité* is looking for a *dactylo-standardiste*. What do you think this is?

n Name two of the qualities required for the job.

JEAN-LOUIS DEFORGES recherche

APPRENTI (IE)

· coiffure dame présent. par parents Tél. 355.56.67

o What kind of business is this apprentice required for?

SUPERMARCHE près PORTE D'ITALIE ch.

1 BOUCHER

Tél. 588.76.73

p In what sort of shop will this butcher be working?

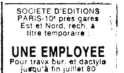

SOCIETE D'EDITIONS PARIS-10ᵉ près gares Est et Nord, rech. à titre temporaire :

UNE EMPLOYEE

Pour travx bur. et dactylo jusqu'à fin juillet 80

q What do you think *travx bur* is short for? What does it mean?

r How long is the *employée* required for?

Les métiers: qu'est-ce qu'on fait?
Où travaille-t-on?

Match up the place of work (box 2) and the
work done (box 3) with the people in the first
box so as to make a complete statement about
where they work and what they do. For
example:
a Une dactylo travaille dans un bureau. Elle
tape à la machine.

1	2	3
a une dactylo	dans un hôpital	conduit un tracteur
b un mécanicien	dans un salon de coiffure	porte les bagages des
c une infirmière	dans un magasin	voyageurs
d un boulanger	à la campagne	distribue les lettres
e un garçon de café	dans une gare	vend de la marchandise
f une vendeuse	dans un café	soigne les malades
g une coiffeuse	dans une boulangerie	tape à la machine
h un facteur	dans un garage	sert les consommations
i un fermier	dans un bureau	soigne et coupe les
j un porteur	à la Poste	cheveux
		fait le pain
		répare les voitures

'Le monde du travail'

The following is an extract from a radio programme about
working people in France and their ambitions. Your teacher
will tell you whether or not to look at the written text while the
tape is being played. The interviewer speaks first:

'Que faites-vous dans la vie, Monsieur Calvi?'
'Moi, je suis mécanicien.'
'Et vous travaillez ici à Tours?'
'Oui, oui, je travaille au garage Pichard, avenue de
Grammont.'
'Depuis longtemps?'
'Oh . . . depuis sept, huit ans.'
'Et le travail est agréable? Vous êtes content d'être
mécanicien?'
'En général, oui. Comme dans tous les métiers il y a des jours
où ça ne va pas du tout, quand le patron est de mauvaise
humeur, ou quand il y a des clients difficiles . . . mais en
général j'aime beaucoup mon travail et mon métier.'

'Et que faites-vous au garage?'

'Je fais un peu de tout, moi. Je fais la réparation de voitures, je répare les pneus crevés et même quelquefois je sers de l'essence aux clients. Nous avons la concession Citroën, alors je passe beaucoup de mon temps avec des Citroën, mais je sais également faire la réparation d'autres marques de voitures, même des voitures étrangères.'

'De quelle heure à quelle heure travaillez-vous?'

'Mes heures normales sont de sept heures et demie jusqu' à cinq heures, mais je fais aussi des heures supplémentaires, surtout pendant l'été, quand il y a beaucoup de travail ...'

'Alors il vous faut vous lever tôt le matin?'

'Mais oui, je me lève d'habitude à six heures et demie, ma femme me prépare le petit déjeuner et je pars pour le garage vers sept heures.'

'Monsieur Calvi, parlez-moi un peu de vos ambitions. Qu'est-ce que vous voulez faire? Comment voyez-vous votre avenir?'

'Euh ... mon avenir? ... je ne sais pas exactement. Je voudrais être patron de garage moi-même un jour, c'est normal. J'ai un peu d'argent, ma femme aussi — elle est secrétaire dans une compagnie d'assurances, c'est un métier assez bien payé. Et nous n'avons pas d'enfants. Alors qui sait? J'aurai peut-être un jour mon propre garage, ou peut-être une station-service ...'

'Alors vous voulez rester mécanicien? Vous ne voulez pas changer de métier?'

'Changer? À quarante ans? Absolument pas. Non, je serai toujours mécanicien, chez un autre ou chez moi. C'est mon métier, et je ne veux pas changer ...'

'Merci, Monsieur Calvi.'

1 Answer the following questions (the numbers in brackets indicate the number of points to look for):

a What is M Calvi's job? (1)

b Where does he work (place and town)? (3)

c How long has he been working there? (1)

d When is his job less than pleasant? (2)

e What three things does his work mainly consist of? (3)

f To what extent could Pichard's be called a specialist establishment? (1)

g What are M Calvi's normal working hours? (2)

h When does he do overtime? (1)

i What do you know about M Calvi's pre-work routine? (3)

j What do you know about his family circumstances? (4)

k What would M Calvi see himself doing in the future? (1)

l What reason does M Calvi hint at for not changing his trade? (1)

2 Note how the French say what jobs people do. When asked about this, M Calvi says 'je suis mécanicien'. A teacher would say 'je suis professeur', a doctor 'je suis médecin', and so on. What would the following say?

a butcher   a shop assistant
a typist   a secretary
a nurse

3 Using the interview with M Calvi as a guide, write similar dialogues between the interviewer and the following people. (The interviewer is continuing her research about working people and their ambitions.)

a *Nom:* Marianne Batail
Métier: vendeuse
Lieu de travail: le magasin Crozet, route de Grenoble, Lyon
Travaille chez Crozet . . .: depuis deux ans
Travail: vend les vêtements de femme: robes, manteaux, etc.
Heures de travail: 8h–18h
Heures supplémentaires: ne fait pas d'heures supplémentaires
Ambitions: veut être propriétaire d'un petit magasin de mode féminine.

b *Nom:* Bernard Giraux
Métier: routier
Lieu de travail: la région parisienne, pour la compagnie de transports Fernand
Travaille chez Fernand . . .: depuis huit ans et demi
Travail: conduit un camion Berliet
Heures de travail: irrégulières — commence le matin vers sept heures, finit généralement vers six/sept heures du soir
Heures supplémentaires: travaille quelquefois le dimanche
Ambitions: continuer à travailler pour Fernand ou posséder son propre camion

c *Nom:* Catherine Blanchet
Métier: secrétaire/dactylo

Lieu de travail: l'Agence Immobilière Salim, rue Fouchet, Poitiers
Travaille chez Salim . . .: depuis quatre ans
Travail: taper des lettres, etc.
Heures de travail: 8h–17h30
Heures supplémentaires: travaille jusqu'à 18h30 le jeudi et le vendredi
Ambitions: se marier, avoir des enfants

4 *Pair work*
One person chooses a profession from those mentioned in this Unit. The other must then try to guess what it is by asking questions about it. You are allowed up to six questions to find out.

Here are some questions which may be useful:
Est-ce que vous travaillez à la campagne?
en ville?
dans un bureau?
dans un magasin?
C'est un travail fatigant?
Vous travaillez le samedi?
Vous gagnez beaucoup d'argent?

The Future tense
In Unit 3 you learnt an easy way of talking about things that are going to happen, by using *aller* followed by an Infinitive (Il *va faire* la vaisselle). Another way of indicating future events is to use the Future tense. Its formation is based on the Infinitive of the verb, with different endings added:
je donner*ai* (je finir*ai*, je vendr*ai*)
tu donner*as* (tu finir*as*, tu vendr*as*)
il/elle donner*a* (il/elle finir*a*, il/elle vendr*a*)
nous donner*ons* (nous finir*ons*, nous vendr*ons*)
vous donner*ez* (vous finir*ez*, vous vendr*ez*)
ils/elles donner*ont* (ils/elles finir*ont*, ils/elles vendr*ont*).
(Note that the last -*e* disappears from the infinitives of -*re* verbs)

67

As you would expect, the commonest verbs, and the ones which you will need most often, are irregular verbs and have to be remembered seprately (the endings stay the same, though!) These are:

aller (to go)	j'irai
venir (to come)	je viendrai
être (to be)	je serai
avoir (to have)	j'aurai
faire (to make/do)	je ferai
envoyer (to send)	j'enverrai
voir (to see)	je verrai
pouvoir (to be able)	je pourrai
savoir (to know)	je saurai
vouloir (to want)	je voudrai

Note: *se lever* (to get up) takes an accent all through: *je me lèverai,* etc.

so does *acheter* (to buy): *j'achèterai,* etc.
and *se promener* (to go for a walk, ride): *je me promènerai,* etc.

Note also: *appeler* (to call): *j'appellerai,* etc.
and *jeter* (to throw): *je jetterai,* etc.

1 For practice, look at this answer a French boy gives when asked what his plans are for the forthcoming weekend, and put the Infinitives into the correct form of the Future:
Qu'est-ce que vous ferez ce weekend?
'Eh bien, samedi matin je *(jouer)* au football avec mes copains. L'après-midi nous *(faire)* une promenade en vélo . . . nous *(aller)* peut-être à Chaumont. S'il fait beau, nous *(rester)* là jusqu'au soir et nous *(rentrer)* vers six heures pour dîner. Après le dîner je *(regarder)* la télévision ou *(sortir)* en ville. Ou bien je *(passer)* des disques . . . je ne sais pas encore. Dimanche nous *(se lever)* de bonne heure et nous *(partir)* en voiture pour Bercy, où nous *(déjeuner)* chez ma tante Isabelle. Nous *(revenir)* chez nous vers sept heures, nous *(prendre)* le dîner, et puis je *(finir)* mes devoirs. Je *(se coucher)* vers dix heures et demie.'

2 Now prepare answers to these questions about yourself:
a À quelle heure vous lèverez-vous demain?
b Où prendrez-vous le petit déjeuner?
c Qu'est-ce que vous mangerez?
d Qu'est-ce que vous boirez?
e Que ferez-vous avant de quitter la maison?
f Irez-vous à l'école en autobus?
g À quelle heure rentrerez-vous demain soir?
h Comment passerez-vous la soirée?
i À quelle heure vous coucherez-vous?
j Qu'est-ce que vous ferez ce weekend?

3 Looking further ahead, here is what a French girl says when she is asked what she will do when she leaves school. Put the Infinitives into the Future tense:
Qu'est-ce que vous ferez quand vous quitterez l'école?

'Je ne sais pas encore quand je *(quitter)* l'école . . . ce *(être)* probablement à la fin de l'année scolaire, mais ça *(dépendre)* des résultats des examens, bien sûr. Si tout va bien, j'*(entrer)* au collège technique et je *(suivre)* des cours de dessin, parce que je voudrais être* dessinatrice de mode . . . c'est l'idéal. Mais si je rate les examens je *(chercher)* du travail en ville . . . ou même à Paris. Je *(être)* vendeuse dans un magasin, peut-être, ou bien je *(travailler)* dans un bureau, comme ma soeur.'
*Notice how to say 'I would like to be . . .'

4 Now, using the language you have learnt in this Unit, write a few sentences saying when you will leave school, what you would like to be and the sorts of things you will do in your work.

On visite Paris

Here is an outline map of Paris. On it you will see a group of
assorted tourists and an indication of the things they will do
when they arrive in the city:

Iniro Mitsoto

Sergei and Irena Platov

Eva Dominguez

Jean Macbride

Al Gurney

Philip and Sara Bonington

Vincenzo Garda

Olaf Svensen

Vera and Jan De Groot

Maria and Ulrich Baum

These are the things they will be doing (see
the letters on the map):
a monter à la Tour Eiffel
b visiter la cathédrale de Notre Dame
c dîner chez Maxim's
d admirer la basilique du Sacré Coeur

e prendre des photos de l'Arc de Triomphe
f voir les tableaux du Louvre
g se promener sur les quais de la Seine
h faire une promenade en bateau sur la Seine
i aller à l'Opéra
j acheter des robes aux Galeries Lafayette

69

1 Now say who will do what. For example:
Vincenzo Garda montera à la Tour Eiffel.
Maria et Ulrich Baum visiteront . . . etc.

2 If you asked them what they will be doing, what would they answer? (You will · obviously need the *je* and the *nous* parts of the Future for this.)

Indirect Object pronouns

In the last Unit you practised Direct Object pronouns (me, him, them, etc.). Indirect Object pronouns are used in the same way and mean *to* me, *to* him, *to* them, etc. They are:

me (to me)	nous (to us)
te (to you)	vous (to you)
lui (to him/to her)	leur (to them)

Examples:
Est-ce que le professeur parle *aux élèves*? — Oui, il *leur* parle.
Est-ce que M Mercier offre un collier *à sa femme*? — Oui, il *lui* offre un collier de perles.
Voilà le facteur qui arrive. Il *nous* apporte des lettres.

1 For practice, try these. Grand-père Mercier receives various things from various people. Make sentences to say who brings (sells, gives, etc.) him the things. For example:

a Le facteur lui apporte un paquet.

2 Now pretend that you are Grand-père Mercier and answer these questions:
a Qui vous apporte ce paquet-là, Monsieur Mercier?
b Qu'est-ce que le garçon de café vous sert?
c Est-ce que le boulanger vous vend des croissants?
d Qu'est-ce que le médecin vous donne quand vous êtes malade?
e Est-ce que votre petit-fils vous envoie une carte postale?

3 What would the sentences in Exercise 1 be if it was Grand-père *and* Grand-mère Mercier who were receiving the things?

4 What would the answers in Exercise 2 be if Grand-père was answering on behalf of them both?

5 Now answer these questions about yourself:
a Qu'est-ce que vous dites à votre mère (ou à votre père) quand vous quittez la maison le matin?
b Que dites-vous à quelqu'un qui vous donne un cadeau?
c Offrez-vous des cadeaux à vos amis quand c'est leur anniversaire?
d Qui vous envoie des cartes à Noël?
e Est-ce que votre professeur vous parle en ce moment?

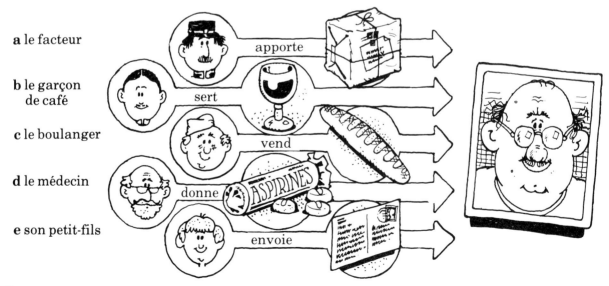

a le facteur   apporte

b le garçon de café   sert

c le boulanger   vend

d le médecin   donne   ASPIRINES

e son petit-fils   envoie

Order of Object pronouns before the verb

As you have seen, both Direct Object and Indirect Object pronouns usually go before the verb. If you have to use one of each, you will know in what order they come by learning this table:

me te nous vous	le la les	lui leur	VERB

Examples:

a Pourquoi est-ce que M Mercier offre le collier à sa femme?
Il *le lui* offre parce que c'est son anniversaire.

b Quel jour est-ce que tous les membres de sa famille offrent les cadeaux à Yvonne Mercier?
Ils *les lui* offrent le 17 novembre.

c Yvonne, pourquoi est-ce qu'on vous donne tous ces cadeaux?
On *me les* donne parce que c'est mon anniversaire.

Votre horoscope

Read through this horoscope from a French magazine and see what it says about the coming week. Then answer the questions:

BÉLIER (21 mars–20 avril)

Pas de problèmes. Tout va toujours très bien. Faites du sport. Un peu de patience en famille; grandes possibilités dans le travail. Excellente semaine.

TAUREAU (21 avril–21 mai)

Vous êtes triste? Vous avez tort, car tout vous sourit. Il n'y a plus un moment à perdre. Acceptez une invitation: vous verrez de nouveaux visages. Quelle semaine!

GÉMEAUX (22 mai–21 juin)

Quelques problèmes, surtout à la fin de la semaine. Mais restez calme et tout ira bien. Vous avez besoin d'argent? Consultez un vieil ami. N'ayez pas peur: écoutez toujours votre intuition!

CANCER (22 juin–22 juillet)

Une semaine assez difficile. Soyez diplomate, ne dites pas tout ce que vous pensez. Tout se passera bien si vous restez calme. Agréable soirée avec les amis le vendredi.

LION (23 juillet–23 août)

Une semaine active. Vous avez envie de voyager? N'hésitez pas à le faire et tout finira bien. Vous saurez vous organiser et beaucoup de portes s'ouvriront devant vous.

VIERGE (24 août–23 sept.)

Une semaine excellente: tout vous sourit. Mais sachez éviter les discussions avec votre famille. Le jeudi: excellent pour le travail. Et si ce jour est celui de votre anniversaire … vous avez vraiment de la chance!

BALANCE (24 sept.–23 oct.)

Oubliez le passé. Commencez à faire des projets pour les vacances prochaines: plus tard il sera trop tard. Prudence en matière d'argent. Travail? Succès!

SCORPION (24 oct.–22 nov.)

Montrez-vous plus affectueux et généreux. Revoyez les amis. Vers la fin de la semaine vous gagnerez beaucoup d'argent. Le week-end: reposez-vous, vous en avez besoin.

SAGITTAIRE (23 nov.–21 déc.)

La semaine n'est pas facile, mais rassurez-vous: ça ira mieux le samedi et le dimanche. Ne vous montrez pas trop difficile en famille. En effet, vos difficultés sont peut-être imaginaires?

CAPRICORNE (22 déc.- 20 jan.)

Vous serez heureux de rencontrer les amis, mais attention! ne comptez pas sur les promesses. Matinée active le mardi. Soirée agréable le jeudi.

VERSEAU (21 jan.–18 fév.)

Vous serez actif mais ne soyez pas impatient. Écrivez une lettre importante. Le mercredi et le vendredi seront des jours agréables. Échanges d'idées agréables et utiles avec les amis.

POISSONS (19 fév.–20 mars)

Vous voulez voyager? Vous avez raison: ça vous fera du bien. Il ne reste plus qu'à mettre de l'ordre dans vos affaires. Assez bonne journée le mardi.

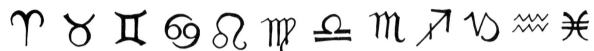

1 If readers are . . .

a Bélier, what are they told to do this week?
b Taureau, what should they accept this week?
c Gémeaux, when are they likely to have problems?
d Vierge, what is Thursday an especially good day for?
e Balance, what should they be planning for this week?
f Scorpion, what is going to happen to them towards the end of the week?
g Capricorne, when are they going to have a busy morning?
h Verseau, which will be their good days this week?

Imperatives
As you have seen, horoscopes often tell you what to do and what not to do. In French, the form of the verb used for giving orders and instructions is called the Imperative.

To make it, just leave out *vous*:
Acceptez une invitation.
Faites du sport.

To tell someone *not* to do something, put *ne* ... *pas* round the imperative:
Ne comptez pas sur les promesses.
N'hésitez pas à le faire.

With reflexive verbs, however, you must still include the reflexive pronoun. This goes after the imperative, joined to it with a hyphen:
Reposez-vous, vous en avez besoin.
Montrez-vous plus affectueux.

. . . unless it is in the negative, when it goes in front:
Ne vous montrez pas trop difficile.

These verbs have irregular imperatives:
avoir ... *ayez*
être ... *soyez*
savoir ... *sachez*

As well as the second person plural form of the imperative shown above, there are also two other forms. For information about these, see the Reference Grammar, page 129.

2 For practice, make a list of any imperatives in the horoscopes for:
a Gémeaux
b Cancer
c Balance
d Verseau

3 As well as telling you what to do, horoscopes also tell you about the future. This means that many of the verbs will be in the Future tense. Under which signs does the Future of the following verbs occur?
a voir
b gagner
c faire
d savoir

How many times and under which signs does the Future of the following verbs appear?
e aller
f être

4 Using the material in the horoscopes to help you, write a horoscope for next week for the following:

a yourself

b a friend or member of your family

c your teacher

Avoir expressions

Several important expressions using *avoir* occurred in the horoscopes. For example:

Vous êtes triste? *Vous avez tort,* car tout vous sourit.

*Vous avez besoin d'*argent?

Vous avez envie de voyager?

In many of these expressions, *avoir* is used when we should say *to be ...* in English:

Vous *avez tort:* you *are* wrong

The expressions you will need are listed in the Reference Grammar, page 129. When you have looked at them, use the *avoir* expression to complete the following sentences. For example:

Vous _____ de monter à la Tour Eiffel: de là, on a une belle vue sur Paris (avoir raison)

Vous avez raison de monter à la Tour Eiffel: de là on a une belle vue sur Paris.

a Marc _____ voir les tableaux du Louvre. (avoir envie de)

b Mme Lagrange _____ ; elle _____ son manteau. (avoir froid; avoir besoin de)

c Pas de problèmes? Vous _____ ! (avoir de la chance)

d J' _____ , j' _____ un bon repas! (avoir faim; avoir besoin de)

e Après son accident, elle _____ conduire une voiture. (avoir peur de)

f Tu _____ : Rome est bien la capitale de l'Italie. (avoir raison)

g Si vous _____ , enlevez votre manteau! (avoir chaud)

h Ils _____ pendant les cours de mathématiques. (avoir sommeil)

La bonne bouche

This is a job advertisement from a French newspaper:

a At what time of the year do you think it appeared?

b Two requirements are mentioned. What are they?

Mots essentiels

1 Les métiers (m),   **jobs,**
   les professions (f)   **professions**

le boucher	butcher
le boulanger	baker
le coiffeur } *la coiffeuse*	hairdresser
la dactylo	typist
un(e) employé(e)	clerk, employee
le facteur	postman
le fermier	farmer
une infirmière	nurse
le mécanicien	mechanic
le médecin	doctor
la secrétaire	secretary
le vendeur	salesman
la vendeuse	salesgirl

2 *acheter*	to buy
assez	enough, fairly
l'avenir (m)	future

la boucherie	butcher's shop
la boulangerie	baker's shop
le bureau	office
le camion	lorry
le/la client(e)	customer
demain	tomorrow
facile	easy
fatigant	tiring
gagner (de l'argent)	to earn (money)
un hôpital	hospital
le magasin	shop
le/la malade	sick person
le/la patron(ne)	boss
la Poste	Post office
réparer	to repair
servir	to serve
soigner	to take care of
taper à la machine	to type
trop	too, too much
vendre	to sell

Extra

More on Imperatives

1 Revise how to make the second singular Imperative, used for someone you call *tu* (page 335)

2 Revise the Imperative of Reflexive verbs (page 72). What is said here about reflexive pronouns applies to **all** object pronouns

3 Learn all Imperative forms of *avoir* and *être*

avoir – aie	être – sois
ayons	soyons
ayez	soyez

4 What would you put for the following in a letter to your French penfriend?

a Write to me soon
b Excuse me ...
c Don't forget the record
d Tell me ...
e Send me a photo of your house, please
f Be good
g Don't be afraid

Le patron travaille!

1 Learn the Indirect Object pronouns (page 70) and the order of Object pronouns before the verb (page 71).

2 Learn the position and order of Object pronouns in positive commands (Reference Grammar, page 330).

3 Monsieur Duboeuf (below) is not having one of his easiest days: it's up to you to help him out. What will he say if he agrees to all the things he is being asked? For example:

a Eh! Nous mettons cette bibliothèque dans le coin?
D'accord! Mettez-la dans le coin.
You answer the rest for him

4 But what would he say if he **didn't** agree? (Remember, with negative commands, the pronouns go in front of the verb as usual)
Example: a Eh! Nous mettons cette bibliothèque dans le coin?
Non! Ne la mettez pas dans le coin

75

L'Agenda

Voici deux pages extraites de l'agenda de Monique:

	VENDREDI	SAMEDI
8h		
9h	9h30 train – Paris	acheter robe
10h	10h45 rencontrer Yvette	chaussures
11h	Galeries Lafayette	
12h		12h15 Coiffeur
13h	déjeuner Yvette, Marc	
14h		14h10 Alain, Christel →
15h	rendre visite à tante Gisèle	match
16h		NB faire repassage
17h	17h45 Gare de l'Est	préparer légumes
18h	chercher papa	18h15 tél. Annie
19h		
20h	cinéma. Bernard	
21h		Disco

Que fera Monique? Commencez:
   Vendredi, à neuf heures et demie, elle
   prendra le train ...

Au secours!

Imagine that you and a group of friends are in the middle of
the island on the next page.

1 Think of as many things as you can that
   will happen if you try to escape. Use the
   model:
      Si + Present, Future
      e.g. *Si* nous *essayons* de traverser le
         désert, nous *mourrons* de soif
         Si nous *marchons* au sud, les
         serpents nous *piqueront*

2 Disaster! Your friends are no more: only
   you are left. It's time to escape ... write
   down what you will do.

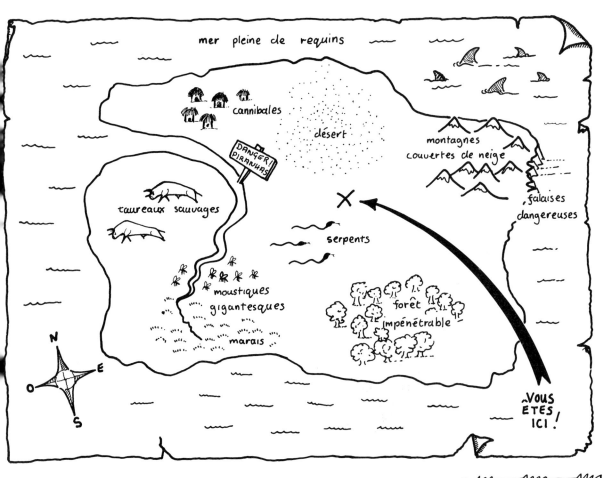

mer pleine de requins

cannibales

désert

montagnes couvertes de neige

DANGER! PIRANHAS

taureaux sauvages

serpents

falaises dangereuses

moustiques gigantesques

forêt impénétrable

marais

N O E S

VOUS ÊTES ICI !

Ce qui, ce que, ce dont

In the last Unit you saw *qui* and *que*, meaning 'who', 'whom' and 'which' (page 55). Now it's time to meet *ce qui* and *ce que* meaning 'what'. Usually they come in the middle of a sentence, but sometimes you see them at the beginning. Look at these examples:

a

Je ne comprends pas ce qu'il dit.

Je ne sais pas pas ce qu'il demande.

b

Je ne sais pas ce qui ne va pas.

Je ne comprends pas ce qui l'agace.

In **a** the shopkeeper doesn't understand **what** the tourist is saying: she doesn't know **what** he's asking for.
In **b** she doesn't know **what**'s the matter: she doesn't understand **what** is annoying him.

77

If the verb or expression has *de*, for example *avoir besoin de* (to need), or *parler de* (to talk about), you must use *ce dont*

    e.g. Elle ne comprend pas ce dont il a
       besoin
      Elle ne sait pas ce dont il parle

For practice, try these examples:
1 Fill in the gap with *ce qui*, *ce que* or *ce dont*, then write the English version of the sentence underneath.
a Je n'entends pas _____ il dit.
b Je ne sais pas _____ tu veux.
c Je voudrais savoir _____ t'amuse.
d Dites-moi _____ vous allez faire.
e Tu as tout _____ tu as besoin?
f _____ m'agace, c'est qu'il est toujours en retard.

2 *Sondage*
This English researcher is doing a survey on French people's likes and dislikes. He can't speak French and Claudette, your friend, doesn't know much English. Fortunately you can tell her what he's asking ...

For this question, you'd tell Claudette:
    Il demande ce que tu aimes manger
Now help her with these questions:
a What do you like to drink?
b What do you like to watch on television?
c What makes you laugh?
d What annoys you?
e What do you think of England?
f What do you talk about with your friends?
g What do you like to do in the evenings?
h What are you doing this evening?

'Mon père est au chômage'

Young listeners to a radio programme were asked to write in with advice for Suzanne whose father is out of work.

Lettres
Here are extracts from three of the letters received. Read them through, then answer the questions.

1 Je ne suis pas dans ton cas mais quand on parle d'un problème à quelqu'un je trouve qu'on est libéré et qu'on comprend mieux les gens. Et puis, ce n'est pas grave, ton père va retrouver du travail très vite, tu verras ...
a What does the writer suggest as a good thing to do?
b What two reasons does she give to support this?
c Why shouldn't Suzanne worry?
d *On* is used three times in this extract. What would be the best way of expressing it here?

2 Il ne vaut mieux pas lui parler de son chômage. Ton père veut te rendre heureuse, alors essaie d'avoir toujours le sourire. C'est toi qui dois lui faire oublier ses problèmes ...
a What should Suzanne do and why?
b How many times are Indirect Object pronouns used in the extract?

3 Moi aussi, mon père a été au chômage et je te conseille de faire comme moi. Tu peux parler du problème si on te pose des questions mais il vaut mieux ne pas engager une conversation sur ce sujet sauf avec des enfants dont tu sais que leurs parents ont été au chômage. Bonne chance!
a What does the writer advise?
b Now re-read the three extracts. In which one(s) can we definitely say that the writer's father is unemployed and in which does he certainly have a job?

À l'écoute!

The following three extracts from listeners' letters were broadcast. Listen to them, then answer the questions.

1
a What should Suzanne do?
b What must she not do?

2
a Who should Suzanne discuss her problem with?
b What else should she do?
c What should she find out from her mother?

3
a What experience does the writer have of this problem?
b Who does she advise Suzanne to confide in?

À vous!
What would **you** advise Suzanne to do? Using the extracts you have read and heard as models, write a letter giving your solution to the problem.

Point final

ETEIGNEZ LA LUMIERE S.V.P.

1

ESSUYEZ VOS PIEDS S.V.P.

2

LAISSEZ CET ENDROIT AUSSI PROPRE QUE VOUS AIMERIEZ LE TROUVER

3
a What does 'S.V.P.' stand for?
b What are you being told to do in each of these notices?
c There are three Imperatives in the notices. What Infinitive does each come from?

Mots extra

la chance	luck
conseiller	to advise
essuyer	to wipe
le journal	newspaper
laisser	to leave
la lumière	light
la montagne	mountain
oublier	to forget
plein	full
sauf	except
le serpent	snake
surtout	above all
le taureau	bull
tuer	to kill

Revision (1)

Le pressing

Look at the photo of a dry cleaner's window, then do the exercises.

1

a In the upper section, *bleu de travail* means workmen's overalls. What other three items are mentioned?

b How long does the cleaning take?

c How are the cleaned items wrapped?

d In the lower section, *PRESSING* is steam-cleaning. What articles of clothing are mentioned?

e What is the grammatical difference between the clothes printed in capital letters (e.g. *VESTE*) and those printed in small letters (e.g. *Pantalon*)?

2

a What could *sa veste* mean?

b Put *son, sa* or *ses* in front of each of the remaining nine household items or clothes mentioned on the window.

3 Why would someone say *cette veste-ci* rather than simply *cette veste*?

4 How could you say in French:

a These sheets are white.

b That dress is green.

c That coat is brown.

d That raincoat is black.

e Those trousers are grey.

Définitions

1 You could define a baker in French like this:
Un boulanger est un homme qui fait le pain.
Write similar definitions for these people:

a une dactylo

b un boucher

c un facteur

d une infirmière

e un électricien

2 Who is being talked about here? Listen to the tape and write down (in English) the professions of the eight people described. Your teacher will tell you how many times the tape will be played and when to answer.

La journée de Marcel (Unit 2, page 13)
Rewrite the passage, starting with *Demain (tomorrow)* instead of *Tous les jours (every day)* and putting the verbs into the Future tense.

Au salon

Look at the picture of a French sitting-room,
then listen to the 10 questions, each of which
is repeated. Your teacher will tell you when to
answer.

Signs

Here are some signs which you might see in France:

(a) POUSSEZ

TIREZ

(c) ROULEZ AVEC PRUDENCE

(e) ALLEZ FRANCE

(d) PIÉTONS ATTENDEZ

(b) NE MARCHEZ PAS SUR L'HERBE

(f) Ne parlez pas au chauffeur

(h) ACHETEZ VOS BILLETS ICI

(g) BUVEZ DUBONNET

a What does each sign mean?

b How would (b) be different if a mother were saying it to a child?

c How would you change (c) to make it mean *Let's . . .*?

d What would you say in French if you had to give these commands or make these suggestions?

    Come in! Let's get dinner ready.
    Close the door! Let's wash the car.
    Open the window!

School holidays

Look at the newspaper cutting, then answer the questions:

1

a Quelle est la date du commencement des vacances d'été?

b Les élèves, combien de semaines de vacances auront-ils en été?

c Quand est-ce que les vacances finiront à Noël?

d Combien de jours de vacances auront-ils au mois de février?

e Quand est-ce que les vacances commenceront au printemps?

f Quand est-ce que leurs vacances finiront à la Pentecôte?

2 How do French school holidays compare with your own? For example:

En été, leurs vacances commencent le 4 juillet: mes vacances commencent le 18 juillet.

Make up three other statements: these can be about either differences or similarities.

Avoir expressions

Questions

a Qu'est-ce que vous aimez boire quand vous avez soif?

b Avez-vous chaud en été?

c Et en hiver ...?

d Que faites-vous quand vous avez froid?

e Avez-vous envie d'être sténodactylo? mécanicien?

f Avez-vous envie d'être riche?

g De quoi avez-vous peur?

h Est-ce que votre père a toujours raison?

i Aurez-vous faim à midi?

j À quelle heure ce soir aurez-vous sommeil?

EDUCATION
VACANCES SCOLAIRES
L'année prochaine

Été: du vendredi 4 juillet au jeudi 18 septembre.

Toussaint: du mercredi 29 octobre au lundi 3 novembre.

Novembre: du lundi 10 novembre au jeudi 13 novembre.

Noël: du jeudi 18 décembre au lundi 5 janvier.

Février: du samedi 7 au lundi 16 février.

Printemps: du samedi 28 mars au lundi 13 avril.

Mai: du jeudi 30 avril au lundi 4 mai.

Pentecôte: du lundi 26 mai au lundi 1er juin.

Cadeaux de Noël

Pour Noël, Marie-Claude va offrir ces cadeaux
à sa famille:

son père

1 Answer the questions, using a Direct Object
  pronoun. For example:
    Est-ce qu'elle donne le sac à sa mère?
    Oui, elle le donne à sa mère.
    Est-ce qu'elle donne les disques à son père?
    Non, elle ne les donne pas à son père.

sa mère

  Est-ce qu'elle donne . . .
a les fleurs à sa grand-mère?

b le pull à ses cousins?

c la cravate à son père?

d les disques à ses cousins?

e le sac à sa grand-mère?

sa grand-mère

f la cravate à son frère?

g les fleurs à sa mère?

h le pull à son frère?

2 Answer the same questions, this time using
  an Indirect Object pronoun. For example:
    Est-ce qu'elle donne le sac à sa mère?
    Oui, elle lui donne le sac.

    Est-ce qu'elle donne les disques à son père?
    Non, elle ne lui donne pas les disques.

son frère

3 Answer the same questions again, using
  both a Direct and an Indirect Object
  pronoun. (See Unit 5, page 50.) For example:
    Est-ce qu'elle donne le sac à sa mère?
    Oui, elle le lui donne.

    Est-ce qu'elle donne les disques à son père?
    Non, elle ne les lui donne pas.

ses cousins

Météo

Look at the weather map and forecast, then do the exercises:

BEAU APRÈS BRUMES MATINALES.

En France aujourd'hui:

Région parisienne — Le matin il fera froid avec des brouillards assez denses. Ensoleillé dans la journée. Vent variable faible du sud-ouest.

Ailleurs — Le matin, le temps sera nuageux avec des pluies des Pyrénées centrales aux Alpes du sud et à la Provence. Cette zone pluvieuse s'éloignera ensuite vers l'Italie. Dans la journée, le ciel s'éclaircira et le soleil brillera sur tout le pays.

Demain — Temps plus froid dans le nord et dans l'est. Le matin, il pleuvra de la région parisienne à la Bretagne. Quelques chutes de neige dans les Alpes. Les vents seront modérés de nord près de la Méditerranée avec des orages isolés dans le Midi. Sur les côtes de la Manche et de l'Atlantique les vents d'ouest seront forts. Le soir, il pleuvra sur toute la moitié ouest du pays.

1 *Questions*
a From the main headline, what two things do you learn about today's weather in France?
b How will the weather start in the Paris region?
c What will happen to the weather later in the day in the rest of France?
d What will the weather be like tomorrow morning in Brittany?
e What weather is forecast for tomorrow in the Alps?

2 Using an item from each of the first three columns and, where necessary, one from the fourth, make up sentences about the weather. For example:
Ce matin, dans la région parisienne, il fera froid.

1	2	3	4
Ce matin	dans la région parisienne	faire	froid
Ce soir	dans les Alpes	pleuvoir	
	dans le nord		beau
Demain	en Bretagne	neiger	

3 Make up a simple weather forecast for Britain for tomorrow. The forecast in the newspaper, on radio or TV will tell you what is supposed to happen, and you can model your *météo* on the material already studied in this Unit.

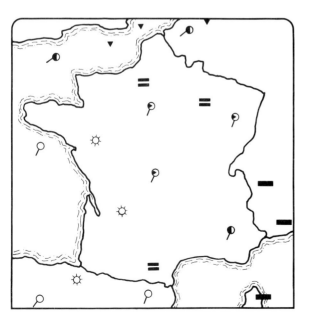

TEMPS EN FRANCE AUJOURD'HUI A 13 HEURES

☼ SOLEIL ▬ PLUIES ✳ NEIGE

☽ PEU NUAGEUX ▼ AVERSES ⚡ORAGES

◐ VARIABLE ▬ BRUME

● COUVERT

VENTS
FAIBLES MODÉRÉS FORTS TEMPÊTE

85

Extra

Le frère de ma tante ...

Regardez cet arbre généalogique. Il vous
permettra de trouver la solution des mots
croisés:

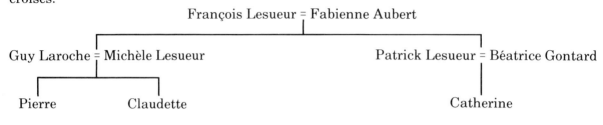

François Lesueur = Fabienne Aubert

Guy Laroche = Michèle Lesueur   Patrick Lesueur = Béatrice Gontard

Pierre   Claudette   Catherine

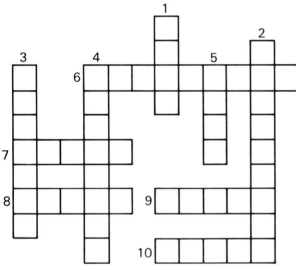

1 Pierre est le _____ de Guy
2 Fabienne est la _____ de Claudette
3 Claudette est la _____ de Catherine
4 François est le _____ de Béatrice
5 François est le _____ de Fabienne
6 Fabienne est la _____ de Guy
7 Claudette est la _____ de Pierre
8 Pierre est le _____ de Patrick
9 Catherine est la _____ de Michèle
10 Béatrice est la _____ de Patrick

La journée d'un prof

Listen to this French schoolteacher talking
about his normal daily routine. Take a sheet
of paper and draw a line from top to bottom
about 5 cm from the left hand margin. Then
listen to the tape again and make a diary of
his day, putting the times in the left hand
column and using the space on the right to
fill in as much information as you can about
what he does at, or between, these times. You
may well need to listen several times before
you can build up a full picture.

Ça sert à quoi?

Think of as many replies as you can to the
following questions. Don't worry too much
about the truth: your answers can be as
ingenious as you like. For example:

Qu'est-ce qu'on peut faire avec une
machine à laver?
– On peut l'utiliser pour faire la lessive
– On peut l'offrir comme cadeau à son père
– On peut la transformer en téléviseur

a Qu'est-ce qu'on peut faire avec une plante?
b Qu'est-ce qu'on peut faire avec un panier?
c Qu'est-ce qu'on peut faire avec un bulletin
   trimestriel?
d Qu'est-ce qu'on peut faire avec des
   lunettes?
e Qu'est-ce qu'on peut faire avec une
   chaussure?

Enquête: Argent de poche

Read this questionnaire from a French teenage magazine:

---

1 Recevez-vous de l'argent de poche?

Oui ☐   Non ☐

2 Vous recevez de l'argent de poche

toutes les semaines ☐
tous les quinze jours ☐
tous les mois ☐

3 Qui vous le donne?

père ☐   mère ☐   autre ☐

4 Si vous ne recevez pas d'argent de poche régulièrement, mais plutôt une fois de temps en temps, qui vous le donne?

père ☐ mère ☐ grands-parents ☐
parrain/marraine ☐ oncle/tante ☐
frère/soeur ☐ autre ☐

5 Recevez-vous de l'argent en échange de services rendus à la maison (vaisselle, courses, ménage, lavage de voiture, etc.)?

oui, souvent ☐
oui, parfois ☐
non, jamais ☐

6 Recevez-vous de l'argent pour vos bons résultats scolaires?

oui, souvent ☐
oui, parfois ☐
non, jamais ☐

7 Que faites-vous avec votre agent de poche?

disques ☐ livres ☐ cinéma ☐
vêtements ☐ concerts ☐ cadeaux ☐
gros achats ☐ autres ☐

8 Est-ce que vos parents contrôlent vos dépenses?

Oui ☐   Non ☐

9 Pensez-vous que vous recevez

trop d'argent ☐
pas assez ☐
juste ce qu'il faut ☐

---

1 Learn the Present tense of *recevoir* (page 338).

2 Complete the questionnaire (but not in the book!).

3 Working in pairs, take turns to ask and answer the questions.

4 Now write out your answers to give a connected account. For example, you might start:

Je reçois de l'argent de poche toutes les semaines.
C'est ma mère qui me le donne ...

Towns

In this Unit you will learn how to say more about where you live and to find out about where others live and work. There will be practice in asking the way, understanding directions and French signs telling you what *not* to do, and in comparing things. A start is made on learning how to talk about past events and on how to write essays.

Où habitent-ils?

The four people whose descriptions are given alongside the map live in and around the town of Saumur on the river Loire. When you have read about them and studied the map, do the exercises.

1

Mlle Clouzot est secrétaire à l'Hôtel de Ville de Saumur. Elle habite en ville. La ville de Saumur est située sur la Loire, à l'ouest de Fontevraud-l'Abbaye et au nord de Montreuil-Bellay.

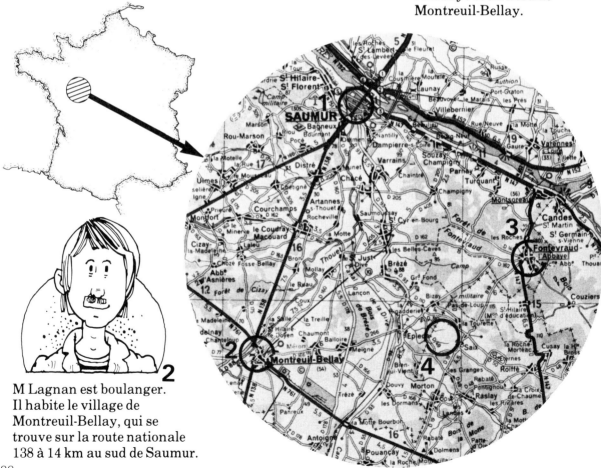

2

M Lagnan est boulanger. Il habite le village de Montreuil-Bellay, qui se trouve sur la route nationale 138 à 14 km au sud de Saumur.

French roads

Just like us, the French have different classes of roads. You will see on the map that the large roads are marked N (e.g. N 138, N 147, N 761). These are *routes nationales,* equivalent to British A roads. The smaller roads are marked D (*route départementale*) and are like our B roads.

One major road, the *autoroute* (motorway), is not shown on this map.

1 *Questions*

a Où se trouve Saumur?
b Qui habite en ville?
c Que fait Mlle Clouzot?
d Où travaille-t-elle?
e À quelle distance de Saumur se trouve Fontevraud-l'Abbaye?
f Sur quelle route se trouve Fontevraud?
g À quelle distance de Fontevraud se trouve Saix?
h Qui habite à la campagne?
i Est-ce que Montreuil-Bellay est situé au nord de Saumur?
j Qui habite un village?
k Que fait M Lagnan?
l Quelle ville est située sur la Loire?

2 Pair work

Using the map and accompanying information to help you, make up three more questions like those in Exercise 1. Then, working in pairs, ask your neighbour the questions you have devised.

3

Mme Michaud habite Fontevraud-l'Abbaye. Elle est guide à l'abbaye. C'est à l'abbaye qu'on trouve le tombeau de Richard Coeur de Lion, roi d'Angleterre. Fontevraud est à 14 km de Saumur, sur la route nationale 147.

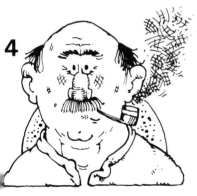

4

M Lamont est fermier. Sa ferme se trouve à la campagne près de Saix, qui est à 6 km au sud de Fontevraud, et à l'est de Montreuil-Bellay.

ABBAYE DE FONTEVRAUD

PREMIER JOUR D'ÉMISSION
FIRST DAY COVER

Deux villes françaises

On the sketch map you will see the location of two French coastal towns, and below, simple questions asking about the main features of these towns. Read the questions and the answers to them, then do the exercises:

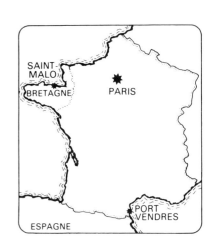

A   Où se trouve la ville?

St-M   Saint-Malo se trouve en Bretagne, sur la Côte d'Émeraude, à 370 km de Paris.

P-V   Port-Vendres se trouve au sud de la France, sur la Côte Vermeille. La frontière espagnole est à 9 km. Paris est à 939 km.

B   C'est une grande ville?

St-M   Oui, elle est assez grande. Elle a 46,000 habitants.

P-V   Non, elle n'est pas très grande. Elle a seulement 5,000 habitants.

C   C'est quelle sorte de ville?

St-M   C'est une ville historique et un centre touristique. C'est un centre commercial et un port de pêche.

P-V   C'est un petit port de pêche, très fréquenté par les touristes.

D   Est-ce qu'il y a des industries?

St-M   Oui, il y a des industries à Saint-Malo. Il y a par exemple des usines de vêtements et de matériel électronique. Et Saint-Malo est un port important: on fait des importations de charbon, de pétrole, de vins, etc. et des exportations de produits agricoles.

P-V   Non, il n'y en a pas beaucoup. On fait des importations de vins, de légumes et de bois, et on rapporte du poisson tous les jours, car c'est un port de pêche.

E   Que peut-on faire pour s'amuser?

St-M   On peut se baigner, dans la mer ou à la piscine (il y en a plusieurs à Saint-Malo). On peut jouer au tennis, faire du canotage, jouer au golf miniature, etc. Le soir on peut aller au cinéma, au théâtre ou aux clubs de jeunes. Il y a aussi des night-clubs et des cabarets. On peut faire des promenades en bateau ou à pied, dans la ville ancienne.

P-V Il y a de très belles plages près de la ville, et on peut aussi faire de la plongée sous-marine. On peut faire des promenades en mer, jouer au tennis, faire du canotage et visiter des night-clubs. Il y a beaucoup à faire, surtout en été.

F Quels sont les monuments principaux?

St-M Il y en a beaucoup. La ville ancienne, avec ses remparts, son château et sa cathédrale, est un véritable monument.

P-V Il n'y a pas beaucoup de monuments célèbres à Port-Vendres. Le Fort du Fanal, qui se trouve à l'entrée du port, l'église, qui date de 1888 et l'Obélisque, haut de 25 mètres, qui se trouve dans le vieux port, sont très intéressants.

Questions

1 What similarity is there in the location of the two towns? (see **A**)
2 How do they differ in size? (see **B**)
3 What two things do they have in common regarding the sort of town they are? (see **C**)
4 What similarities are there in the towns' industries? (see **D**)
5 What four activities mentioned in connection with Saint-Malo also figure in the list of what Port-Vendres has to offer the visitor? (see **E**)
   What ought the tourist to visit in Saint-Malo? (see **F**)
6 What does Port-Vendres have in the way of buildings of historic interest? (see **F**)

2 What words or expressions in the descriptions of the towns are equivalent to these English words?

in the south of	for (= because)
quite/fairly	several
only	to play tennis
a fishing port	also
for example	to go for an outing/
some factories	walk/ride
fish	especially
	in the evening

Comparisons

In Unit 1, you used *plus . . . que* to say that someone is taller than someone else (Jeanne d'Arc est *plus* grande *que* Napoléon). You may also need two more ways of making comparisons: *moins . . . que* (to say, for example, that someone is *not as* tall – literally *less* tall – *as* someone else) and *aussi . . . que* (to say, for example, that someone is *as* tall *as* someone else).

1 Using one of these ways of making comparisons,
   plus . . . que, moins . . . que, aussi . . . que,
   complete the following sentences about the two towns so as to make a correct comparison:

a Saint-Malo est _____ près de Paris _____ Port-Vendres.
b Port-Vendres est _____ grand _____ Saint-Malo.
c Saint-Malo a _____ d'habitants _____ Port-Vendres.
d Saint-Malo est _____ fréquenté par les touristes _____ Port-Vendres.
e Port-Vendres est _____ industriel _____ Saint-Malo.
f Il fait probablement _____ chaud à Saint-Malo _____ à Port-Vendres.
g Il y a _____ de monuments à Saint-Malo _____ à Port-Vendres.

2 For further practice, compare these pairs, using the adjective in brackets (you may need to make it agree!):

a La Tour Eiffel/l'Arc de Triomphe   (haut)

b La France/l'Angleterre   (grand)

c Paris/Londres   (grand)

d L'océan Atlantique/la mer Méditerranée   (large)

e Les avions/les trains   (rapide)

f Le rugby/le football   (intéressant)

g Un kilo de pommes/un kilo de poires   (lourd)

h L'histoire/la géographie   (difficile)

i Le champagne à 40F/le cognac à 40F   (cher)

j Les vaches/les lions   (féroce)

To say *better than . . .* you use *meilleur que . .*
Meilleur is an ordinary adjective and has to agree in the normal way. For example:

Les éclairs de notre pâtissier sont *meilleurs que* ses tartes aux pommes.

Now compare these, using *meilleur* (even though you may not agree!)

k Le vin français/le vin italien   (meilleur)

l La limonade/la bière   (meilleur)

m Les vélos/les motos   (meilleur)

Jacques Cartier

This statue of the famous French navigator, Jacques Cartier, stands in a Paris park. Look at the inscription in the picture, then answer the questions:

a What is the connection between Saint-Malo and Canada?

b Who do you think François 1er was?

c What else do you know about France's connection with Canada?

LE 24 JUILLET 1534

JACQUES CARTIER

DE SAINT MALO

ABORDE LA TERRE DU CANADA

ET PREND POSSESSION

DE LA NOUVELLE FRANCE

AU NOM DE FRANÇOIS 1ER

Ma ville — mon village

Using what you have learnt in the Unit so far, write something about your own town or village which would give a French visitor some idea of where it is and what it is like. Start like this:

J'habite _____ , une ville/un village qui se trouve ...

Go on to say:

a in what part of the country it is (north, south, etc.);

b how far it is from nearby towns or cities;

c how big it is;

d what there is to see and do there;

e anything else a visitor ought to know.

The Perfect tense

The tense most commonly used in French to indicate actions which have taken place and are finished is the Perfect (or *Passé composé*). Normally it consists of the Present of *avoir* (*j'ai, tu as, il a, nous avons, vous avez, ils ont*) and the past participle of the verb which indicates what the action was. The past participle of -ER verbs is easy: it ends in *é*. So you might say:

J'ai dansé toute la soirée,
Marie *a chanté*,
mais Pauline et Alain *ont regardé* la télévision.

1 For practice try these. Here is a list of things Julie did last year while visiting Saint-Malo. Put the Infinitive into the Perfect tense, so as to answer the question *What did she do?* Write the English version under each answer:

Qu'est-ce qu'elle a fait?

e.g. a nager dans la mer
Elle a nagé dans la mer.
She swam in the sea.

a nager dans la mer

b jouer au tennis

c visiter la ville ancienne

d regarder les bateaux dans le port

e causer avec les pêcheurs

f admirer la cathédrale

g marcher sur les remparts

h passer des journées sur la plage

i rencontrer des jeunes au club

2 What would *Julie* say if you asked her what she did?

Qu'est-ce que tu as fait?

e.g. a nager dans la mer
J'ai nagé dans la mer.

Now do the same with the rest of the sentences in Exercise 1.

Composition: *Une journée à York*

Look at the framework of a simple story, with pictures and phrases to help you. After you have prepared it orally with your teacher, write the story in the Perfect tense, using the outline suggested. You will also need to read through the notes on **Essay-writing technique** which come after this exercise and incorporate some of the phrases you learn into your composition.

L'année dernière Philip Robinson, qui habite Bradford, une grande ville industrielle qui se trouve au nord de l'Angleterre, a invité son correspondant français, Pierre Laroche, à passer une journée à York. Cette ville historique, avec ses remparts et sa cathédrale, se trouve à 50 km de Bradford. Qu'est-ce qu'ils ont fait à York? Comment ont-ils passé leur journée?

a En arrivant à la gare de York ...
donner leurs billets au contrôleur;
quitter la gare;
marcher vers le centre de la ville;

b *traverser* la rivière (l'Ouse);
visiter la cathédrale;
(Pierre) *admirer* l'architecture;

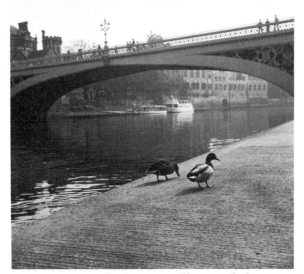

c *trouver* un endroit tranquille près de la
rivière;
manger leurs sandwiches;
regarder les bateaux;
(Philip) *jeter* du pain aux
cygnes et aux canards;

d *visiter* le musée;
décider d'acheter des cartes postales;
acheter aussi des crayons souvenirs;
regagner la gare pour prendre le train de
Bradford.

Essay-writing technique (1)

Most of the compositions you will have to write in French will be about events in the past, so you will use the Perfect tense to say what happened. You will also need to link the events together to form a sequence, and phrases of time are useful here:

First, say when the events in your story took place, for example:

l'année dernière, en juillet ...	(last year, in July ...)
la semaine dernière...	(last week ...)
un jour, il y a quelques semaines ...	(one day, a few weeks ago ...)
hier matin/après-midi/soir ...	(yesterday morning/ afternoon/evening)
l'été dernier, pendant les vacances ...	(last summer, during the holidays. . .)
pendant les vacances de Pâques/de Noël ...	(during the Easter/ Christmas holidays ...)

You can, of course, combine or vary the phrases above, but most examiners are thoroughly sick of the phrase *par un beau jour d'été* so avoid it if you can!.

Then, to keep the story moving, use simple linking expressions like these:

puis ...	(then)
ensuite ...	(next)
au bout de deux heures ...	(two hours later)
quelques minutes plus tard ...	(a few minutes later)
le soir ...	(in the evening)
à la fin de l'après-midi/de la matinée...	(at the end of the afternoon/morning)
à sept heures et demie du soir ...	(at 7.30 in the evening)
après leur repas/ leur promenade ...	(after their meal/their outing).

Later on in the book we shall be looking at a variety of other techniques you can use to build up your compositions to make them more interesting, but for now learn and practise the expressions you have just seen.

Verbs followed by Infinitives

In your composition *Une journée à York,* you made a sentence using *décider de* followed by an Infinitive:

Ils ont décidé d'acheter une carte postale.
(They decided to buy . . .)

Other verbs, such as *commencer,* take *à* before an Infinitive, so in French *It began to rain* would be *Il a commencé à pleuvoir.* Some verbs, though, need neither *de* nor *à* when followed by an Infinitive: you have used some, such as *aller,* in earlier Units (e.g. *Il va faire la vaisselle*).

In the Reference Grammar, page 335, you will find the commonest verbs which take *de, à* or nothing. Learn them and try to include some in the essays you write from now on.

La ville

To help you practise understanding and giving directions,
here is a simplified plan of a French town showing some of the
main streets and buildings. Before you start the exercises you
will find it helpful to look again at prepositions (Unit 3, p. 41).

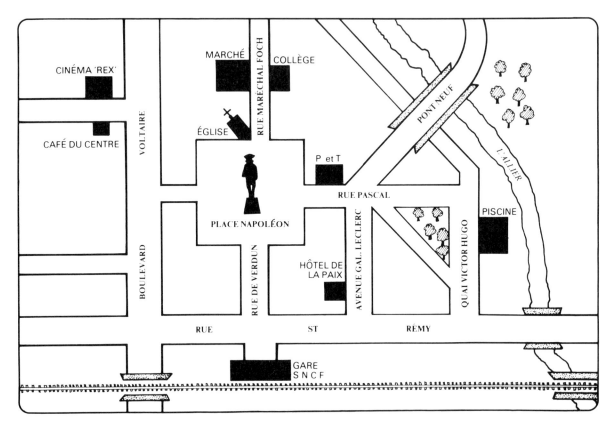

1

a Où se trouve le Café du Centre?
b Où se trouve l'église?
c Où se trouve le marché?
d Où se trouve la piscine?
e Où se trouve la statue?

2

a Je suis devant la gare. Je traverse la rue St
Rémy et je prends la rue de Verdun. Je
traverse la Place Napoléon et je continue le
long de la rue Maréchal Foch. Qu'est-ce qu'il
y a à droite?
b Je sors de la gare. Je prends la première rue
à droite, puis la première à gauche. Quel
bâtiment se trouve à gauche?

c Je sors du cinéma et je tourne à gauche.
Quand j'arrive au Boulevard Voltaire, je
tourne à droite. Je prends la deuxième rue à
gauche et puis la première à droite. Où suis-
je?

3

a Un touriste veut aller à pied de l'Hôtel de la
Paix à la Poste (P et T).
Qu'est-ce qu'il doit faire?
b Je suis à la gare et je veux aller au cinéma.
Qu'est-ce que je dois faire?
c Les habitants de cette ville, comment
peuvent-ils passer leur temps libre?

Rôle-playing exercises

Imagine you have just arrived by car in the town shown on the plan and want to find your way to the Hôtel de la Paix. At the Pont Neuf you stop and ask a passer-by for directions. This is how the conversation might go:

Vous: Pardon, monsieur/madame. Pour aller à l'Hôtel de la Paix, s'il vous plaît?

Passant: L'Hôtel de la Paix? Eh bien, continuez tout droit, traversez la rue Pascal et prenez l'avenue Général Leclerc.

Vous: C'est loin?

Passant: Non, c'est à 500 mètres.

Vous: L'hôtel est à droite ou à gauche?

Passant: C'est à droite.

Vous: Merci, monsieur/madame.

For practice, try these. In each case you should:

supply the questions as indicated;
prepare possible answers the passer-by might give;

check what you have prepared with your teacher;
practise the conversations, working in pairs.

1 You are at the *station* and want to go to the *swimming bath*:
a ask the passer-by the way to the swimming bath;
b ask if it's far;
c ask if it's on the left or right of the street;
d thank him/her.

2 You are at the *station* and want to go to the *post office*:
a ask the passer-by the way to the post office;
b ask if it's far from the Place Napoléon;
c ask if it's on the left or right of the street;
d thank him/her.

3 You are at the *Hôtel de la Paix* and want to go to the *Market*:
a ask the passer-by the way to the market;
b ask if it's near the school;
c ask if it's near the church;
d thank him/her.

Dans la rue

Look at the photo, then do the exercises:

1 *Questions*
a Où se passe cette scène?
b Quel temps fait-il?
c Quel est le métier de l'homme en uniforme?
d Décrivez l'homme à gauche qui traverse la rue.
e Qu'est-ce qu'il porte à la main?

2 What do you think the man on the right is asking the policeman? Write an imaginary conversation between them.

La ville

1 *OUI ou NON?*

Look again at the town plan on page 96. You will hear six statements, each read twice, about where various places are. If they are right, answer *oui*, if wrong, *non*.

2 *Questions*

Look at the town plan and listen to the five questions asking where certain places are. Your teacher will tell you when to answer.

3 *Qu'est-ce qu'il y a?*

You will hear three sets of directions. Follow them on the town plan, then answer the questions.

Automobilistes attention!

Listen to the taped announcements about three temporary road closures in Paris. Your teacher will tell you when to answer the questions.

a In which month will the closures take place?
b On what date will the rue Bonaparte close?
c At what time will part of the avenue d'Italie close?
d When will it reopen?
e On which day of the week will part of the boulevard Mortier close?
f When will it reopen?

General questions

a Où habitez-vous?
b Où se trouve la ville/le village où vous habitez?
c Combien d'habitants y a-t-il?
d C'est quelle sorte de ville/de village?
e Quels sont les bâtiments/les monuments principaux?
f Décrivez le centre de la ville/du village.
g Que peut-on faire pour s'amuser dans votre ville/votre village?
h Où se trouve votre école?
i À quelle distance de l'école se trouve votre maison?
j Préférez-vous vivre en ville ou à la campagne? Pourquoi?

INTERDIT
TOUS LES JOURS
de 10ʰ à 12ʰ 30 et de 17ʰ à 19ʰ 30
excepté le dimanche après midi
et le lundi

SAUF AUX RIVERAINS

a

DÉ
D'AF
LOI DU

b

La bonne bouche

Don't do it!

Just as in this country, you would not go very far in France before you saw signs telling you not to do certain things. Some signs, especially those to do with motoring, are international (No Entry, No Overtaking, etc.), but some have words attached to them to make their meaning absolutely clear. The most common words indicating that something is forbidden are:

...INTERDIT and DÉFENSE DE...

Sometimes, though, you might see a longer instruction:
IL EST INTERDIT DE ... (It is forbidden to ...), or
IL EST DÉFENDU DE ... (It is forbidden to ...).

If you are being *requested* not to do something, rather than *told* not to do it, you would see
PRIÈRE DE NE PAS ... (Please do not ...).

c

e

f

Look at the photos of the signs, then do the exercises:

1 *Questions*

a When can you *not* go down this street?
When *can* you go down it?
Who do you think is allowed access at any time?

b What are you being told not to do here?
What do you think *une loi* is?

c Here you are being told not to do the same as in (b); note the alternative wording of the sign.
What English word corresponds to *campagne* on this sign?

d What must you not do here? Why?

e What is the difference between this sign and (d)? What do you think this sign is attached to?

f A rather less common sign, this. What do you think it means?

2 What are the English equivalents of these signs and instructions?

a Entrée Interdite

b Pique-nique et camping interdits

c Les chiens en liberté sont interdits

d Défense de marcher sur l'herbe

e Défense de parler au chauffeur

Mots essentiels

1
le nord	north
le sud	south
l'est (m)	east
l'ouest (m)	west

2
le bateau	boat
le bâtiment	building
(à) la campagne	(in) the country
la carte postale	postcard
le château	castle
le chemin de fer	railway
à droite	on, to the right
une église	church
un endroit	place
la gare	station
à gauche	on, to the left
habiter	to live in
hier	yesterday
industriel(le)	industrial
le marché	market
la mer	sea
le monument	important building
le musée	museum
passer (une journée)	to spend (a day)
se passer	to happen
la piscine	swimming bath
la place	square
le pont	bridge
le port (de pêche)	(fishing) port
rencontrer	to meet
la rivière	river
la route	road
la rue	street
tout droit	straight on
traverser	to cross
se trouver	to be
une usine	factory
le village	village
la ville	town

Extra

À, de or ...?

1 Learn the verbs which take *à, de* or
nothing before an Infinitive (page 335).

2 Match an item from the first column with one from the
second so that the resulting sentence makes sense and is in
correct French.

a Ils ont décidé ...   ... à sortir avec elle.

b Demain, nous allons ... ... conduire.

c L'année dernière, elle a ... acheter des cartes postales
appris ...   aujourd'hui.

d On peut sortir, il a cessé ... ... à pleuvoir.

e Hélène déteste Charles:
elle a refusé ...   ... de visiter la cathédrale.

f M Lépine vent . . .   ... à trouver la Poste.

g Nicole m'a invité ...   ... de sortir avec lui.

h Ils ont aidé le vieux
monsieur ...   ... visiter la cathédrale.

i À neuf heures, il a
commencé ...   ... à conduire.

j Il a son permis, il sait ... ... de pleuvoir.

Disjunctive pronouns

Ne t'inquiète pas, il finira par comprendre de lui-même que nous ne prenons pas d'autostoppeurs.

Vous avez demandé à voir le chef? Eh bien, c'est moi.

3

4

All these cartoons contain a disjunctive pronoun. This is a pronoun which, unlike the ones you are more familiar with, such as *je, il, le* and *les*, may come some distance from the verb. The complete list of disjunctive pronouns is:

moi	(me)	nous	(us)
toi	(you)	vous	(you)
lui	(him)	eux	(them, masc.)
elle	(her)	elles	(them, fem.)
soi	(one)		

As you can see from the cartoons, the disjunctive pronoun can be used in various ways:

— after prepositions. In Cartoon 1, *plus que moi* is 'more than me'.
  You might also see
  chez moi (to/at my house)
  avec elle (with her)
  pour eux (for them)
  etc.

— for emphasis. In Cartoon 2, *toi aussi* is 'you ... as well'.
  You might also see *Je ne sais pas, moi!* (*I don't know!*)
  Lui, il comprend tout (*He* understands everything)

— with *-même(s)*. In Cartoon 3, *de lui-même* is 'by himself'.
  You might also see *Faites-le vous-même* (Do it yourself/DIY)

— after a part of the verb *être*, or on its own as a one-word answer. In Cartoon 4, *c'est moi* is 'it's me'.
  You might also hear the class comic reply *'Moi, monsieur'* when the teacher asks *'Qui est absent?'*

1 First, have another look at the four cartoons and write good English versions of the captions.

2 In the following sentences, fill in the blanks with the disjunctive pronoun which makes best sense. Then write the English version underneath.

a Non, je ne vais pas sortir ce soir, je préfère rester chez _____.

b 'C'est _____ qui as cassé cette assiette, Patrick?' 'Euh, oui, c'est _____, maman.'

c '_____, vous avez toujours raison?'

d Mon frère? Non, je suis plus âgée que _____.

101

e Mais non, je ne vais pas t'aider; tu dois le faire _____-même.

f Anne? Oui, c'est toujours _____ qui est première en maths.

g Attendez monsieur, il y a une lettre pour _____.

h Tu vas téléphoner, ou tu vas venir _____-même, en personne?

i Oui, je sais qu'il est féroce, mais je n'ai pas peur de _____.

3 Using a disjunctive pronoun in each case, how would you ...

a ask a friend to come to your house.

b tell your father that you're taller than him.

c explain to some friends that you can't go out with them this evening.

d tell a younger brother that **you** aren't going to do his exercise, he can do it himself.

e say 'It's her who's wrong'.

f ask a friend if it was him who telephoned last night.

g say 'This letter's not for you, it's for her'.

h say you prefer to do the washing up yourself.

Comment venir chez moi ...

Look at the plan on page 96. Imagine that you live in the Boulevard Voltaire, on the corner next to the Café du Centre. You have invited two friends (who don't know where your house is) to come and see you:

a Eric, who will be coming by train to the station, then walking

b Aurélie, who will be coming by car from the other side of the Pont Neuf.

Write a note to each of them, giving directions for finding your house.

À Meaux ...

Daniel is talking about Meaux, the town in France where he lives. Listen to what he says, then answer the questions.

Section 1

a How far is Meaux from Paris?

b In which direction?

c When was the new part of the town built?

d Where was it built?

e What is the size of the present population of Meaux?

f What is on the other side of the canal?

Section 2

g What two things are said about the cathedral?

h Who introduced rugby to Meaux?

i What is special about one of the cinemas?

j What sort of films are shown?

k What does he say is a problem about being close to Paris?

l What does he see that makes him think of it?

Rôle-playing exercises: *Contact!*

When you meet a French person and start a conversation, you will no doubt want to ask questions to find out more about them. Working in pairs, take it in turns to be the person asking the questions and the French stranger in each of the situations described below.

Whoever is taking the part of the French person will find the rôle set out on page 325.

Before you start –

Whoever is **asking** the questions should work out how to ask about:

a the stranger's name

b where he/she lives

c his/her job

d his/her interests

The person **answering** should:
a study the rôle on page 325
b work out answers to the above questions

1 On a train travelling from Paris to Orléans, you are sitting opposite a young Frenchman. Start by saying hello and introducing yourself.

2 While waiting for the Tourist Office to open, a girl who is also waiting asks if you are English. Answer her, and begin a conversation.

3 You are staying with your penfriend in the Paris suburbs. At a party you meet a young Frenchman.

4 The girl in the next tent at the Royan campsite says hello. Introduce yourself and begin a conversation.

5 The young Frenchman who's often at the hotel swimming pool seems pleasant. You decide to talk to him.

6 While on the beach at Saint-Tropez you get into conversation with a French girl.

Nos amies les bêtes en danger!

This warning about looking after dogs properly appeared in the municipal bulletin of a French town:

1. Amis des animaux, ne laissez pas divaguer vos chiens, promenez-les en laisse!
2. Vous êtes persuadé qu'il n'est pas dangereux de le laisser se promener seul? Détrompez-vous! Il court et fait courir des dangers certains:
   — la rage sévit en France, il peut à tout moment être en contact avec un animal contaminé
   — il peut provoquer un accident:
     • en traversant brusquement la chaussée,
     • en effrayant un piéton ou un cycliste qui fera un écart sur la route.
3. Même si votre chien est doux et gentil, vous l'imposez à tous! N'oubliez pas que 'la peur des animaux' existe.
4. Sur le plan de l'hygiène, vous ne pouvez pas demander à un animal errant d'être propre et de faire ses besoins bien naturels dans le caniveau: des trottoirs souillés ne sont agréables pour personne.

Amis des animaux, merci pour eux.

1
a What are you urged to do in section 1?
b What are two of the dangers envisaged in the second section?
c What are you reminded about in section 3?
d What problem is dealt with in the last section?

2 Imagine that you have been asked to write a similar warning for your own local newspaper. Don't try to translate the French text, but include all the main points mentioned in it.

Point final

Mots extra

1 *le chauffeur*   driver
le permis (de conduire)   driving licence
le piéton   pedestrian
le trottoir   pavement

2 *casser*   to break
effrayer   to frighten
la frontière   frontier
s'inquiéter   to get worried

This cartoon went with the article about dogs
in towns. What do you think appeared in the
speech bubbles?

Travel and transport (1)

This Unit is about means of transport. You will be considering the advantages and disadvantages of different forms of travel and will practise asking for information, buying a ticket, etc. When you have finished it, you will also be able to say that something is *the biggest*, or *the best* and that something has *just* happened.

Pour aller en Angleterre

Marcelle Lagrange est étudiante. Elle habite Paris et veut aller à Londres pour visiter un peu la ville et perfectionner son anglais. Comment peut-elle aller en Angleterre? Comment peut-elle traverser la Manche? Elle consulte un agent de voyages qui propose les possibilités suivantes:

Prendre la voiture
Les car-ferries Sealink vous emmènent de Boulogne et Calais à Douvres et Folkestone ... les aéroglisseurs Hoverspeed traversent la Manche de Boulogne et Calais à Douvres.

Prendre le train
Vous pouvez choisir entre deux itinéraires principaux: Paris (Gare Saint-Lazare) – Dieppe – Newhaven – Londres (Victoria) ou Paris (Gare du Nord) – Boulogne/ Calais – Douvres – Londres (Victoria).

Prendre le car
Hoverspeed vous offre un voyage qui n'est pas cher. Vous allez en car de Paris à Calais, d'où vous partez en aéroglisseur pour Douvres. Le reste du voyage s'effectue en car.

Prendre l'avion
Les vols d'Air France et de British Airways sont rapides et fréquents. On prend l'avion à l'aéroport de Roissy ou à Orly et on arrive à Heathrow.

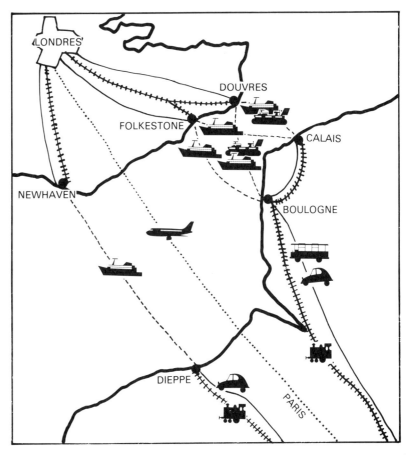

Answer these questions:
a Marcelle veut aller en Angleterre. Pourquoi?
b Qui est-ce qu'elle consulte?
c Combien de possibilités offre-t-il?
d Dans quel port anglais est-ce qu'on arrive si on prend un aéroglisseur Hoverspeed?
e Si on va à Dieppe par le train, de quelle gare parisienne part-on?
f Vous allez en Angleterre en car et en aéroglisseur. De quel port français partez-vous?

g Quelle est la différence entre le voyage Dieppe–Newhaven et le voyage Boulogne–Folkestone? (Regardez la carte!)
h Vous habitez Calais. À combien de ports anglais pouvez-vous aller directement? ...
i ... Et comment pouvez-vous traverser la Manche? (Regardez la carte!)
j Quels sont les aéroports de Paris?

L'embarras du choix

Marcelle cannot make up her mind which route to take. Here are some of the things that go through her mind:

'Si je pars *en voiture*, j'aurai plus de liberté. Mais pour une personne, prendre la voiture n'est pas très économique. Et ma voiture n'est pas neuve ... que ferai-je si elle tombe en panne? L'essence est moins chère en Angleterre qu'en France ... mais où pourrai-je garer la voiture quand j'arriverai à Londres?'

'Si j'y vais *par le train* et *en bateau*, je serai peut-être moins fatiguée à l'arrivée. Le voyage est assez rapide — il dure 6 heures — et assez confortable. Et je pourrai déjeuner dans le train ou dans le bateau.'

'Si je pars *en car* et *en aéroglisseur*, le voyage sera moins confortable ... je serai assise pendant des heures et je ne pourrai pas déjeuner en route. Mais c'est le voyage le moins cher de tous (un billet d'aller et retour coûte 510F).

'Si j'y vais *en avion*, le voyage sera le plus rapide de tous (le vol dure une heure) mais aussi le plus cher (un aller et retour coûte 1025F). Et puis je suis toujours malade quand je voyage en avion.'

Answer these questions:
a What two advantages does Marcelle see in taking her car?
b What three disadvantages does she see?
c Why might she be better off travelling by train? Give four reasons.
d What advantage does the coach/hovercraft crossing offer?
e What two possible disadvantages does she see?

f What two things suggest she will not choose to go by air?
g Which route do you think she chose in the end and why?

On arrive à Londres

These French people have just arrived in London from Paris.
The information in the boxes will enable you to say:
   how they travelled;
   how they crossed from France to England;
   how long the journey took;
   how much the trip cost.

For example:

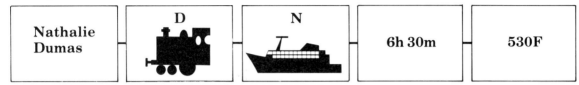

| Nathalie Dumas | **D** | **N** | 6h 30m | 530F |

Nathalie Dumas a voyagé à Dieppe par le train. Elle a pris le bateau pour aller à Newhaven. Le voyage a duré six heures et demie. Elle a payé trois cent quatre-vingts francs.
   Now try these, orally with your teacher, or in writing, or both:

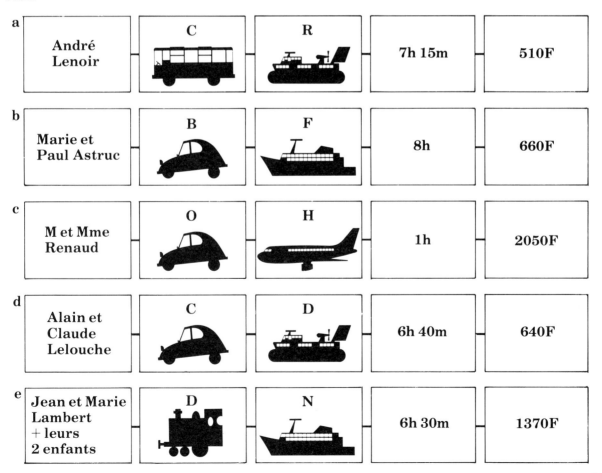

a	André Lenoir	**C**	**R**	7h 15m	510F
b	Marie et Paul Astruc	**B**	**F**	8h	660F
c	M et Mme Renaud	**O**	**H**	1h	2050F
d	Alain et Claude Lelouche	**C**	**D**	6h 40m	640F
e	Jean et Marie Lambert + leurs 2 enfants	**D**	**N**	6h 30m	1370F

107

Superlatives

In the last Unit you practised making comparisons using *plus/moins/aussi ... que* to say, for example, that Saint-Malo is *bigger* or *more* industrialized than Port-Vendres. If you want to say that a town is *the biggest* or *the most* industrialized, the *least* big or the *least* industrialized, you would again use *plus* and *moins,* but with *le, la* or *les*. Look at these examples:

   a Port-Vendres (5,000 habitants) est petit, Saint-Malo (46,000 habitants) est *plus grand que* Port-Vendres, mais Paris (9,250,000 habitants) est *le plus grand*. (Port-Vendres est *le moins grand*.)

   b Marie (1 mètre 40) est petite, Dominique (1m 35) est *plus petite que* Marie, mais Valérie (1m 30) est *la plus petite*. (Marie est *la moins petite*.)

   c Les autos (150km/h) sont rapides, les trains (180km/h) sont *plus rapides que* les autos, mais les avions (800km/h) sont *les plus rapides*. (Les autos sont *les moins rapides*.)

1 Following the pattern of the examples above, make sentences of these, with a comparison and a superlative. (Don't forget to make the adjective agree when necessary!):

a Les bateaux (40km/h) ... les aéroglisseurs (75km/h) ... les avions (800km/h) — RAPIDE

b La ville de Calais (62,100 habitants) ... la ville de Boulogne (62,200 habitants) ... la ville de Dieppe (76,200 habitants) — GRAND

c Le voyage Paris–Boulogne (2 heures) ... le voyage Paris–Dieppe (2h 30) ... le voyage Paris–Calais (3h) —LONG

d La traversée Dieppe–Newhaven (3 heures) ... la traversée Calais–Folkestone (1 h 10m) ... la traversée Calais–Ramsgate (40 m) —COURT

e Un billet de car/aéroglisseur (510F) ... un billet de train/bateau (530F) ... un billet d'avion (1025F) — CHER

2 You saw in the last Unit that *meilleur* means *better*. To say that something is *best* you use *le meilleur/la meilleure/les meilleur(e)s*. For example:

   Nous avons bu du vin australien, du vin italien et du vin français: le vin français est *le meilleur*.

Now complete these sentences, saying which of the three things is best in your opinion:

a J'ai bu du vin blanc, du vin rouge et du vin rosé: le ...

b Nous avons voyagé en bateau, en avion et en aéroglisseur: les ...

c J'ai conduit une Citroën, une Mercédès et une Jaguar: la ...

d Nous avons mangé des tartes aux fraises, des tartes aux pêches et des tartes aux pommes: les ...

e J'ai vu un western, un film science-fiction et un film policier: le ...

Dans une gare

This picture represents a typical French railway station. Look at it, listen to the description on the tape, then do the exercises.

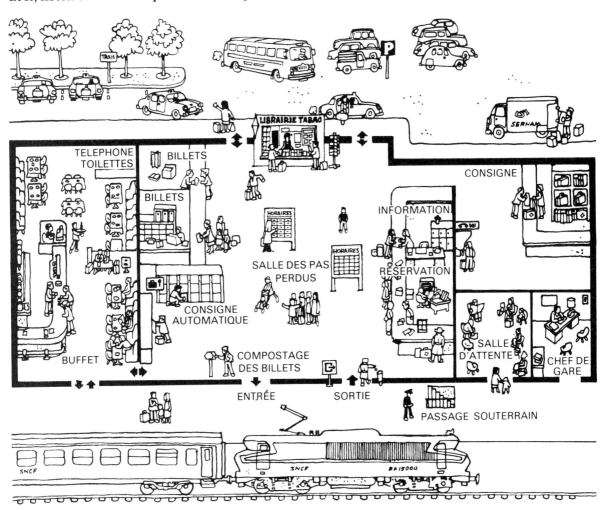

1 *Questions*

a Qu'est-ce qu'il y a devant la gare?

b Quand on entre dans la gare, où est-ce qu'on peut acheter des billets — à droite ou à gauche?

c Qu'est-ce qu'on peut acheter à la librairie-tabac?

d Qu'est-ce qu'il y a en face de la consigne?

e Qu'est-ce qu'il y a à côté du bureau du chef de gare?

f Dans une gare, où va-t-on pour acheter un journal?

g Où va-t-on pour laisser une valise?

h Et pour manger, où va-t-on?

i Où va-t-on pour attendre le train?

j Et pour prendre un café?

k Vous êtes dans la salle des pas perdus et vous regardez les trains. Vous passez sur le quai et vous tournez à gauche. Vous ne descendez pas dans le passage souterrain et vous tournez à gauche. Où êtes-vous?

l Vous descendez de l'autobus et vous entrez dans la gare. Vous allez tout droit et vous traversez la salle des pas perdus. Vous passez sur le quai, vous tournez à droite et encore une fois à droite. Où êtes-vous?

2 *What do you do?*

a Vous arrivez en retard à la gare et vous avez manqué votre train. Vous avez une heure et demie à attendre. Votre valise est très lourde. Qu'en faites-vous?

b Vous venez d'acheter un journal. Vous avez une demi-heure à attendre et vous voulez vous asseoir tranquillement pour le lire. Où allez-vous?

c Le train est en retard et vous allez arriver chez vos amis avec une heure de retard. Vous voulez les prévenir. Qu'est-ce que vous faites?

d Vous sortez de chez vous très tôt le matin, sans avoir pris le petit déjeuner. Le train va arriver dans vingt minutes. Qu'est-ce que vous pensez faire pendant un quart d'heure?

e Vous venez de descendre du train et vous voulez arriver le plus vite possible chez vos amis qui habitent à quinze kilomètres de la gare. Qu'est-ce que vous faites en sortant de la gare?

f Vous avez acheté votre billet, vous avez quitté la salle des pas perdus et vous êtes sur le quai. On vous dit que votre train ne va pas arriver à ce quai mais à un autre. Que faites-vous pour y arriver?

Venir de

If you want to say *I have just ...* in French, you use *venir de* in the Present tense followed by the Infinitive. For example:

> *Je viens d'acheter* mon billet — *I have just bought* my ticket.
> *Il vient de manquer* son train — *He has just missed* his train.

Venir de occurs twice in Exercise 2 of *Dans une gare*. Which sentences is it in, and what do they mean?

Now look at the following pictures and write a sentence about each saying what the people have just done.

For example:
Il vient de laisser sa valise à la consigne.

What do they stand for?

Like us, the French refer to various institutions by initials.
The following three are important ones connected with
transport.

RATP   This stands for *Régie Autonome des Transports
Parisiens* and is the equivalent of our London
Transport. It controls all the bus and underground
services in the Paris region.

RER   The regional express underground *(Réseau
Express Régional)* which provides a fast and comfortable service for commuters from the outlying suburbs
to the heart of Paris.

SNCF   The *Société Nationale des Chemins de fer Français*
is the state-owned railway system: the equivalent of
'BR' — British Rail.

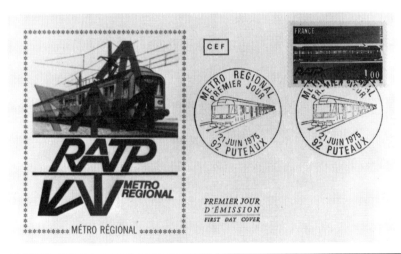

Le voyage aller

The following is an account by a French pupil of a school
exchange visit to England. It describes, as the title suggests,
the outward journey. Read it through, then do the exercises:

'Le départ est prévu pour 13h 30. À 13h 15, nous sommes
réunis sur le quai de la gare d'Ussel en compagnie de notre
professeur et de nos parents qui nous font leurs dernières
recommendations. Peu après, le train entre en gare et nous
montons dans le compartiment sans oublier notre
accompagnateur, Alain Thibeau. Nous voilà partis pour
l'Angleterre.

'Installés dans notre compartiment, nous vérifions qu'il ne nous manque rien et chacun participe à des jeux destinés à rendre le temps moins long jusqu'à Paris, qui est notre prochain arrêt. Vers 20h nous arrivons en gare d'Austerlitz. Plus ou moins encombrés par nos imposantes valises, nous nous précipitons dans la direction du Métro. Ce dernier nous conduit directement à la gare du Nord, où nous essayons de trouver le plus rapidement possible notre train, et nous voilà repartis, cette fois pour Dunkerque. Nous y arrivons vers 1h 30 et après une attente fort longue (environ 500 personnes sont dans le même cas que nous), nous entamons une traversée que chacun appréhende plus ou moins. Comme la mer est calme, nous en profitons pour nous restaurer au self-service et nous reposer sur le pont.

'C'est vers 5h du matin que nous posons le pied sur la terre anglaise, alors que le jour se lève sur Douvres. Le trajet Douvres–Londres s'effectue dans un petit train confortable, dont la lenteur nous permet d'observer la campagne anglaise. Il nous dépose à Victoria Station, où, une fois encore, nous prenons le Métro pour aller à King's Cross. Malgré quelques difficultés linguistiques, Alain arrive à trouver notre train, et nous nous embarquons pour Leeds, avant-dernière étape de notre voyage. Nous y arrivons vers 15h et prenons place presque immédiatement dans un petit train qui va beaucoup trop lentement à notre gré.

'Le fait de ne pas connaître notre famille d'accueil nous rend un peu inquiets. C'est vers 15h 30 que nous arrivons à Bradford, fatigués par la chaleur et nos bagages, mais cependant heureux de faire la connaissance des familles chez lesquelles nous allons passer quinze jours.'

1 Complete the following sentences by choosing the correct ending from the four given:

a Le train pour Paris part
  A à une heure et quart
  B à une heure et demie
  C à deux heures et quart
  D à deux heures et demie

b La gare d'Austerlitz est
  A à Ussel
  B à Berlin
  C à Paris
  D à Dunkerque

c Pour aller de la gare d'Austerlitz à la gare du Nord ils prennent
  A le train
  B le car
  C l'autobus
  D le Métro

d Ils doivent attendre à Dunkerque
  A quelques minutes
  B peu de temps
  C longtemps
  D une heure et demie

e Le train entre Douvres et Londres est
  A lent
  B long
  C rapide
  D grand

f Pendant le trajet entre Douvres et Londres
ils regardent
  A les maisons
  B le paysage
  C les Anglais
  D le train
g Le train arrive à Leeds vers
  A cinq heures du matin
  B cinq heures du soir
  C trois heures de l'après-midi
  D trois heures et demie du soir
h Le trajet entre Leeds et Bradford dure
  A une demi-heure
  B vingt minutes
  C deux heures et demie
  D trois heures et demie
i Ils sont fatigués
  A parce que les familles ne sont pas là
  B parce qu'ils sont inquiets
  C parce qu'ils n'ont pas dormi
  D parce que les valises sont lourdes
j Ils vont rester en Angleterre
  A une semaine
  B deux semaines
  C trois semaines
  D un mois

2 What words or expressions in the passage
are equivalent to these English words?

a platform	a (Channel/sea)
to get into ...	crossing
a compartment	the countryside
the next stop	a journey (look for two
the (Paris)	words here)
Underground	once again
a suitcase	about 5 o'clock in the
to try to ...	morning
	a seat (in a train/bus)

The Perfect tense (2)

1 In Unit 7 you saw how to make the Perfect
tense of -ER verbs (page 93). The Perfect of
-IR and -RE verbs is made in the same way,
the only difference being in the past
participles:
  those of -ER verbs end in *é*
  those of -IR verbs end in *i*
  those of -RE verbs end in *u*

So you might say:
  L'employé a vendu le billet à Madame
  Lepic.
  Elle a choisi un magazine au kiosque.
  Elle a attendu le train sur le quai.

For practice, write out the following
sentences in the Perfect tense.
a Madame Lepic (PERDRE) son billet.
b Le trajet entre Douvres et Londres (FINIR)
à neuf heures du soir.
c Ils (ATTENDRE) un taxi à l'entrée de la
gare.
d Elle (CHOISIR) un compartiment *Non
fumeurs*.
e Nous (ENTENDRE) le sifflet du chef de
train.
f Je (RÉUSSIR) à trouver ma valise.

2 As you might expect, many common verbs
have irregular past participles. For
example.
  prendre ... pris
  faire ... fait
  mettre ... mis
  courir ... couru
If in doubt, check in the Verb Table at the
back of the book (page 337).

For practice, try these (N.B. they are all
irregular!).
a Pour aller en France, elle (PRENDRE) le
bateau.
b Ils (COURIR) pour attraper l'autobus.
c À 7h du matin, nous (VOIR) les falaises
blanches de Douvres.
d Elle (DIRE) 'Est-ce que cette place est libre?'
e Je (METTRE) ma valise dans la voiture.
f L'année dernière, tu (FAIRE) un voyage en
Angleterre?
g Il (CONDUIRE) la voiture à une vitesse
incroyable.
h Je (OUVRIR) la porte de la salle d'attente.
i Nous (BOIRE) une bière au buffet de la
gare.
j Elle (LIRE) l'avis *Défense de fumer*.

Rôle-playing exercises

Imagine that you have gone to the booking office at a French station to buy a second-class return ticket to Bordeaux. The conversation with the booking clerk might go something like this:

Employé(e): Vous désirez, monsieur/mademoiselle?

Vous: Un aller et retour pour Bordeaux, deuxième classe, s'il vous plaît.

Employé(e): Ça fait quarante-neuf francs.

Vous: Voilà. À quelle heure part le prochain train pour Bordeaux?

Employé(e): Dans une demi-heure, à dix heures vingt.

Vous: Où se trouve la salle d'attente?

Employé(e): Elle se trouve là-bas, près de la consigne.

Vous: Merci monsieur/mademoiselle.

For practice, try these. You should:
supply the requests as indicated;
prepare possible answers the clerk might give;
check what you have prepared with your teacher;
practise the conversations, working in pairs.

1
a Ask for a first-class return to Marseille.
b Ask what time the next train leaves.
c Ask where the left-luggage office is.
d Thank him/her.

2
a Ask for a second class single to Rouen.
b Ask from which platform the train leaves.
c Ask what time the train will arrive in Rouen.
d Thank him/her.

3
a Ask for two tickets to Rennes.
b Say you want return tickets.
c Say you have no change and offer a 100F note.
d Thank him/her.

General questions

a Comment est-ce que les voyageurs peuvent traverser la Manche?
b Préférez-vous voyager en avion ou en bateau? Pourquoi?
c Quand on part de Newhaven pour traverser la Manche, où arrive-t-on en France?
d Comment s'appellent les aéroports principaux de Paris?
e Comment est-ce qu'on peut traverser Paris?
f Nommez deux gares à Paris.
g Où peut-on laisser des bagages dans une gare française?
h Est-ce que les voitures roulent à gauche en France?

Writing a letter

Imagine that you have just received the following letter from your French correspondent. Read it through and then write a reply to it (about 90 words), answering the questions about your mode of travel, time of arrival, etc.

Before doing so, it will be helpful to look back to the hints on letter writing given on page 12 of Unit 1 and page 32 of Unit 2.

Meaux, le 15 février

Chère Alison,

Mes parents m'ont dit que tu viendras passer les vacances de Pâques chez nous. Formidable! Dis-moi, est-ce que tu prendras l'avion ou préfères-tu voyager en bateau et par le train? Moi, je préfère voyager en avion, je me sens toujours malade quand je voyage en bateau!

Ecris-moi bientôt et dis-moi la date de ton arrivée. Si tu prends l'avion, à quel aéroport arriveras-tu? Si c'est le bateau, est-ce que tu viendras Douvres–Calais ou peut-être Newhaven–Dieppe?

En tout cas, nous viendrons à Paris te chercher. N'oublie pas de me dire l'heure de ton arrivée!

Ton amie,

anne-marie

La bonne bouche

Here are the signs used to indicate some of the services you will find in large stations (and elsewhere) in France, England and many other countries.

Which caption goes with which sign? For example, A fits with 17, *Fumeurs*.

1 Entrée
2 Sortie
3 Eau potable
4 Eau non potable
5 Toilettes pour dames
6 Toilettes pour hommes
7 Facilités pour handicapés
8 Buffet (restaurant de gare)
9 Bureau de poste
10 Bureau des objets trouvés
11 Bureau de change
12 Bureau de renseignements
13 Réservation des places
14 Téléphone
15 Guichet des billets
16 Salle d'attente
17 Fumeurs
18 Non fumeurs
19 Consigne des bagages
20 Consigne automatique

G
N

H
O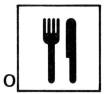

I
P

J
Q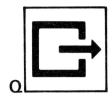

A
D
K
R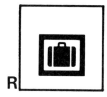

B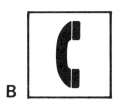
E
L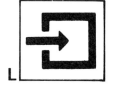
S

C
F
M
T

Mots essentiels

1 La gare — the station

les bagages(m)	luggage
le billet	ticket
un (billet d') aller et retour	return ticket
le buffet	buffet
la consigne	left luggage office
le guichet	ticket office
un horaire	timetable
libre	free, vacant
occupé	occupied
la place	seat (on train, etc.)
le quai	platform
la salle d'attente	waiting room
les toilettes (f)	toilets
la valise	suitcase

2

un aéroport	airport
une arrivée	arrival
attraper	to catch
un avion	aeroplane
le car	coach
cher(chère)	dear
confortable	comfortable
le départ	departure

environ	about
l'essence (f)	petrol
une étape	stage (of a journey)
fatigué	tired
inquiet (-ète)	worried
lent	slow
malgré	in spite of
la Manche	English Channel
manquer	to miss
le Métro	Underground
oublier	to forget
le passager / le voyageur	passenger
se précipiter	to hurry
presque	almost
prochain	next
en retard	late
le ticket	ticket
tomber en panne	to break down
le trajet / le voyage	journey
la traversée	crossing
vite	quickly
la voiture	car

Extra
Headlines (1)

These headlines about travel and transport appeared recently in French newspapers. Some are announcing bad news, some good (or possibly good). See if you can match up the halves.

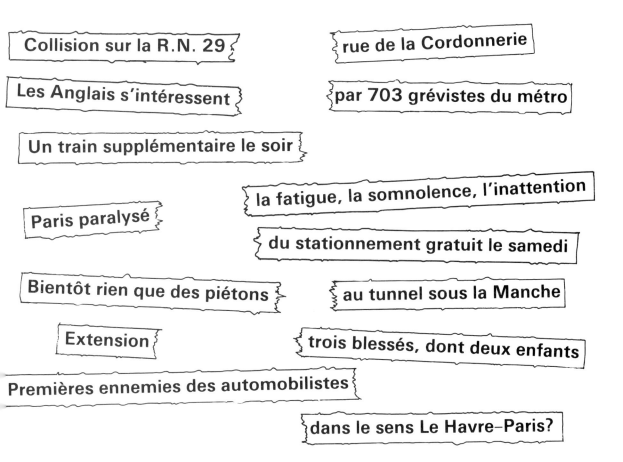

Collision sur la R.N. 29

rue de la Cordonnerie

Les Anglais s'intéressent

par 703 grévistes du métro

Un train supplémentaire le soir

la fatigue, la somnolence, l'inattention

Paris paralysé

du stationnement gratuit le samedi

Bientôt rien que des piétons

au tunnel sous la Manche

Extension

trois blessés, dont deux enfants

Premières ennemies des automobilistes

dans le sens Le Havre–Paris?

Now write down for class discussion a few of your ideas on:

a Un tunnel sous la Manche
b Le problème du stationnement dans les grandes villes
c Les rues piétonnes
d Les avantages et désavantages du train et de l'automobile comme moyens de transport

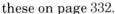

Possessive pronouns

This puzzled English tourist is looking at a poster advertising an airline which operates flights inside France. She can understand the message that 'All aeroplanes don't go to Roanne', but is stuck on *les nôtres*. It means 'ours' and is a possessive pronoun. You can find the complete list of these on page 332.

You won't need possessive pronouns very often, but one expression which would come in handy is *à la tienne!* or *à la vôtre!* which you would use when drinking someone's health (it's short for *à ta santé!* or *à votre santé!*).

Learn the possessive pronouns on page 332, then use them in the following exercises.

1 Here are some remarks the cartoon character on the right might be making. What do they mean?

a 'Mais vous avez toujours votre valise à la main. J'ai mis la mienne sur le porte-bagages!'

b 'Ah, vous avez pris le chapeau du cuisinier ... où est donc le vôtre?'

c 'Vous n'avez pas de fourchette? On m'a donné la mienne à Roanne!'

d 'Il arrive quand, votre avion? Le mien atterrit dans dix minutes.'

e 'Il paraît qu'Air France a des nuages encore plus rapides que les nôtres ... oui!'

2 How would you ask a friend ...

a if you can borrow a pen; you've left yours at home

b if he has found some keys; you've lost yours

c where she's going to spend her holidays this year; you're going to spend yours at home

d if she'll lend you some money; you've spent all yours

e if you can go in her car; yours has broken down

Vous venez d'arriver à la Gare du Nord ...

Imagine that you have just arrived at the Gare du Nord in
Paris. You have time to spend before you catch your next
train, so you decide to do some sightseeing. As you don't
want to carry your heavy case around with you, you decide to
leave it in a left luggage locker.

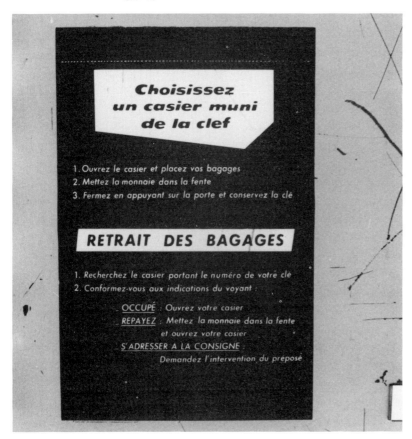

Choisissez un casier muni de la clef

1. Ouvrez le casier et placez vos bagages
2. Mettez la monnaie dans la fente
3. Fermez en appuyant sur la porte et conservez la clé

RETRAIT DES BAGAGES

1. Recherchez le casier portant le numéro de votre clé
2. Conformez-vous aux indications du voyant :

OCCUPÉ : Ouvrez votre casier
REPAYEZ : Mettez la monnaie dans la fente
et ouvrez votre casier
S'ADRESSER A LA CONSIGNE :
Demandez l'intervention du préposé

a What is the first thing you are told to do?
b You then have three instructions
(numbered 1, 2, 3); what must you do?
c When you come to reclaim your luggage,
what do you do if you have forgotten the
locker number?
d If the indicator reads *REPAYEZ*, what
must you do?
e What does *S'ADRESSER A LA
CONSIGNE* mean?
f The word for **key** can be spelt two different
ways in French. What are they?
g List the Imperatives in the instructions on
the locker.

'Les routiers sont sympa'

Between Mondays and Fridays, from 8 p.m.
to midnight, the radio station RTL puts out a
programme for truck drivers. It broadcasts
appeals for help from drivers in difficulties,
relays messages to and from families and
colleagues, gives details of stolen vehicles,
and so on. Listen to these extracts from a
typical programme, then answer the
questions.

1
a What colour is the stolen car?
b What is its registration number?
c What should anyone with information
  about it do?

2
a Whereabouts is Jacques this evening?
b Who must he contact?
c What about?

3
a When did Michel leave?
b When does Bernard want to meet Michel?
c What will they then do?

4
a Where was Joseph held up?
b What were the two other problems he had?

5
a What is the nationality of the driver
  Laurent is helping?
b The driver's problem occurred in a service
  station on which road?
c What is the problem?
d Give two details about the service station
  he is now in.
e How long will he stay there?
f Where, exactly, can he be found?

Point final

What are you being asked to do in each of the
following?

a

b

'AVIS AU PUBLIC'

Il est formellement interdit de traverser les voies
EMPRUNTEZ LE PASSAGE SOUTERRAIN

LA S.N.C.F. DECLINE TOUTE RESPONSABILITE
pour les conséquences qui résulteraient d'une INFRACTION à cette INTERDICTION.

c

POUR L'AGRÉMENT DE TOUS
RESPECTEZ ET
FAITES RESPECTER
GAZONS ET PLANTATIONS
— MERCI —

d

Mots extra

1		
appuyer	to press
durer	to last
manquer	to miss
mordre	to bite
voler	to steal

2		
la carte	map, card
ensemble	together
le gazon	grass, lawn
grave	serious
malade	ill
proche	near
sympa(thique)	nice
la voie	track

Travel and transport (2)

This Unit contains more about transport. There is practice in Customs formalities and in understanding a railway timetable. You will learn names of foreign countries and practise saying how you go *to* and *from* them. You will also find out more about writing essays and learn how to say *in order to* do something.

Les voyages de Caroline

Caroline Duclos est représentante d'un commerce de porcelaine à Limoges en France. Elle voyage beaucoup à l'étranger pour vendre sa marchandise à des clients étrangers. Voici son itinéraire de la semaine dernière:

Jour	Ville et Pays	Transport
lundi	Limoges (France)	
	Paris (France)	train
	Manchester (Angleterre)	avion
mardi	Londres (Angleterre)	voiture
mercredi	Milan (Italie)	avion
	Rome (Italie)	train
jeudi	Bonn (Allemagne)	avion
	Cologne (Allemagne)	taxi
vendredi	Bruxelles (Belgique)	train
samedi	Paris	avion
	Limoges	train

1 *Questions*

a À quelles villes est-ce que Caroline a voyagé lundi?

b Et mercredi ... ?

c Est-ce que Bonn se trouve en France?

d Où se trouve Bruxelles?

e Comment est-ce que Caroline a voyagé de Rome à Bonn?

f Et de Cologne à Bruxelles?

g Quel pays a-t-elle visité après l'Angleterre?

h Quel jour a-t-elle quitté l'Allemagne?

i Et quel jour a-t-elle regagné la France?

j Elle a visité combien de pays étrangers?

k Combien de fois a-t-elle pris le train?

l Combien de fois a-t-elle voyagé en avion?

m A-t-elle visité la Suisse?

2 Draw a sketch map of Europe, labelling in French the main countries and marking and labelling the different cities which Caroline visited. Show by means of arrows the journeys she made and indicate with symbols her means of travel. For example:

| MILAN | • ———————➤ • | ROME |

When you have finished, be prepared to describe Caroline's travels orally to your teacher.

3 On the same map show the itinerary of Maurice Charnaz, a watch salesman who is based in Geneva, Switzerland. He has six cities to visit in five days, so you must decide when he goes where and what means of transport he uses in each case. He cannot travel to or from Liège by air. The cities he must visit (though not necessarily in this order) are:

    Birmingham (Angleterre)
    Liège (Belgique)
    Munich (Allemagne)
    Naples (Italie)
    Madrid (Espagne)
    Lyon (France)
finally returning to
    Genève (Suisse).

Countries

All the countries you have seen in this Unit are feminine (la France, la Belgique). To say *to* or *in* a feminine country, you would use *en*, and *from* it would be *de*:

    Il a voyagé *de* France *en* Italie.

A few countries, though, are masculine (le Canada, le Portugal, le Maroc), in which case *to* or *in* is *au* and *from* is *du*:

    Elle part *du* Portugal pour aller *au* Maroc.

The USA is plural as well as masculine:

    Ils vont *aux* USA tous les ans.

    Ils m'envoient toujours des cartes *des* USA.

Towns

To or *in* with towns is *à*; *from* is *de*:

    L'Arc de Triomphe se trouve *à* Paris.

    Nous allons traverser la Manche *de* Douvres *à* Boulogne.

The Perfect tense (3)

On pages 93 and 113 you learnt how to make the Perfect tense using the Present of *avoir* and a past participle (*j'ai dansé, elle a attendu, nous avons choisi*, etc.). Instead of *avoir*, a few very useful verbs take *être* (*je suis, tu es, il est, nous sommes, vous êtes, ils sont*). You may find it easiest to remember them as five pairs of opposites:

    aller (to go) ... venir (to come)
    entrer (to come in) ... sortir (to go out)
    arriver (to arrive) ... partir (to depart)
    monter (to go up) ... descendre (to go down)
    naître — past participle: *né* (to be born) ...
    mourir — past participle: *mort* (to die)

There are three 'odd ones out':

    rester (to stay)
    tomber (to fall)
    retourner (to go back)

Verbs like *revenir* (to come back) and *rentrer* (to return home), which are formed from the ones above, also take *être*.

So you might say:

    Il *est arrivé* à Calais à 9h 15.

    Marie *est allée* en car de Paris à Dieppe.

    Nous *sommes sortis* de la gare.

    Jeanne d'Arc *est née* à Domrémy.

Notice that past participles of verbs using *être* have to agree with their subject, sometimes adding *-e, -s* or *-es*, just as adjectives do (see page 5):

    Marie est allée ...

    Nous sommes sortis ...

So if you are a girl, and you want to say 'I arrived at Dover', it would be:

    Je suis arrivée à Douvres.

For practice, put these into the Perfect tense. For example:

    Le train arrive à Boulogne.

    Le train *est arrivé* à Boulogne.

a Il part pour la France.

b Elle descend du train.

c Je reste à la maison ce matin.

d Jean-Paul monte dans le car.

e Nous allons à Londres en avion.

f Je viens le plus vite possible. (NB: the past participle of *venir* is *venu*)

g La voiture tombe en panne.

h Elles entrent dans le compartiment.

123

Compostage des billets

Ticket control at platform barriers has been abolished on
French Railways. Instead, travellers have to validate
(composter) their own tickets before their journey by inserting
them in orange-coloured date-stamping machines
(composteurs) provided at platform entrances. (One of these
can be seen behind the man on the right in the photo). Failure
to validate your ticket can result in a fine of 20% of your fare:
ticket inspectors are still active on the trains themselves!

Accès aux quais Au-delà de cette limite votre billet doit être validé, compostez-le

À la gare

1 Look at the photo below and listen to the eight questions,
each of which is repeated. Your teacher will tell you when
to answer.

2 What do you think the man on the left is asking the railway
official? Write down an imaginary conversation between
them.

Pour aller en Angleterre, prenons le train ...

train/aéroglisseur Hoverspeed

HORAIRES ALLER (heure locale)

Places assises Restauration Particularités	1-2 AB	1-2 BC	1-2	1-2	1-2 D	1-2
PARIS-Nord . . . . dép.	6 48	6 48	8 37	10 37	12 50	14 20
Amiens . . . . dép.	8 00	8 00	9 50	11 49	14 00	15 33
Boulogne-Aéroglisseurs  dép.	9a35		11 40	13 40	15 40	17 40
Calais-Maritime  arr.		9b 42				
Dover-Hoverport . . . .  arr.	9 20	11 05	11 15	13 15	15 05	17 15
Dover-Priory . . . . dép.	10 12	12 12	12 12	14 12	16 12	18 12
LONDON-Charing-Cross . . arr.	11 40	13 40	13 40	15 40	17 40	19 40

HORAIRES RETOUR (heure locale)

Places assises Restauration Particularités	1-2	1-2	1-2 D	1-2
LONDON-Charing-Cross . . . . dép.	7c 00	9 00	11 00	13 00
Dover-Priory . . . . arr.	8c 59	10 28	12 28	14 28
Dover-Hoverport . . . .  dép.	9c 40	11 40	13 30	15 40
Boulogne-Aéroglisseurs . . . .  arr.	11 15	13 15	15 05	17 15
Amiens . . . . arr.	13 04	15 17	16 59	19 07
PARIS-Nord . . . . arr.	14 20	16 35	18 23	20 26

A – Circule du 2 janvier au 14 mars 1980 : tous les jours sauf les samedis et dimanches.
B – **Avec changement de train à Longueau.** Les lundis Paris-Nord, dép. 6 h 54 sans changement de train à Longueau.
C – Circule jusqu'au 26 octobre 1979 et à partir du 17 mars 1980 : tous les jours sauf les samedis et dimanches.
D – Circule tous les jours du 20 décembre 1979 au 13 janvier 1980, sauf le 25 décembre 1979.
a – Arrivée à Boulogne-ville. Correspondance par autocar entre Boulogne-ville et Boulogne-Aéro-glisseurs.
b – Correspondance par autocar entre Calais-Maritime et Calais-Aéroglisseurs ; Calais-Aéroglisseurs : dép. 10 h 30.
c – Jusqu'au 27 octobre 1979 et à partir du 16 mars 1980 : London-Charing-Cross 8 h, Dover-Priory 9 h 28 et Dover-Hoverport 10 h 40.

	Gare frontière.
∣	Restauration simplifiée

---

1 Study the timetable, then choose the correct answer to the following:

a Complete this statement:
Le passager qui quitte Paris à onze heures moins vingt-trois arrive à Dover Hoverport à ...
   A onze heures et quart
   B midi moins onze
   C une heure et quart
   D deux heures douze

b Complete this statement:
Pour arriver à Amiens à sept heures sept du soir, on quitte Londres à ...
   A sept heures
   B neuf heures
   C onze heures
   D une heure

c Which of the following is a frontier station?
   A Amiens
   B Dover-Priory
   C Dover-Hoverport
   D London-Charing Cross

d On which of the following services from Paris could you get light refreshments?
   A 6.48
   B 8.37
   C 10.37
   D 12.50

e On which of the following days could you travel on the 12.50 from Paris?
   A 16 November
   B 18 December
   C 25 December
   D 11 January

f On which of the following days could you travel on the 6.48 from Paris which goes via Boulogne?
  - **A** Wednesday, 2 April
  - **B** Sunday, 3 February
  - **C** Monday, 17 March
  - **D** Thursday, 24 January

g On which of the following days could you travel on the 6.48 from Paris which goes via Calais?
  - **A** Saturday, 13 September
  - **B** Monday, 12 May
  - **C** Friday, 14 March
  - **D** Sunday, 19 October

h On which train from Paris would you have to change at Longueau?
  - **A** 6.48
  - **B** 8.37
  - **C** 12.50
  - **D** 14.20

i On which train from Paris is there a motor coach link between Calais-Maritime and Calais-Aéroglisseurs?
  - **A** 8.37
  - **B** 12.50
  - **C** 10.37
  - D 6.48

j On which of the following days will a London-Paris train arrive at Dover-Priory at 9.20 a.m.?
  - **A** 14 March
  - **B** 16 June
  - **C** 20 October
  - **D** 6 November

2

a Where in France would you normally see the letters SNCF, and what do they stand for?

b What do the abbreviations *dép* and *arr* on the timetable stand for?

c What do you think the phrase *à partir de* means in expressions like *PARIS–LONDRES aller et retour à partir de 295F* and *à partir du 17 mars*?

d *Heure locale* is included in brackets after *HORAIRES ALLER* and *HORAIRES RETOUR*. What does it mean and why was it necessary to include it?

e What is French for: *every day* and *except*?

f Using the title *Pour aller en Angleterre, prenons le train* as a model, how would you say the following:
  Let's take the boat to get to France.
  Let's take the plane to get to Germany.
  Let's take the coach to get to Belgium.

3 Imagine that you took the 10.37 from Paris-Nord to London, and answer the following questions:

a Est-ce que le train est parti de la gare Saint-Lazare à Paris?

b À quelle heure êtes-vous arrivé(e) à Amiens?

c Avez-vous changé de train à Longueau?

d Est-ce que vous avez passé par Calais?

e Le train, combien de temps a-t-il mis pour arriver à Boulogne?

f À quelle heure est-ce que le train est arrivé à Douvres?

g À quelle heure êtes-vous arrivé(e) à Londres?

h À quelle gare êtes-vous arrivé(e)?

Le voyage de M Lenoir

1 Look at the pictures, listen to the tape and answer the
questions. Your teacher will tell you when to start writing.

Picture 1

a Qui a quitté la maison?
b À quelle heure a-t-il quitté la maison?
c Qu'est-ce qu'il a dit à sa femme?

Picture 2

a Qu'est-ce qu'il a décidé de prendre pour aller
à la gare?
b Où est-ce qu'il a attendu l'autobus?
c À quelle heure l'autobus est-il arrivé?

Picture 3

a En arrivant à la gare, pourquoi est-il allé au
guichet?
b Qu'est-ce qu'il a demandé à l'employé?
c Combien est-ce qu'il a payé?

Picture 4

a En attendant le train, où est-ce qu'il a posé
sa valise?
b À quelle heure est-ce que le train est entré en
gare?
c Où est-ce que M Lenoir est monté?

Picture 5

a À quelle heure est-ce que le train est arrivé à
Amiens?
b M Lenoir, qu'est-ce qu'il a fait?
c À qui a-t-il donné sa valise?

Picture 6

a Qu'est-ce qu'il a fait ensuite?
b Qu'est-ce qu'il a pris pour aller à son hôtel?
c Qu'est-ce qu'il a dit au chauffeur du taxi?

2 Give an account of M Lenoir's return journey from his hotel in Amiens to his home in Paris. (Your teacher may wish to prepare this with you orally before you write it.) You will find it helpful to refer to Essay-Writing Technique (2) below before you begin.

Essay-writing technique (2)
Present participles
In *Le voyage de M Lenoir*, you have used:
En arrivant à la gare, il est allé au guichet ...
(*On arriving* at the station ...) and
En attendant le train, il a posé sa valise ...
(*While waiting for* the train ...).
So, to say *on* doing something or *while* doing something in French, just put *en* in front of the present participle of the verb. The present participle is very easy to make: all you do is take the *nous* form of the Present tense, take off the *-ons* and add *-ant*. For example:
nous march*ons* ... march*ant*
nous finiss*ons* ... finiss*ant*
nous attend*ons* ... attend*ant*

Now look at the following sentences and work out what they mean:
a En attendant l'autobus, il a regardé l'horaire.
b En trouvant mon billet, je suis sorti de la gare.
c En cherchant un taxi, elle a rencontré son amie, Nicole.
d En finissant mes devoirs, j'ai regardé la TV.
e En traversant la place, nous avons vu nos amis.
Try to use a sentence of this sort in each composition you write.

Direct speech
When you are writing a composition, you will usually want to include short conversations like this:
'Au revoir, chérie', a dit M Lenoir à sa femme
'Au revoir, bon voyage,' a-t-elle répondu.
or this:
'Pour aller à la gare, s'il vous plaît?' a demandé M Lenoir.
'Prenez la première rue à droite', a répondu le passant.
Notice that in French, immediately after a piece of direct speech, you must turn round the subject and verb and say *a dit M Lenoir*. We sometimes do this in English (e.g. 'How do I get to the station, please?' asked Mr Black), but it is important to do it all the time when writing in French.

For practice, try these. In each sentence turn round the subject and verb, putting the verb into the Perfect tense. For example:
'Bonjour, ça va?' (M Lenoir/dire)
'Bonjour, ça va?' *a dit* M Lenoir.
a 'Un billet d'aller et retour, s'il vous plaît,' (M Lenoir/demander)
b 'En voiture!' (le chef de train/crier)
c 'Vos billets, s'il vous plaît,' (le contrôleur/dire)
d 'C'est le train de Paris?' (elle/demander)
e 'Bien sûr,' (il/répondre)

À la douane

Look at the picture, then do the exercises:

Questions
a Où se passe cette scène?
b Combien de personnes voyez-vous?
c Quel est le métier de l'homme en uniforme?
d Le jeune homme, comment est-il arrivé en France?
e Que fait-il?
f Que voyez-vous dans sa valise?
g Le douanier, qu'est-ce qu'il dit?

Rôle-playing
Build up the conversation that took place between the two people in the picture. You will need to:
supply the customs officer's part as indicated;
provide answers the young man might give;
check what you have prepared with your teacher;
practise the conversation, working in pairs.

Douanier:	Ask if the young man has anything to declare
Jeune homme:	—
Douanier:	Ask him to open his case
Jeune homme:	—
Douanier:	Ask how many bottles of whisky he has
Jeune homme:	—
Douanier:	Ask where he bought his camera
Jeune homme:	—
Douanier:	Tell him he can go (use *partir*)

On prend le train

You will hear three station announcements.
For each one, write down:

a when the train arrives;

b which platform it arrives at;

c any special information given about it.

On prend l'avion

You will hear three airport flight announcements. For each one, write down:

a the flight number;

b where the flight is going to;

c where the passengers are asked to report;

d the number of the boarding gate.

Les passagers se plaignent

Listen to the news item, then answer the questions. Your teacher will tell you how many times the tape will be played and when to start writing:

a What was the number of the flight involved?

b Where was it going to?

c Who have the passengers sent their petition to?

d What caused the delay in take-off?

e How long was the delay?

f What type of plane did they travel on?

g What type did they want?

h How long did the flight last?

i What did the passengers want the airline to do?

j What is Air France's reaction to this demand?

La bonne bouche: Jeu de mémoire

Here is a photograph of 11 everyday items — things a French person might have in his pockets. Look at the photo and listen to the tape. Then close your books and see how many of the items you can write down, in French, from memory. If you can add any details, so much the better (e.g. un paquet de cigarettes Gauloises).

Mots essentiels

1 Les pays (m)   **countries**

l'Allemagne (f)	Germany
l'Angleterre (f)	England
la Belgique	Belgium
le Canada	Canada
l'Espagne (f)	Spain
les États-Unis (m)	U S A
la France	France
l'Italie (f)	Italy
la Suisse	Switzerland

2

un autobus (le bus)	bus
la bicyclette } *le vélo*	bicycle
le billet de banque	banknote
la boîte d'allumettes	box of matches
le bureau de renseignements	information office
la douane	customs
le douanier	customs officer
à l'étranger	abroad
la moto (cyclette)	motor bike
le passeport	passport
payer	to pay (for)
la pièce de monnaie	coin
le plan	plan

Extra

Voyage en France

Imagine that this diagram records a visit that you and your
parents made to France last summer:

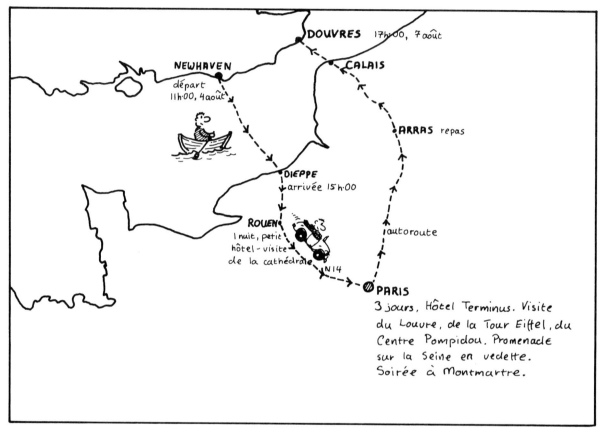

1 When you have studied it, prepare answers
to these questions (as you were with your
parents, use *nous* for your replies).

a Quand êtes-vous partis de Newhaven?

b La traversée Newhaven–Dieppe a duré
combien de temps?

c Une fois arrivés en France, comment avez-
vous voyagé?

d À Rouen, où avez-vous passé la nuit?

e Qu'est-ce que vous avez fait à Rouen?

f Vous avez pris l'autoroute pour aller à
Paris?

g Combien de temps avez-vous passé à Paris?

h Qu'est-ce que vous avez vu à Paris?

i Où êtes-vous allés le soir?

j Qu'avez-vous fait à Arras?

2 When you have checked your answers with
your teacher, practise asking and
answering the questions, working in pairs.

3 Using the diagram and the questions in
Exercise 1 as a guide, make up four more
questions about the visit. Then, working in
pairs, ask your neighbour the questions
you have devised.

4 Now, using the material you have
practised, write an account of the visit.
This time, however, imagine that just you
made the trip, so use *je* for your narration.

Agreement of *avoir* verbs in the Perfect tense

On page 123 you saw that verbs taking *être* in the Perfect must agree ...

e.g. *elle est arrivée* '
ils sont partis

Agreement also has to happen with verbs taking *avoir* when there is a Direct Object pronoun in front of the verb. (For a list of Direct Object pronouns see Unit 4, page 57)

e.g. Caroline a visité la Belgique? ... Oui, elle **l'**a visitée vendredi
Elle a écouté les dernières informations? ... Oui, elle **les** a écoutées à une heure
Elle a acheté les billets? Non, elle ne **les** a pas encore achetés

Notice that the pronoun goes straight in front of the part of *avoir*, even when the verb has *ne ... pas*.

For practice, try these exercises:

1 Here is Caroline Duclos' checklist of things she should have done before setting off on her trip. What would she say as she went through the list if she had done all the things? For example:
faire mes valises .... 'Oui, je les ai faites'

a ⟨ *faire mes valises* (à faire)
b ⟨ *prendre mon passeport*
c ⟨ *acheter mes billets*
d ⟨ *réserver ma place*
e ⟨ *Consulter l'horaire des trains*
f ⟨ *couper l'électricité*
g ⟨ *auroser les plantes*
h ⟨ *prévenir les voisins*
i ⟨ *fermer à clef la porte du garage*
j ⟨ *fermer les fenêtres*
k ⟨ *appeler le taxi*

2 What if she hadn't done these things yet? You would say, for example:
faire mes valises ... 'Non, elle ne les a pas faites'
Now you do the rest

3 Work in pairs on the checklist (Exercise 1). One person takes the part of someone about to set off on a journey, the other asks questions on the items a–k. For example:
'Est-ce que vous avez fait vos valises?'
The traveller has done any **six** of the things on the list but not the rest. So five answers will start 'Non, ...'

Mesdames, messieurs ...

If you go to France, you may travel by train between the Channel ports and Paris, and on your return journey to Calais or Boulogne. You could well be on a *Train corail* (the seats have coral-coloured upholstery) which is comfortable and fitted out to a high standard. During the journey, these are the sort of announcements you will hear. Listen to the tape and answer the questions.

1 What are you being told here?

2 If you are travelling to the town of Boulogne, which part of the train should you be in?

3 What are you being asked to do?

4
a What will happen?
b What are you asked to do?

5
a Where is the bar?
b What are four of the things that you can buy to eat?
c What is said about drinks?

6 What are two of the things said in this announcement?

More about *en* with the present participle

On page 128 you learnt how to form the present participle and use it with *en* to mean '**on** doing something' or '**while** doing something'. Another important use of *en* with the present participle is to mean '**by** doing something'. For example:

Le cambrioleur est entré dans la maison en forçant la porte.

The burglar got into the house by forcing the door.

You usually need to use *en* in this way to answer questions which start *Comment ...?* (How ...?). For practice, try this exercise:

1 *Modus operandi*

A burglary has been discovered. How did the thief operate? Answer the questions in this dialogue as indicated:

Comment est-ce que le cambrioleur a pu entrer dans la maison?

(Say by breaking a first-floor window)

Du premier étage? Mais comment est-il monté là-haut?

(Say by taking a neighbour's ladder)

L'échelle du voisin? Et il a cassé le carreau comment?

(Say by using a brick)

Il s'est servi d'une brique? Mais comment a-t-il fait pour éviter de faire du bruit?

(Say by wrapping the brick in a towel)

Ah, il l'a enveloppée d'une serviette. Bon, et il n'a sûrement pas laissé d'empreintes digitales?

(Say of course not, he avoided that by wearing gloves)

2 When you have checked what you have written with your teacher, practise the dialogue in pairs. The one who answers the questions should close the book.

3 Revise the various uses of *en* with the present participle (page 128 and on this page), then

— rewrite the sentences below replacing one of the Infinitives by *en* with the present participle and the other by the Perfect tense of the verb,

— then give the most suitable English version of what you have written

a (Arriver) à la gare ... je (consulter) l'horaire des trains.

b (Composter) mon billet ... je (chercher) la quai numéro 5.

c Je (pouvoir) transporter mes bagages ... (prendre) un chariot de la SNCF.

d (Monter) dans le train ... je (laisser) tomber mon billet.

e Je (réserver) ma place ... (mettre) une valise dessus.

f (Regarder) passer la campagne ... je (manger) un sandwich.

g (Lire) mon journal ... je (s'endormir).

h (Se réveiller) ... je (acheter) un café au wagon-restaurant.

i (Descendre) du train ... je (aller) chercher un taxi.

j Je (persuader) le chauffeur de m'aider avec mes bagages ... lui (offrir) un pourboire.

Point final

```
Date 25  VII   3

Surveillez votre santé en
vous pesant régulièrement
```

a What sort of machine did this ticket come from?

b Which part of the verb is *surveillez*?

c How would you translate *en* in this case?

Mots extra

arroser	to water
le cambrioleur	burglar
couper	to cut
le pourboire	tip
remercier	to thank
la santé	health

What do you know about France?

1 Choose the right answer:

a Where was Napoléon born?
- **A** Paris
- **B** Corsica
- **C** Domrémy
- **D** Brittany

b Which letters refer to the French railways?
- **A** RATP
- **B** P et T
- **C** EPS
- **D** SNCF

c Which one of the following is on the Ile de la Cité?
- **A** Notre Dame
- **B** Tour Eiffel
- **C** Opéra
- **D** Louvre

d Which one of the following is a Paris department store?
- **A** Maxim's
- **B** Galeries Lafayette
- **C** Sacré Coeur
- **D** Montmartre

e Which one of the following is not a French river?
- **A** la Loire
- **B** la Marne
- **C** la Seine
- **D** la Manche

f Which of the following is the equivalent of a British 'A' road?
- **A** Route nationale
- **B** Autoroute
- **C** Route départementale
- **D** Boulevard

g In which of the following regions of France is Saint-Malo?
- **A** Provence
- **B** Normandy
- **C** Aquitaine
- **D** Brittany

h When did the French Revolution begin?
- **A** 1600
- **B** 1715
- **C** 1789
- **D** 1870

i In a French school, a person who does supervisory duties is called a
- **A** surveillant
- **B** instituteur
- **C** professeur
- **D** pensionnaire

j Whitsun is
- **A** La Toussaint
- **B** L'Assomption
- **C** La Fête du Travail
- **D** La Pentecôte

2 Answer the questions:

a At what French port will passengers from Newhaven arrive?

b What is the English equivalent of a *classe de cinquième* in a French school?

c Name one of the two stations in Paris at which cross-Channel passengers arrive.

d What would you expect to find at the Louvre?

e At what time does a normal French school day begin?

f Easter is known in France as ... ?

g Which French navigator is associated with Canada?

h Which part of a French house is *le sous-sol*?

i What form of transport do you associate with Orly?

j At what meal in France would you normally expect *croissants* to be eaten?

k What country is separated from France by the Pyrenees?

l What is *une école maternelle*?

m What is *un aller et retour*?

n Which flower do French people traditionally give each other on 1st May?

o What is celebrated on 15th August in France?

p What is the French flag called?

q In a French school, what is the difference between an *externe* and a *demi-pensionnaire*?

r What is the RER?

s What does the sign *Stationnement interdit* mean?

t What is the significance of the sign *Eau non potable*?

3 Write about 20 words in English on each of the following:

a Vincent van Gogh

b La Fête Nationale

c Le Jour de l'An

d Compostage des billets

VAN GOGH

l'Église d'Auvers sur Oise

PREMIER JOUR D'ÉMISSION

FIRST DAY COVER

On holiday (1)

The subject of this Unit is holidays: deciding where to go and what to do. You will practise making enquiries at a tourist information office and learn how to write a booking letter to a French campsite. There is information about Youth Hostels and *départements* and you will learn how to say *after* something has happened.

Une question de vacances

The character in the picture is faced with a bewildering choice of holiday possibilities: where to stay, what do do and how to travel. Which of his thoughts fits with which of the following descriptions?

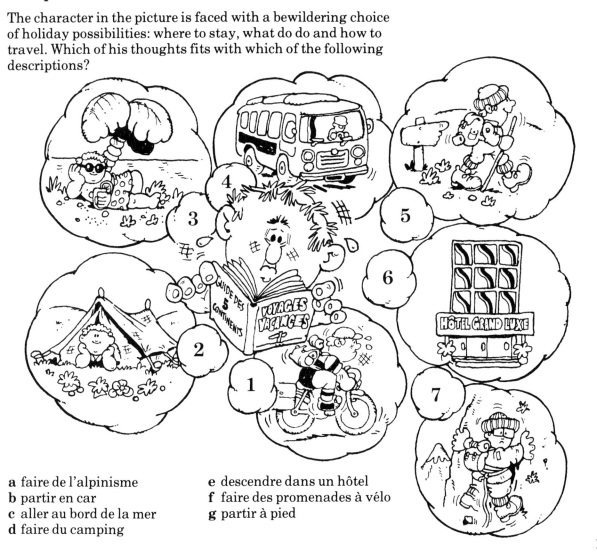

a faire de l'alpinisme
b partir en car
c aller au bord de la mer
d faire du camping

e descendre dans un hôtel
f faire des promenades à vélo
g partir à pied

Ils ont choisi

Four French students, Liliane, Gilles, François and Pierre,
went through the same process of deciding how to spend their
holidays. Here are extracts from letters they wrote to a student
magazine, in which they describe their experiences. Read
what they have to say, then answer the questions:

LILIANE a pris le car pour aller au Portugal:
'Il y a des compagnies de car (françaises, portugaises,
espagnoles) qui vous transportent directement de Paris à
Lisbonne. Ce sont des cars qui ramènent chez eux les
travailleurs immigrés pour les vacances. Au Portugal, il y a
maintenant une seule compagnie de cars nationalisée; ça
marche très bien, on peut aller partout ... c'est moins cher et
plus rapide que le train ...'

GILLES est allé camper en Autriche:
'Nous avons dormi dans des campings — c'est pratique à
cause des douches — mais aussi au bord des routes. En
général les campings ne sont pas près du centre ville, et il
faut prendre un bus pour y aller ... '

FRANÇOIS a préféré camper en Norvège:
'Les campings sont moins chers que les AJ et ils ont presque
tous une cuisine collective. Emportez des vêtements chauds,
car même en août il y fait très froid ... '

PIERRE, un jeune Parisien, a décidé de passer une semaine
de ses vacances dans un hôtel — à Paris!
'Après avoir payé ma note, je me suis retrouvé devant
l'hôtel, ma valise à la main. J'ai jeté un coup d'oeil au
troisième étage, vers la fenêtre de ma chambre. ... Adieu ma
semaine de luxe! Quelques minutes plus tard je suis arrivé
chez moi! Ma voisine, en me voyant rentrer, a remarqué:
   "Je vois que vous avez eu beau temps — vous êtes tout
   bronzé."
   "Oui, un temps splendide."
   "Ici il n'a pas fait trop mauvais. Il ne faut pas se
   plaindre ... " '

1

a For what purpose are the coaches Liliane
mentions going to Portugal?

b What does she tell us about the ownership of
Portuguese coaches?

c What is the disadvantage, in Gilles'
opinion, of Austrian campsites?

d What word of caution does François give us
about camping in Norway?

e Does Pierre's neighbour know where he has
been for his holidays?

f How can you tell?

2

a Où est-ce que Liliane a passé ses vacances?

b Comment est-elle partie?

c Comparez le prix des cars et le prix des
trains au Portugal.

d Est-ce que Gilles est allé en Norvège?

e Pourquoi a-t-il campé dans des campings?

f Où a-t-il campé aussi?

g Comparez le prix des campings et le prix des auberges de jeunesse en Norvège?

h Quel est un autre avantage des campings dans ce pays?

i En quel mois est-ce que François est parti?

j Qu'est-ce que Pierre a fait en quittant son hôtel?

k Combien de temps a-t-il passé à l'hôtel?

l Qui a-t-il vu en rentrant?

Après avoir/être

In the extract from Pierre's letter you will have seen 'Après avoir payé ma note ... ' (After paying my bill ...). This useful and simple expression is well worth learning. As you can see, all it consists of is:

Après ⎡ avoir + past participle of verb
⎣ être + past participle of verb(may need to agree)

For example:

Après avoir acheté son billet, Liliane est montée dans le car.

Après être arrivée à Lisbonne, Liliane a cherché son hôtel.

For practice, make similar sentences from the following:

a *Quitter* l'hôtel, Pierre *rentrer* chez lui.

b *Payer* sa note, Pierre *sortir* de l'hôtel.

c *Quitter* la Norvège, François *partir* pour l'Allemagne.

d *Trouver* un camping, Gilles *dresser* sa tente.

e *Monter* dans le car, Liliane *chercher* une place libre.

Try to include at least one *après avoir/être* expression in each essay you write from now on.

Y

Y means *there* and is like an object pronoun (see Unit 4, page 57) in that it goes in front of the verb. You saw it used in the letters from François and Gilles:

... il y fait très froid (it's very cold there)
... pour y aller (to get there)

When used with the Perfect tense, *y* goes before the part of *avoir* or *être*:

Vous êtes allé en France? — Oui, j'y ai passé quinze jours.

Answer these questions, using *y*:

a Est-ce que Liliane a passé ses vacances au Portugal?

b Comment est-ce que Gilles est allé du centre ville au camping?

c Est-ce que François a campé en Norvège?

d Quel temps fait-il en Norvège, même en août?

e Quel temps a-t-il fait à Paris, pendant les vacances de Pierre?

Il faut ...

Il faut ... means *it is necessary ...* , though more often we would say *you (or anybody) must/have to*. It is followed by the Infinitive of the verb that you must or must not do.

Gilles said:

' ... il faut prendre un bus' (you have to catch a bus)

François could have said:

' ... il faut emporter des vêtements chauds' (you must take warm clothing).

Try these:

a Où faut-il aller pour prendre le train?

b Où faut-il aller pour faire de l'alpinisme?

c Quel équipement faut-il avoir pour faire du camping?

d Qu'est-ce qu'il faut avoir pour passer une frontière?

e Qu'est-ce qu'il faut faire en quittant un hôtel, à la fin des vacances?

Rôle-playing exercises: au syndicat d'initiative

Imagine that you have gone into a tourist information office in France to ask for a town plan, to enquire if there is a campsite nearby and to find out whether there are any interesting places to visit. The conversation might go something like this:

Employé(e):	Bonjour monsieur/ mademoiselle. Vous désirez?
Vous:	Bonjour. Est-ce que je peux avoir un plan de la ville, s'il vous plaît?
Employé(e):	Oui, bien sûr. Voilà. Vous voulez d'autres renseigne- ments sur la ville?
Vous:	Oui. Est-ce qu'il y a un camping près d'ici?
Employé(e):	Oui, il est près de la rivière.
Vous:	Il y a des monuments intéressants à visiter?
Employé(e):	Certainement. Il y a l'église qui date du 16ᵉ siècle et le vieux château.
Vous:	Merci monsieur/ mademoiselle.
Employé(e):	De rien. Au revoir, monsieur/ mademoiselle.

For practice, try these. You should:
take the part of the tourist and work out what he/she will say;
prepare possible answers the clerk might give;
check what you have prepared with your teacher;
practise the conversations, working in pairs.

1
a Ask for a town plan.
b Ask if there is a swimming pool in the town.
c Ask if it is very far away.
d Thank him/her.

2
a Say you would like some information about the town.
b Ask if there are any interesting places to visit.
c Ask for a list of hotels.
d Thank him/her.

3
a Greet him/her.
b Ask for a map of the region.
c Ask if the old castle is open today.
d Thank him/her.

Les auberges de jeunesse

Look at this extract and the accompanying advertisement
from a student magazine.

D'abord, un peu d'histoire ... c'est un professeur allemand,
Robert Shirmann, qui a créé la première auberge de jeunesse
en 1911.
Les AJ varient beaucoup d'un pays à l'autre, mais les
caractéristiques sont les mêmes partout: ce sont des centres
pour les jeunes où l'on peut passer la nuit à prix bas. Les AJ
offrent des lits en dortoirs séparés pour garçons et filles,
avec lavabos et toilettes, une salle commune et, dans un
grand nombre d'AJ, un endroit où l'on peut faire la cuisine.

En général, on ne peut passer plus de 3 nuits consécutives
dans la même AJ, mais tout dépend de la saison et des
places disponibles. Si l'on n'a pas de sac de couchage, on
peut généralement en louer, ainsi que des draps.

Une dernière remarque: mettez-vous bien dans la tête que les
AJ ne sont pas des hôtels. Et si vous n'êtes pas prêts à
accepter une certaine discipline — allez faire votre lit
ailleurs!

fédération unie des auberges de jeunesse

Avec les Auberges de Jeunesse, organisez vous-mêmes vos vacances!

...EN FRANCE
- 200 Auberges de Jeunesse, 200 points de rencontre des jeunes de tous les pays.
- Des possibilités illimitées et économiques, organisez vous-même vos déplacements, pendant toute l'année.
- Plus d'une centaine de propositions d'activités en été voile, montagne, artisanat, équitation, cyclotourisme, randonnées...
- Des réductions dans 20 villes de France : musées, piscines, cinémas, transports...

...ET DANS LE MONDE ENTIER
- 5 000 Auberges de Jeunesse dans 50 pays.
- Des transports à tarif réduit pour les étudiants... et les autres.
- 60 circuits et séjours proposés pendant l'été, de l'ouest Canadien au Japon.
- Des forfaits individuels (USA - Canada - Israel).
- Des réductions dans 20 pays : transports maritimes, musées, etc...

LA CARTE D'ADHÉRENT DE LA F.U.A.J. :
UN VÉRITABLE PASSEPORT
INTERNATIONAL DES JEUNES...

Informez-vous auprès de l'Auberge de Jeunesse la plus proche ou bien à :

PARIS		DIJON	LYON
F U A J	F U A J (Region Parisienne)	Centre de Rencontres Internationales	F U A J (Assoc. Dep. du Rhône)
6, rue Mesnil	10, rue Notre-Dame de Lorette	1, bd Champollion	26, rue de Flesselles
75116 PARIS	75009 PARIS	21000 DIJON	69001 LYON
Tel. 261 84 03	Tel. 285.55.40	Tel. (80) 71.32 12	Tel. (78) 27.13.14

Départements, postcodes and telephone numbers

As you can see from the bottom of the advertisement, the French have a system of postcodes. However, instead of writing them at the very end of the address, they put them immediately before the name of the town, and on the same line (e.g. 75116 PARIS). Just as England is divided into counties, so France is split into *départements*. These *départements* are numbered alphabetically from 01 to 95 and it is this number which always forms the first two figures of the postcode. For example Lyon is in the *département* of Rhône, whose number is 69, so the postcode for Lyon (or anywhere in Rhône) begins with 69. The same applies to car number plates, but in this case it is the last two figures which indicate the *département*.

Each *département* also has its own telephone dialling code (different from the number used in the postcode). Dijon is in the *département* of Côte d'Or, whose dialling code is 80, so if you were outside the *département* and wanted to dial Dijon, you would dial 80 and then the number you wanted.

French phone numbers are usually in sets of two figures. So if you needed the operator to get you the FUAJ in Lyon, you would ask for *le vingt-sept, treize, quatorze*.

1 Look again at the advertisement, then answer the following:

a What is French for *the whole world*? What does *tout le monde* mean?

b Find the French for *during the summer*. How would you say: during the spring; during the autumn; during the winter ?

c Find the French for *more than a hundred or so ...* How would you say: more than 50 countries; more than 20 towns ?

d Find the French for *the nearest youth hostel* How would you say: the nearest swimming bath; the nearest cinema ?

e Why do you think it is *au Japon* instead of *en Japon*? (Look back to page 85 if you need to.)

f In the address in Dijon there is 1, bd Champollion. What is *bd* short for?

2 *Questions*

a Robert Shirmann, où est-il né?

b Quand a-t-il créé la première auberge de jeunesse?

c Est-ce qu'il coûte cher de passer la nuit dans une AJ?

d Qu'est-ce qu'on fait dans un dortoir?

e Généralement, combien de temps peut-on rester dans une AJ?

f En quelle saison, croyez-vous, est-il difficile de trouver des places dans les AJ?

g Qu'est-ce qu'on fait si l'on n'a pas de sac de couchage?

h Quelles différences y a-t-il entre une AJ et un hôtel?

i Combien d'AJ y a-t-il en France?

j Et dans le monde entier?

k Qu'est-ce qu'on fait dans une piscine?

l Quelle est l'adresse de la FUAJ à Paris?

m Et son numéro de téléphone?

Le jeu des 10 erreurs

DESSIN ORIGINAL

DESSIN MODIFIÉ

1 En recopiant son dessin original, notre artiste a fait dix erreurs. Pouvez-vous les trouver dans le dessin modifié?

Exemple:

Dans le dessin original, la jeune fille porte un bikini; dans le dessin modifié, elle porte un maillot de bain.

2 Now imagine that you are on the beach yourself, looking at the scene in front of you. Choose one of the pictures and describe what you can see. Remember, as it is happening *now*, the verbs will be in the Present tense.

When you have worked this out with your teacher, write a description of the scene.

The Perfect tense (4)

On page 26 you learnt about the Present of reflexive verbs (*il se lave, je m'appelle*, etc.). In the Perfect, like the verbs on page 123, they take *être*. So you might say:

Ce matin, mon frère *s'est réveillé* à 8h.
Puis, il *s'est levé*.
Ensuite il *s'est habillé*.

or

Ce matin, ma soeur s'est réveillé*e* à 8h.
Puis, elle s'est levé*e*.
Ensuite, elle s'est habillé*e*.

For practice, put the following into the Perfect. Start with *Hier, je me suis réveillé/ réveillée* ...

Je me réveille à 7h et je me lève immédiatement. Puis, je me lave dans la salle de bains et je m'habille.
Le matin, je me promène à la campagne et à 11h 30 je me baigne dans la mer.

Vive la différence!

1 In this short description of a French boy's camping holiday, he mentions some of the differences between his daily life at home and what he did when camping. Using the first difference as an example, complete the rest using, as he does, the Perfect tense:

L'année dernière, j'ai fait du camping au Canada. J'ai passé quinze jours avec des camarades canadiens au bord d'un petit lac à 50 km de Montréal. C'était fantastique! Voici quelques petites différences entre ma vie normale chez moi et ma vie au camping:

Chez moi . . .

Au camping ...

a
je me réveille
quand le réveil sonne

je me suis réveillé quand les oiseaux ont chanté

b
je me lève pour aller à l'école

je ___ ___ ___ pour explorer la forêt

c
je me lave dans la salle de bains

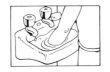

je ___ ___ ___ dans un lavabo portatif

d
je m'habille dans ma chambre

je ___ ___ ___ (avec beaucoup de difficulté!) dans la tente

e
je me peigne devant le miroir

je ___ ___ ___ sans miroir

f
je me promène en ville

je ___ ___ ___ à la campagne

g
je me repose devant la télé

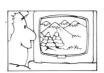

je ___ ___ ___ devant un paysage magnifique

h
je me baigne à la piscine

je ___ ___ ___ dans le lac

i
le soir, je me couche dans un lit

le soir, je ___ ___ ___ dans un sac de couchage

j
je m'amuse souvent

je ___ ___ ___ tout le temps!

2 *Qu'est-ce qu'il a fait au camping?*
Now say what he did at the campsite. Start with:

Au camping, *il s'est réveillé* quand les oiseaux ont chanté ... and work through to the end.

Pour faire du camping

Many people now go on camping holidays abroad. This is the kind of preliminary booking letter you might send to a French campsite:

> Monsieur le Directeur,
> Camping 'Les Granges',
> 64500 St. Jean-de-Luz
>
> Monsieur le Directeur,
> Je vous serais obligé de me communiquer vos conditions et tarifs correspondant au séjour suivant:
> Arrivée — le 3 août   Départ — le 17 août
> Nous sommes 2 adultes et 2 enfants âgés de 15 et 13 ans.
>
> Nous désirons réserver un emplacement pour une voiture et une tente.
>
> Veuillez me répondre à l'adresse ci-dessous:
>
> Mr D. Martin,
> 16, Cedar Drive,
> Leeds LS14 6PD.
>
> Avec mes remerciements,
>
> D. Martin

Now try the following for yourselves. As well as the information given in the letter above you will need to know *une caravane, une caravane motorisée* and *louer* (to hire).

What would these families write?

a The Jacksons (father, mother and three children aged 14, 12 and 5) want to take their caravan to the 'Le Moulin' campsite in Nice between 16 July and 21 July.

b Mr and Mrs Richards want to hire a tent at the 'Les Mouettes' site in La Baule, Brittany, between 7 April and 14 April.

c The Brown family (grandmother, father, mother and three children aged 17, 15 and 12) want to take their motor caravan to the 'Soleil' site in Argelès. They also want to hire a tent on site. They will be there between 2 August and 20 August.

d Your own family has decided on a camping holiday at the 'Le Phare' site in Royan. Decide what accommodation is needed and when you want to be there.

Adresses et numéros de téléphone
It can be very useful to take down an address and phone number quickly. Listen to the tape and write down the four addresses and phone numbers as they are dictated to you.

Météo

When you are on holiday in France, you will certainly want to know what the weather forecast is. Remember, it is not necessary to understand every word: try to get the gist of what is being said and pick out the particular bits of information which concern you. Listen to the recorded forecast, then answer the questions. Your teacher will tell you how many times the tape will be played and when to start writing.

a What will the weather be like in the South?
b How hot will it get in Nice?
c What will the morning be like in the East?
d How will the day start in the West of the country?
e What will happen there during the course of the day?
f How long will the rain last on the Channel Coast and in Brittany?
g What will the weather be like in the Paris region?
h What will be the maximum temperature in the North?

La bonne bouche

Youth hostels, both in England and France, often use a distinctive stamp to mark visitors' membership cards.

Here are two stamps and a receipt from French hostels. In which towns are they and whereabouts in France are those towns?

Mots essentiels

1 Au bord de la mer — **at the seaside**

se baigner	to bathe
le bikini	bikini
la canne à pêche	fishing rod
le filet	net
le maillot de bain	bathing costume
nager	to swim
pêcher	to fish
la plage	beach
le rocher	rock
le sable	sand

2 *une auberge de jeunesse* — youth hostel

le ballon	ball
la bouteille	bottle
le camping	campsite
faire du camping	to go camping
le canot	rowing boat

la caravane	caravan
le chien	dog
la fin	end
la forêt	forest
la glace	ice cream
louer	to hire
la note	bill
le nuage	cloud
un oiseau	bird
passer (la nuit)	to spend (the night)
le paysage	countryside
prêt	ready
le prix	price
le sac de couchage	sleeping bag
le soleil	sun
le syndicat d'initiative	tourist information office
la tente	tent
les vacances (f)	holidays

Extra

Headlines (2)

a Chaud, chaud, chaud, l'été —

b Bombe non explosée

c Violences à la plage de Neuville —

d La pollution,

e Malgré la chaleur

f Droit à la plage pour tous:

ennemie numéro un des plages méditerranéennes

1 mort, 15 blessés

ce n'est pas la ruée vers la plage

le ministre de la Mer veut lutter contre la privatisation du littoral

la plage de Dunkerque est interdite aux vacanciers

des records d'affluence à la piscine

1 See if you can match up these halves of headlines which appeared in French newspapers last summer.

2 Now write them out as you think they would appear in the English press.

Bonnes vacances, mais ...

The seaside town of Cabourg in Normandy welcomes tourists ... but also reminds them of some of the things they should or shouldn't do!

1 Write down six of the ways in which you are asked to help.

2 Rewrite the first five requests (starting with *Tenez les chiens en laisse*) using *il faut* or *il ne faut pas* (see page 139)

3 *Demander* à *quelqu'un* de *faire quelque chose* is a very useful construction. Practise using it in these sentences:

a We ask you to pay the bill before leaving.
b He asked Marcel to go camping.
c Chantal asked them to spend a week in Nice.
d Josiane asked Valérie to buy an ice-cream.
e They asked us to go to the beach.

VILLE DE CABOURG

BONNES VACANCES ET VACANCES PROPRES

. Nous vous demandons de participer à nos efforts

. Tenez les chiens en laisse,

. Ne marchez pas sur les pelouses,

. Renoncez à circuler sur la promenade de la digue avec un véhicule,

. Utilisez les corbeilles à papiers,

. Ne vous installez pas pour manger sur la plage ou sur la digue,

. Respectez la signalisation sur la sécurité des bains,

. Ne circulez pas sur les épis de protection de la plage et évitez de vous baigner à proximité de ces ouvrages,

. Evitez les bruits et les jeux susceptibles de nuire à la tranquillité des autres personnes.

MERCI.

En vacances

Imagine that your last summer holiday in France took the
form of a motor bike tour as outlined in the diagram below.

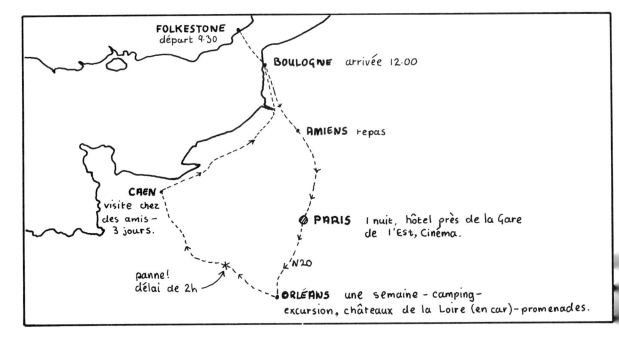

1
a Work out (in French) an account of your
holiday and be prepared to answer
questions on it.
b Prepare five questions about the holiday to
ask your neighbour.

2 Check what you have prepared with your
teacher. Then, working in pairs, take turns
to ask and answer the questions.

3 Now imagine that it was not you, but one
of your friends who went on this holiday.
Write an account of it for him/her.

Eavesdroppings

You're on your way across France for a camping holiday in Italy. The car's being a nuisance and you decide to have it seen to and spend a few days relaxing. You've arrived very early at a campsite and sleep late. As you slowly wake up, you hear voices nearby; gradually you realise that two neighbouring campers are talking about you.

1 First of all read your fact-sheet to find out who you're supposed to be:

Your facts

a	NATIONALITY	English
b	ARRIVAL TIME AT SITE	Early that morning
c	NUMBER IN PARTY	5
d	PARTY CONSISTS OF	Mother, father, 3 offspring (including you): two boys, one girl
e	DESTINATION	Italy
f	PURPOSE OF TRIP	Camping holiday near Lake Como
g	DURATION OF STAY THERE	Fortnight
h	REASON FOR UNPLANNED STAY IN FRANCE	Problems with car
i	DETAILS	Clutch keeps slipping
j	PROJECTED SOLUTION	It's a French car (Citröen BX), so rather than press on to Italy, you've decided to have the problem sorted out now and have a mini-holiday at the same time
k	PLANNED LENGTH OF STAY AT THIS SITE	5 days

NOW listen to the conversation about you and see where the neighbour has got your facts right and where wrong. On a piece of paper make two columns, then, as you listen to the tape, note down the detail letter (a, b, c, etc.) in the *Right* or *Wrong* column as appropriate.

2 Later that day, you have a chance to chat with your neighbour, who appears embarrassed to find that you speak French so well. Develop a conversation along the following lines. Your teacher will play the part of the neighbour to begin with, but later you may prefer to work in pairs.

a Greet the neighbour and say something about the weather.

b Explain that you arrived very early in the morning; you hope you didn't disturb her/him.

c Say something about your family and give an outline of your holiday plans.

d Explain that you're staying here for a few days: five probably. You've had problems with the car.

e Say no, it's not the engine that's the problem, it's the clutch (you've already looked that up and found it's *l'embrayage*).

But your car is French, so you hope the garage will be able to mend it.

f When you've finished your explanations, find out the following information:

— whether the neighbour knows the town

— on being told she/he does (she/he comes here every year), ask what there is to see

— ask if there's a swimming pool, and if there is, get details of it (where it is, whether it's covered, its opening times and prices)

— ask how much the campsite fees are per night

3 You've arranged to call at your penfriend's in another part of France on the way back from Italy. Now seems a good time to send him/her a postcard. Write a suitable message, based on the facts outlined above.

Point final

These notices are on the beach at Deauville. Write down as much information as you can from them.

On holiday (2)

This Unit has more about holidays: the self-catering sort and a Paris river trip. You will learn how to describe past situations and practise booking in at a French hotel.

Vacances ... en 1901

Look at the poster used by the *syndicat d'initiative* in Arcachon to promote the town's tourist trade; then answer the questions.

a According to the *syndicat d'initiative*, what are the town's attractions (bottom left-hand corner)?
b Why do you think there are two scenes, one labelled *Ville d'Hiver* and the other *Ville d'Été*?
c What is the animal (bottom right-hand corner) that is being hunted?
d Whereabouts in France is Arcachon?

153

The Imperfect tense

The following extract from a diary might have been written by someone observing the beach scene on the poster.

Arcachon, le 2 août 1901
    Aujourd'hui, j'ai décidé de faire une promenade à la plage. Il faisait beau et il y avait beaucoup de monde. En me promenant, j'ai remarqué deux jeunes filles assises sous un grand parasol. Elles étaient en train de parler avec une amie qui portait un maillot de bain élégant. Un peu plus loin, deux petites filles jouaient sur le sable. Il y avait des canots et toutes sortes de bateaux sur une mer calme . . .

Most of the verbs in this passage (*il faisait, elles étaient,* etc.) are in a past tense called the Imperfect. The Perfect tense, which you have already learnt, is used for events and completed actions in the past. The Imperfect, on the other hand, is used for description, for setting the scene before or during the main action or story, or for saying what someone *was* doing.

Except for *être,* the Imperfect of all verbs is made in exactly the same way. Start with the *nous* form of the Present tense, take off the *-ons*, then add these endings:

-ais	-ions
-ais	-iez
-ait	-aient

Être has the same endings as well, but they are added to *ét-*, so the whole verb looks like this:

j'étais	nous étions
tu étais	vous étiez
il était	ils étaient

1 For practice, write out the following sentences, putting the verb in brackets into the Imperfect tense:

a Il (FAIRE) beau et le soleil (BRILLER).
b Il y (AVOIR) trois taxis devant la gare.
c Le train (ALLER) partir à 9h 30: nous (ÊTRE) en retard.
d Quatre personnes (ATTENDRE) à l'arrêt quand l'autobus est arrivé.
e Nous (FINIR) le déjeuner quand mon père est rentré.
f 'Tu (VOULOIR) me parler?' a demandé M Lenoir.
g Elles (ÊTRE) en train de faire leurs devoirs quand le professeur est entré.
h Je (REGARDER) par la fenêtre quand j'ai entendu un bruit.
i Le garçon (S'APPELER) Marc et il (AVOIR) 15 ans.
j Les deux jeunes filles (S'APPELER) Marguerite et Adèle. Elles (HABITER) Arcachon.

2 Now look back at the *Dessin Original* in the *Jeu des dix erreurs* on page 143. Work out answers to the following questions:

a Quel temps faisait-il?
b Est-ce qu'il y avait trois châteaux de sable?
c Où se trouvait l'oiseau?
d Le chien était assis à côté de l'oiseau?
e Qui jouait avec un ballon?
f Qui était en train de s'habiller?
g Que faisait la jeune fille au premier plan?
h Le garçon dans la mer, que faisait-il?
i Combien d'hommes y avait-il dans le canot?
j Que faisait le petit garçon à droite?

Pour faire une promenade sur la Seine

Read through the information from one of the companies
running pleasure cruises on the Seine in boats called *vedettes*;
then answer the questions:

VEDETTES DE
PARIS ILE DE FRANCE
tél. 705-71-29
départ pont de Iéna
MÉTRO : Bir-Hakeim
TRAIN : ligne Invalides Versailles, station Champ-de-Mars
PARKING GRATUIT

La traversée complète de Paris toute l'année.
Une heure de croisière commentée, départ toutes les 30 minutes
Prix : **30F**, enfants de moins de 10 ans : demi tarif.
Du 1er Mai à Octobre, tous les soirs à partir de 21 heures :
"CROISIERE DES ILLUMINATIONS". **Prix** : **40F**, enfants 20F.

a Where does the cruise start?
b If you were travelling by Underground,
   which station would you go to?
c If you went by car, how much would it cost
   you to park while you were taking the
   cruise?
d How long does each cruise last?

e How much would it cost a family of two
   adults and two children aged 11 and 8?
f If you wanted to go on the 'Illuminations
   Cruise' in June, what is the earliest time you
   could start?
g And in November?

Bonnes vacances à Anduze!

Like us, many French people go on self-catering holidays in
the country. They often choose them from tourist brochures,
written in the style of the one below, which lists the facilities
and attractions of a holiday home *(gîte)* at a centre in the
south of France. Read through the information, then do the
exercises.

Vos vacances à Anduze
Ce matin en ouvrant les volets vous vous trouvez devant un
paysage magnifique. Quel calme! C'est reposant, ce silence. Le
temps? Il fait beau, naturellement. La journée commence bien.

Qu'allez-vous faire aujourd'hui? Une promenade à pied ou à
cheval dans la forêt? Vous avez des courses à faire? C'est jour
de marché à Anduze, qui est à 3 km. Pour y aller, c'est tout à
fait facile: prenez une bicyclette! Pendant ce temps, vos
enfants vont se baigner dans la piscine, qui est chauffée de
début juin à mi-septembre.

Après le déjeuner, vous avez envie de visiter la région: le
parc national des Cévennes n'est pas loin. Mais si vous
préférez rester sur place, un terrain de volley-ball et de
pétanque et deux courts de tennis sont à votre disposition.

Vous pouvez même aller passer une journée au bord de la
mer: la côte est à moins de cent kilomètres.

Le soir, vous irez peut-être au cinéma ou danser à la
discothèque. Et si vous rentrez tard ... ? Qu'importe! Vous êtes
en vacances.

Votre gîte
Type B: 4 personnes — 2 pièces. 34m²: séjour avec 2 lits d'une
personne, 1 chambre avec 2 lits d'une personne.

À votre arrivée, le samedi, à partir de 17h, vous recevrez les
clés de votre gîte.

Chaque gîte dispose d'une cuisine entièrement équipée
(réfrigérateur, deux plaques électriques, vaisselle et matériel
de cuisine) permettant la préparation des repas familiaux
(pour les provisions, on peut faire les courses à Anduze,
à 3 km).

Vous trouverez les couvertures des lits dans le gîte. Il est
possible de louer des draps.

À la fin de votre séjour, il faut laisser libre votre gîte au plus
tard pour 9h du matin.

Type B

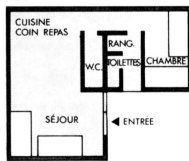

1 *Questions: Vos vacances à Anduze*
a Quel temps fait-il?
b À quelle distance du gîte se trouve Anduze?
c Que fait-on pour aller à Anduze?
d Pendant quels mois est-ce qu'on chauffe la piscine?
e Combien de courts de tennis y a-t-il?
f À quelle distance se trouve la mer?
g Le soir, que peut-on faire?

2 *Questions: Votre gîte*
a C'est un gîte pour combien de personnes?
b Quelles pièces y a-t-il?
c Combien de lits y a-t-il?
d Où est-ce qu'on mange?
e Quel jour de la semaine est-ce qu'on arrive?
f Il ne faut pas arriver avant quelle heure?
g Si vous n'avez pas de draps, que faut-il faire?
h À la fin du séjour, à quelle heure faut-il quitter le gîte?

3 Using the information given in the section *Votre gîte*, write a short description of the holiday home. Say what the accommodation consists of, what facilities you have, when you can arrive and when you have to leave at the end of your stay.

4 Imagine that you have been staying in a holiday home at Anduze for the past two days. Using the section of the text *Vos vacances à Anduze* to help you, write an account of what you did yesterday. Say what time you got up, how you spent the morning, what you did for the rest of the day, and when you went to bed. Remember, as it happened *yesterday,* most, if not all, of the verbs will need to be in the Past tense.

Rôle-playing exercises: Booking in at hotels, Youth Hostels and campsites

Imagine that you have gone into a French hotel to book a room for the night. The conversation with the receptionist might go something like this (the *fiche* referred to is the one illustrated: you will probably have to fill one in when you stay in a French hotel).

Réceptionniste:	Bonjour monsieur/mademoiselle.
Vous:	Vous avez une chambre libre, s'il vous plaît?
Réceptionniste:	C'est pour combien de nuits?
Vous:	C'est pour une nuit seulement.
Réceptionniste:	Alors, j'ai une chambre avec douche à 90F.
Vous:	Avez-vous quelque chose de moins cher?
Réceptionniste:	Oui, il y a une chambre au deuxième étage à 70F.
Vous:	Ah, merci, je la prends.
Réceptionniste:	Alors, voulez-vous bien remplir la fiche, s'il vous plaît.
Vous:	Bien sûr.

FICHE D'ÉTRANGER
Nom et adresse de l'établissement :

CH. N°

NOM : RÉNTHÉISTER
Name in capital letters (écrire en majuscules)
Name in Druckschrift

Nom de jeune fille :
Maiden name
Mädchenname

Prénoms : VÉRA
Christian names
Vornamen

Date de naissance : 2.2.1958
Date of birth
Geburtsdatum

Lieu de naissance : HERNÉ II
Place of birth
Geburtsort

Domicile habituel : BOCHUM
Permanent address
Gewöhnlicher Wohnort

Profession : ÉTUDIANTE
Occupation
Beruf

NATIONALITÉ ALLEMANDE
Nationality
Nationalität

Date d'arrivée en France : 9.4.81
Date of arrival in France
Einreisedatum in Frankreich

Date probable de sortie : 16.4.81
Probable date of your way out
Voraussichtliches Austreisedatum

J. Rentweigler, le 9.4.81
Signature
Unterschrift

Nombre d'enfants de moins de 15 ans accompagnant le voyageur
Accompaning children under 15
Zahl der begleitenden Kinder unter 15 Jahren

109187 ORLANDI

For practice, try these. You should:
   take the part of the tourist and work out
      what he/she will say;
   prepare possible replies;
   check what you have prepared with your
      teacher;
   practise the conversations, working in
      pairs.

1 At a hotel
a Ask if there is a room free.
b Say that you want it for a week.
c Ask if it has a shower.
d Agree to take it.

2
a Ask if there is a room free for tonight.
b Ask how much it costs.
c Ask if they have anything cheaper.
d Agree to take it and thank him/her.

3 (A single room is *une chambre pour une
   personne.*)
a Ask if there is a room free.
b Say you would like a single room.
c Ask which floor it is on.
d Say you would like to stay for two nights.

4 (A room with twin beds is *une chambre avec
   deux lits* and *included,* in the sense used
   here, is *compris.*)
a Ask if there is a room with two beds.
b Say you want it for a week.
c Ask how much it costs.
d Ask if breakfast is included.

5 At a Youth Hostel
   (The warden is *le père aubergiste* or *la mère
   aubergiste* and the dormitory is *le dortoir.*)
a Ask where the warden is.
b Then, when he/she comes, ask if there are
   two beds free for tonight.
c Ask how much it costs per *(par)* day.
d Ask if you can hire a sleeping bag.
e Ask where the boys' (girls') dormitory is.

6 At a campsite
   (The warden is *le gardien* or *la gardienne.*)
a Ask where the warden is.
b Then, when he/she comes, ask if there are
   any pitches free.
c Say it is for a caravan and a tent.
d Ask how much it costs per person, per day.
e Ask if you can buy milk at the shop.

Fiche d'étranger
Look back to the *fiche d'étranger* on page
157. It was completed by a German student.
Read it through, then answer the questions.
a Comment s'appelle la jeune fille?
b Quelle est la date de son anniversaire?
c Quelle ville est-ce qu'elle habite?
d Qu'est-ce qu'elle fait dans la vie?
e Quelle est sa nationalité?
f Quand est-ce qu'elle est arrivée en France?

On téléphone à un hôtel
You may find that you need to make a hotel
booking by telephone. Listen to the following
three recorded extracts and note down as
much essential information (types of room,
prices, dates) as you can.

Your teacher will tell you how many times the
tape will be played and when you should start
writing.

À *l'agence de voyages*

Look at the photograph, then answer the questions.

Questions

a Décrivez la femme que vous voyez.
b Où est-ce qu'elle entre?
c Qu'est-ce qu'elle va faire, peut-être?

d Regardez la liste des destinations et des prix: où peut-on aller pour 450F?
e Combien coûte le voyage à Nice?

Hold-up au George-V

Read the following newspaper report of a robbery, then do the exercises:

DEUX MINUTES POUR VOLER 250,000F AU GEORGE-V

Les voleurs, armés et masqués, qui ont commis un hold-up à l'hôtel George-V dimanche matin, connaissaient bien les habitudes de la maison. Ils sont arrivés au moment même où le coffre était ouvert. Butin: 250,000F et des bijoux. Ils ont pris la fuite sans être inquiétés.

7h 10, dimanche dans le hall de l'hôtel George-V. Quelques employés et trois touristes étrangers. Soudain, deux hommes entrent en courant, suivis de deux complices.

'Ils portaient des bas de femme sur le visage,' raconte un témoin, 'et des bonnets de laine rabattus sur le front et les oreilles. L'un d'entre eux avait un fusil à canon scié. Les autres, des pistolets et des revolvers. Celui qui paraissait être le chef s'est dirigé tout de suite vers le comptoir de droite, suivi par deux de ses amis. Il a sauté par-dessus et il a donné un coup de crosse sur la tête de l'employé, François Alberti.'

'L'argent, vite,' a-t-il commandé sèchement.

Le coffre était ouvert. Le voleur a mis les billets de banque dans un grand sac de plage. Un autre disait aux employés: 'Ne bougez pas! Ne dites pas un mot et tout se passera bien.' Durée de l'opération: deux minutes.

1 *Questions*
a What is George-V?
b On what day did the hold-up take place?
c How was the safe when the thieves arrived?
d What did they take besides money?
e Who, besides the thieves, was present at the hold-up?
f How many thieves were there?
g What was one way in which the thieves concealed their identity?
h What did the leader make for as soon as he arrived?
i How did he get over it?
j What did he use to put the banknotes in?
k What was one thing the thief told the employees not to do?
l How long did the hold-up take?

2 Imagine that you were a tourist present at the hold-up. Afterwards, a reporter asks you what happened. As he doesn't speak English, you will need to answer his questions in French!

Journaliste: Comment vous appelez-vous, mademoiselle/monsieur?
Vous: —
Journaliste: Où étiez-vous quand les voleurs sont arrivés?
Vous: —
Journaliste: Qu'est-ce qu'il y avait dans le coffre?
Vous: —
Journaliste: Combien de voleurs y avait-il?
Vous: —
Journaliste: Qu'est-ce qu'ils portaient sur le visage?
Vous: —
Journaliste: Est-ce qu'ils étaient armés?
Vous: —
Journaliste: Le chef, qu'est-ce qu'il a dit à François Alberti?
Vous: —

Journaliste:	Où a-t-il mis l'argent?
Vous:	—
Journaliste:	Combien de temps est-ce que le hold-up a duré?
Vous:	—
Journaliste:	Merci, mademoiselle/ monsieur.

When you have checked your answers with your teacher, practise the dialogue in pairs, taking it in turns to take the parts of the tourist and the reporter.

Composition: *Au bord de la mer*

Using the following outline, write a story of 100–120 words.

L'année dernière vous avez passé les vacances (où?) — vous et votre ami(e), vous avez décidé d'aller à la plage (quel temps faisait-il? qu'est-ce qu'on voyait sur la plage, sur la mer?) — vous avez mis vos maillots de bain — vous avez laissé vos vêtements sur le sable — vous vous êtes baigné(e)s — beaucoup de touristes — vous n'avez pas pu retrouver vos vêtements — après avoir cherché longtemps, qu'est-ce que vous avez fait?

General questions

a Combien de semaines de vacances avez-vous à Pâques? À Noël? En été?
b Est-ce que vous êtes jamais allé(e) au bord de la mer? Où? Quand?
c Qu'est-ce qu'on porte à la plage?
d Comment est-ce qu'on s'amuse au bord de la mer?
e Êtes-vous déjà allé(e) en France? Où? Quand? Avec qui?
f Où va-t-on demander des renseignements dans une ville française?
g Aimez-vous faire du camping?
h Que faut-il avoir pour faire du camping?
i Où avez-vous passé vous vacances l'année dernière? Quel temps faisait-il? Vous vous êtes amusé(e)? Qu'est-ce que vous avez fait?
j Où passerez-vous les grandes vacances cette année? Que ferez-vous?

Complétez
You will hear 10 incomplete statements about various people. Each statement will be played twice. After the second playing, choose which of the four possible endings best completes the statement:

a A s'est assis
  B a traversé la rue
  C a parlé à un agent de police
  D est monté dans l'avion

b A est descendue
  B est tombée
  C est arrivée
  D est partie

c A a demandé de l'argent
  B a demandé son nom
  C a demandé l'heure
  D a demandé son chemin

d A est descendue du train
  B est passée sur le quai
  C est sortie de la gare
  D a cherché son argent

e A a bu un verre d'eau
  B a tondu la pelouse
  C a visité le musée
  D a fait la vaisselle

f A faire ses devoirs
  B chanter
  C jouer du piano
  D marcher

g A lui a acheté un cadeau
  B ne lui parlait plus
  C s'est plainte à sa mère
  D est sortie de la maison

h A prendre l'ascenseur
  B prendre l'escalier
  C prendre l'avion
  D prendre l'autobus

i **A** très tard
  B immédiatement
  C de bonne heure
  D tout le temps

j **A** chez elle
  B en France
  C à l'école
  D à l'étranger

Where are they?

You will hear 10 short questions or remarks. Each will be played twice. After the second playing, choose which of the four possibilities you think best indicates where the people are:

a **A** À la Poste
  B À la douane
  C À la consigne
  D À la librairie

b **A** À une station de Métro
  B Au bord de la mer
  C À l'école
  D Au guichet d'une gare

c **A** À un camping
  B À un garage
  C À un parking
  D À un marché

d **A** À une gare
  B À un aéroport
  C À un hôtel
  D À un syndicat d'initiative

e **A** Dans un avion
  B Dans un taxi
  C Dans un train
  D Dans un jardin

f **A** Dans un avion
  B Dans une agence de voyages
  C Dans un hôtel
  D Dans une église

g **A** Dans une voiture
  B Dans un magasin
  C Dans une station de Métro
  D Dans une gare

h **A** Dans un marché
  B Dans un autobus
  C Dans un cinéma
  D Dans un café

i **A** À un arrêt d'autobus
  B Dans un train de Métro
  C Dans un taxi
  D À la Tour Eiffel

j **A** À un hôtel
  B À une auberge de jeunesse
  C À un stade de football
  D À un bureau de poste

La bonne bouche

This advertisement appeared in a French magazine.

a A mistake was made in the printing. What was it?

b As well as full board, what is included in the price of 70F a day?

c Could you take your dog with you?

> LONGEVILLE , ...

Pour des vacances agréables et dans le calme, l'HOTEL-BAR-RESTAURANTT « AU FEU DE BOIS », à AMOU dans les LANDES. 3 salles de restaurant, 20 chambres, 1 étoile NN, 60 km mer, 60 km montagne, vous propose sa pension complète à 70 F par jour, boisson et service compris. Bêtes acceptées. Jardin. Coin avec jeux d'enfants. Grand parking. Tél. : (58) 57-00-86 ou écrire à M. et Mme BEYLACQ, RESTAURANT « AU FEU DE BOIS », 40330 AMOU.

Mots essentiels

s'amuser	to have a good time
le(s) bijou(x)	jewel(s)
le chef	chief
le coffre (fort)	safe
le comptoir	counter
le fusil	gun
laisser	to leave, let
se promener ⎫	to go for a walk,
faire une promenade ⎭	outing
remplir	to fill
le séjour	stay, living room
le terrain	pitch, ground
le vol	theft
le volet	shutter
le voleur	thief

Extra

La Baignade

The French artist Georges Seurat (1859–91) developed a technique called *Pointillisme*. Whilst the Impressionists used brush strokes, he applied paint in small dots of different colours which blend in the eye of the spectator rather than on the canvas. *La Baignade* was painted at Asnières-sur-Seine, near Paris, and can be seen in London's National Gallery.

1 *Questions*

a Où se passe cette scène?
b Quel temps fait-il, croyez-vous?
c C'est quelle saison de l'année?
d Quel animal voyez-vous dans le tableau?
e Où se trouve-t-il?
f Ces gens, qu'est-ce qu'ils sont en train de faire?
g Quels vêtements voyez-vous?
h Qu'est-ce qui se passe sur la rivière?
i Que voyez-vous au fond?
j Que pensez-vous de ce tableau?

2 Write a description of the scene as an eye-witness of this time might have done for a diary or a journal. Begin your account:
Aujourd'hui, j'ai décidé de faire une promenade au bord de la Seine. Il faisait du soleil ...

You may find it helpful to re-read the diary extract on page 154 before you begin.

Vol à l'hôtel

A room in the hotel has been burgled: the police question everybody about their movements. Working in pairs, decide who will play the policeman and who will be the hotel guest. The policeman should prepare appropriate questions, for example:

Quand est-ce que vous êtes arrivé(e) à l'hôtel?

and the guest should work out answers based on this outline:

Vendredi, 21 juillet
17h 30 Arrivée à l'hôtel
18h 00 Piscine de l'hôtel

19h 35 Dîner: restaurant 'Le Poisson d'Or'
20h 45 Cinéma: 'Les 101 Dalmatiens'
23h 15 Retour à l'hôtel. Se coucher

Samedi, 22 juillet
8h 30 Se réveiller, se lever, etc.
9h 15 Petit déjeuner (dans la chambre)
9h 45 Promenade: la plage, le port
11h 00 En ville: acheter des cartes postales
12h 35 Déjeuner (à l'hôtel)

For practice, once you have been through the dialogue, change rôles and go through the interrogation again.

Pour réserver une chambre

Your parents want to spend a holiday in Brittany next summer and you have written a preliminary enquiry letter to a hotel. You have just received this reply:

> Hostellerie du Fer à Cheval
> Route du Bois de Nevet
> 29136 LOCRONAN
>
> Monsieur,
>
> Suite à votre courrier, veuillez trouver nos tarifs pour l'année prochaine:
> — chambre pour 2 personnes avec bain et W.C. 200F
> — petit déjeuner 18F 50
>
> Dans l'attente de votre décision, je vous prie de croire, Monsieur, à l'expression de mes sentiments dévoués,
>
> A. Guéret

Write a reply, based on the following outline:

— reserve a room for two with bath and toilet
— duration: 10 days, 28 July to 6 August
— does the hotel have: a restaurant? a car park?
— distance from hotel to sea?
— swimming pool nearby?

Venir de ...

In Unit 8 (page 110), you saw how *venir de* is used in the Present tense to mean that something **has** just happened.

It can also be used in the Imperfect, but instead of meaning 'I **have** just ...', it means 'I **had** just ...' For example:

Ils venaient de commettre un hold-up quand la police est arrivée.

They had just staged a hold-up when the police arrived.

Je venais de me réveiller quand le réveil a sonné.

I had just woken up when the alarm went off.

1 Look at the pictures on page 110 and write down a sentence about each saying what the people **had** just done, for example:

a Il venait de se lever

2 Imagine that you are writing to your French penfriend. How would you say that:

a ... your sister had just come in when the phone rang.

b ... you had just written to him when his letter arrived.

c ... the cat had just eaten the fish when your father came in.

d ... your parents had just arrived in Paris when the postmen's strike started.

e ... you and your friends had just bought your tickets when the train left.

Point final

Read this post-holiday problem from a teenage magazine:

Chère Christine,
Pendant les vacances, je suis allée passer deux semaines chez ma correspondante anglaise qui demeure près de Londres. Elle m'a présenté un de ses cousins dont je suis tombée amoureuse. Lui aussi m'aime et nous avons passé quinze jours merveilleux. En plus, j'ai fait d'énormes progrès en anglais.

Il a promis de m'écrire, ce qu'il a fait trois fois. Mais j'ai peur, à cause de la grande distance qui nous sépare et de notre nationalité différente, qu'il cherche une nouvelle girl-friend.

Que dois-je faire? J'attends votre réponse avec impatience. Merci.

Lucille

a What are the main points of Lucille's letter?

b Working in pairs or groups, imagine that you are the 'agony aunt' and write a short reply advising Lucille what to do.

Mots extra

le bois	wood
demeurer	to live
l'or (m)	gold
sonner	to ring

166

Starting with Paris...

This Unit is about many of the topics already introduced: travel, holidays, towns, etc. It will help you revise important items of language met earlier in your course.

Jean-Pierre passe la journée à Paris

Look at the photos and answer the questions.
Each question refers to the photograph with the same number.

1
a Où est Jean-Pierre?
b Quelle heure est-il?
c Qu'est-ce qu'il attend?
d Pourquoi?
e Comment savez-vous que c'est un train français?
f Décrivez la scène.

2

a Quel est le grand bâtiment au fond?
b Quelle heure est-il maintenant?
c Où est Jean-Pierre?
d Qu'est-ce qu'il regarde?
e Où veut-il aller?
f Quelle est la rivière qu'on voit sur le plan?

3

a Où est-il maintenant?
b Comment va-t-il à la Tour Eiffel?
c Que fait-il en ce moment?
d Décrivez les femmes.

4

a Où se trouve-t-il maintenant?
b Qu'est-ce qu'il fait?
c Décrivez les deux personnes qui attendent sur le trottoir.
d Qu'est-ce qu'il est interdit de faire?
e Qu'est-ce qu'il faut faire pour traverser?

2

3 **4**

5 6

5

- **a** Que faut-il faire pour aller à la Place de la Concorde?
- **b** Et au Pont de l'Alma?
- **c** Jean-Pierre, où veut-il aller?
- **d** Qu'est-ce qu'il y a dans la même direction?
- **e** Décrivez l'homme à gauche.

6

- **a** Comment s'appelle le monument qu'on voit au fond?
- **b** Comment s'appelle cette grande avenue?
- **c** Quel temps fait-il?
- **d** Jean-Pierre, à qui parle-t-il?
- **e** Où veut-il aller?
- **f** Qu'est-ce qu'il demande?
- **g** L'agent de police, qu'est-ce qu'il dit à Jean-Pierre de faire?

7

- **a** Que fait Jean-Pierre?
- **b** Le jeune homme au premier plan, qu'est-ce qu'il fait?
- **c** Décrivez la scène devant le Centre Georges Pompidou.
- **d** C'est un bâtiment ancien?

7

8 Puis Jean-Pierre décide de
se promener le long des
quais de la Seine et de
regarder les étalages des
bouquinistes.

a Les bouquinistes, qu'est-ce
qu'ils vendent?

b Décrivez le monsieur à droite.

c Qui est l'homme assis à
gauche, croyez-vous?

d Qu'est-ce qu'il fait?

e Jean-Pierre, qu'est-ce qu'il
pense acheter?

9 Après s'être promené
longtemps, il décide de
rentrer chez lui.

a Comment va-t-il retourner
à la gare Saint-Lazare?

b Comment s'appelle cette
station?

c Que font les deux jeunes
gens à droite?

d Décrivez-les.

e Quel magasin se trouve au
fond, à droite?

f Qu'est-ce qu'on peut y
acheter?

10

a Où se trouve-t-il?

b Qu'est-ce qu'il fait?

c Combien d'autres personnes
voyez-vous?

d Que veut dire 'RATP'
(sur le devant du train)?

Three Paris monuments

1 The *Arc de Triomphe* stands in the middle of the circular
Place de l'Étoile – Charles de Gaulle from which radiate 12
avenues, the most famous being the Champs-Élysées. As
the name suggests, it is a triumphal arch, inscribed with
the names of famous generals, and built to celebrate
Napoleon's victories. Beneath it lies the Tomb of the
Unknown Warrior on which a flame is always kept
burning.

2 The *Eiffel Tower* stands on the Champ de Mars and is a
steel structure 320m high built for the Great Exhibition of
1889 celebrating the centenary of the French Revolution. It
is named after the French engineer who built it, Gustave
Eiffel.

3 The *Georges Pompidou National Centre of Art and Culture*
on the Plateau Beaubourg was opened in 1977. It is an
ultra-modern structure of steel and glass built by the
English architect Richard Rogers and the Italian Renzo
Piano. It houses, amongst other things, a library, a
museum of modern art and a design centre. Some people
hate it, saying it clashes with the environment; others feel
it is one of the few truly original buildings of recent years.

171

Composition: *Ma journée à Paris*

Now imagine that it was you and not Jean-Pierre who spent the day in Paris. Use the photos and the questions you have just answered to help you. Start your essay:

'Hier, j'ai décidé de passer la journée à Paris.

Je suis allé(e) à la gare ... '

Remember that as it was *hier* (yesterday), the verbs will need to be in the Perfect or Imperfect (except for any conversation or other direct speech you include). Your teacher will tell you how many words you should write.

Pronouns

Answer the following questions, using pronouns instead of the words in italics. For example:

Est-ce que *Jean-Pierre* prend *le train*? Oui, *il le* prend.

Est-ce qu'il va *au Louvre*? Non, il n'*y* va pas.

a   Est-ce que Jean-Pierre va *à Paris*?
b   Est-ce qu'il arrive *à la gare du Nord*?
c   Est-ce qu'il voit *la Tour Eiffel*?
d   Est-ce qu'il visite *les musées*?
e   Qu'est-ce qu'il dit *à l'agent*?
f   Et l'agent, que répond-il *à Jean-Pierre*?
g   Regarde-t-il *les étalages des bouquinistes*?
h   Est-ce qu'il achète *le dessin*?
i   Vous n'êtes jamais allé(e) *à Paris*?
j   Avez-vous jamais visité *le Centre Georges Pompidou*?

The Future tense

Write out the following sentences, replacing the Infinitive in brackets by the Future tense:

a   Demain je (passer) la journée à Paris.
b   Je (prendre) le train pour y aller.
c   J'(arriver) à la gare Saint-Lazare à 9h.

d   Je (visiter) beaucoup de monuments célèbres.
e   Mon amie Claudette (venir) peut-être avec moi.
f   Elle (aimer) monter à la Tour Eiffel.
g   Nous (monter) par l'ascenseur.
h   Puis nous (aller) au Centre Georges Pompidou.
i   Nous (écouter) les musiciens qui jouent souvent devant le Centre.
j   Vers 7h du soir nous (rentrer) chez nous.

Après avoir/être and the Perfect tense

Write out the following sentences replacing the first verb by an *après avoir/être* ... expression and putting the second into the Perfect tense. For example:

(Prendre) son billet, Jean-Pierre (aller) sur le quai.

Après avoir pris son billet, Jean-Pierre est allé sur le quai.

a   (Ouvrir) la portière, il (monter) dans le train.
b   (Trouver) une place libre, il (s'asseoir).
c   (Descendre) du train, il (sortir) de la gare Saint-Lazare.
d   (Regarder) son plan de Paris, il (consulter) l'horaire des autobus.
e   (Arriver) à la Tour Eiffel, il (chercher) l'ascenseur.
f   (Admirer) la vue sur Paris, il (descendre) de la Tour.
g   (Demander) son chemin à un agent de police, il (partir) pour le Centre Georges Pompidou.
h   (Visiter) le Centre, il (se promener) sur les quais de la Seine.
i   (Acheter) un livre à un bouquiniste, il (retourner) à la gare Saint-Lazare.
j   (Composter) son billet, il (attendre) le train.

Promenade sur la Seine

Read the following letter and then answer the questions.

Thiers, le 29 avril.

Chère Virginie,
Pendant les vacances de Pâques, nous avons décidé de passer huit jours à Paris. Un jour nous avons fait une promenade dans une vedette. Ce sont les bateaux qui partent du Pont d'Iéna, tout près de la Tour Eiffel, et vous conduisent le long de la Seine. Les voyages durent une heure.

Puisque papa n'aime pas aller en voiture à Paris et que maman n'aime pas le Métro, nous y sommes allés en autobus. Nous avons pris le bateau de midi parce que nous voulions faire un pique-nique à bord. Alors, nous avons pu voir les quais et les monuments, et nous avons écouté le guide — tout en mangeant!

Nous nous sommes bien amusés, mais la vie dans la capitale, c'est cher, tu sais. Mais nous étions en vacances et ce n'est pas tous les jours qu'on visite Paris.

Écris-moi bientôt,
ton amie,

a En quelle saison est-ce que Delphine est allée à Paris?

b Combien de temps y a-t-elle passé?

c Où se trouve le Pont d'Iéna?

d C'est quoi, la Seine?

e À quelle heure le voyage a-t-il fini?

f Qu'est-ce qu'ils ont pris pour aller au Pont d'Iéna?

g Pourquoi croyez-vous que le père de Delphine n'aime pas aller en voiture à Paris?

h Quel moyen de transport préférez-vous? Pourquoi?

i Nommez trois monuments à Paris.

j Est-ce que vous avez jamais visité la France? Paris?

Au jardin public

1 Look at the photo showing postcard racks
and listen to the six questions on the tape,
each of which is repeated. Your teacher
will tell you when to answer.

2 Imagine that the young woman decides to
buy three postcards. Write down her
conversation with the shopkeeper.

3 Fill in the blanks in the following
sentences with *qui* or *que/qu'*, whichever is
appropriate:

a La jeune femme _____ regarde les cartes
postales est blonde.

b La carte postale _____ elle achète coûte 1F
70.

c Le pull _____ la jeune femme porte est
blanc.

d La femme _____ est à droite a les cheveux
noirs.

e La scène _____ vous regardez sur cette
photo se passe à Paris.

174

Dans la rue

1 Look at the photo of the street scene and listen to the five questions on the tape, each of which is repeated. Your teacher will tell you when to answer.

2 What do you think the man on the left is asking the policeman? Write an imaginary conversation between them.

Week-end à Londres

This leaflet comes from a travel agent's in Paris. Read it through, then do the exercises.

WEEK-END DU 1ᴱᴿ MAI
LONDRES

440ᶠ TRANSPORT EXCURSIONS **620ᶠ** TRANSPORT EXCURSIONS HEBERGEMENT 4 PETITS DEJEUNERS

Départ le mercredi soir, 30 avril, à 22H de la Place du Châtelet en autocar à sièges inclinables. Traversée CALAIS-DOUVRES en bateau. Arrivée à Londres vers 8H, le jeudi matin.
Tour commenté de la ville le jeudi soir de 18 H à 19H 30.
Excursion le vendredi à WINDSOR et OXFORD de 9 H 30 à 18H.
Samedi et dimanche libres; départ à 17 H le dimanche et arrivée à Paris vers 5 H 30 le lundi 5 mai.

1 *Questions*
a Name one thing you get extra if you pay 620F.
b Which day of the week does the trip leave?
c At what time?
d Which special feature about the coach is mentioned?
e What is arranged for the Thursday evening?
f When does the excursion to Windsor and Oxford take place?
g How long does it last?
h What is arranged for the Saturday?
i How long does the return trip London–Paris take?
j Which day of the week does the coach arrive back in Paris?

2 Now make up some questions in French about the leaflet. For example:

Quelle est la date du départ?

À quelle heure est-ce que l'autocar part de Paris?

Pour aller en Angleterre, quelle traversée est-ce qu'on fait?

Then, working in pairs, ask your neighbour these questions.

3 Written work

Using the leaflet as a model, write (in French) a similar advertisement for a trip to either:

a your home town or region; or

b a tourist centre such as Canterbury or York; or

c Paris.

Avoir **expressions**

Use one of the *avoir* expressions below to complete the sentences, then write the English underneath:

avoir chaud   avoir peur (de)

avoir envie (de)   avoir soif

avoir faim   avoir sommeil

avoir froid   avoir tort.

a Elle va manger un gros sandwich. Elle _____ .

b Vous _____? Venez près du feu.

c Il boit un grand verre de limonade. Il _____ .

d Le Centre Georges Pompidou est à Marseille? Ah non, monsieur, vous _____ !

e Quelle journée fatigante! J' _____ .

f Si vous _____ d'aller à la Tour Eiffel, prenez le Métro.

g Oh, je ne veux pas monter au sommet de la Tour, j'_____ des ascenseurs.

h Oh là là, j' _____ ! Je vais enlever mon manteau.

Le voyage retour

On page 111 there was a description of a group of French school children coming on an exchange visit to England. The following passage is about their return journey to France. Read it through, then do the exercises.

À 14h 30 nous sommes de nouveau réunis à la gare de Bradford. Les sourires sont rares car nous venons de passer un séjour très agréable. Le quai se couvre de petites flaques de larmes. Toutes les familles anglaises sont là, faisant leurs adieux. À 15h chacun se dirige vers le train et quelques minutes plus tard nous sommes en route pour Leeds. Nous y arrivons vers 15h 30 et une demi-heure plus tard nous prenons le train pour Londres. Nous profitons de cette attente pour nous promener sur le quai. Et nous revoilà dans le train. Nous arrivons rapidement à la gare de Londres King's Cross. Un quart d'heure de métro et nous nous retrouvons à Victoria Station. Nous nous dirigeons vers Douvres. À la suite d'une erreur de train, nous devons attendre une demi-heure avant de prendre le bateau.

Il est minuit. La mer est agitée, la lune monte et descend dans le ciel au rythme des estomacs sur les flots. Les tasses de thé, bien pleines, glissent gracieusement sur les tables;

les oeufs sur le plat en font autant, le blanc d'un côté, le jaune de l'autre. Nous marchons comme si nous étions ivres.

En arrivant en France, bien fatigués, il nous faut marcher le long d'un couloir interminable poussant nos valises du pied, avant d'arriver à la douane, où, Dieu merci, tout se passe bien.

Nous prenons le train à Dunkerque en direction de Paris. Après être arrivés à la gare du Nord, nous prenons le métro pour aller à la gare d'Austerlitz. À 8h 30 nous sommes en route pour Brive, où nous arrivons à 14h pour changer de train. Il nous faudra encore une heure pour arriver à Égletons où nous sommes attendus par nos parents. Malgré la fatigue, nous voulons raconter tous les détails de notre voyage qui nous laisse un très bon souvenir. De toute façon, nous reverrons bientôt nos amis anglais puisqu'ils viennent au mois d'octobre.

1 *Questions*
a À quelle heure sont-ils arrivés à la gare de Bradford?
b Étaient-ils contents de partir?
c À quelle heure ont-ils pris le train pour Londres?
d Qu'est-ce qu'ils ont pris pour aller de King's Cross à Victoria?
e De quel port sont-ils partis pour traverser la Manche?
f Comment était la traversée?
g Qu'est-ce qu'il fallait faire avant d'arriver à la douane?
h À quelle gare sont-ils arrivés à Paris?
i À quelle heure sont-ils arrivés à Brive?
j À quelle heure sont-ils arrivés à Égletons?
k Qui les y attendait?
l Quand allaient-ils revoir les jeunes Anglais?

2 Fill in the blanks with the appropriate possessive adjectives (*mon, ton,* etc.):
a Les jeunes Français sont contents de _____ séjour à Bradford.
b Chaque élève français dit 'au revoir' à _____ famille anglaise.
c 'Nous allons prendre _____ train à quatre heures' dit Alain Thibeau.
d 'J'ai perdu _____ bagages', a crié un des élèves.
e Ils reverront bientôt _____ amis anglais.
f 'Alors, parle-moi un peu de _____ amie anglaise' a demandé un des parents.

Composition: *Vacances en France*
Write an essay of about 120 words on the following subject.

During the Easter holidays you visited France. As you were not able to meet during your trip, write to your French pen-friend giving an account of your stay.

You could mention whether it was a family holiday or a school visit, how you travelled, what the journey was like, where you stayed, what you saw and did.

La bonne bouche

a What form of transport does this timetable refer to?

b What does *sauf dimanche et férié* mean?

c After the 13h 20 to Dinan there are the words *période scol.* What do they mean, and why do you think there should be an extra service at this time?

d Why doesn't the 13h 20 to Dinan run on *mercredi et samedi*?

e Whereabouts in France are the places mentioned on the timetable?

Extra

Using the Imperfect and Perfect tenses

In Unit 12, you practised making sentences containing a verb in the Imperfect tense to express continuous action, like this:

Quatre personnes attendaient à l'arrêt quand l'autobus est arrivé

(Four people were waiting ...)

Notice that the verb which interrupts the continuous action (i.e. the bus arrived) is in the Perfect tense.

1 Revise the formation and use of the Perfect tense (Reference Grammar, page 333).

2 Revise the formation and use of the Imperfect tense (Reference Grammar, page 333).

3 Write out these sentences, putting the first verb into the Imperfect tense and the second into the Perfect. Then give the English version of what you have written underneath.

a Je (sortir) de la gare Saint-Lazare quand je (rencontrer) un camarade de classe.

b Je (traverser) la rue quand un taxi me (manquer) de peu.

c Je (regarder) un plan de la ville quand un agent de police (s'approcher) de moi.

d Je (monter) dans un autobus quand je (glisser) sur une peau d'orange.

e Je (lire) tranquillement mon guide devant Notre Dame quand il (commencer) à pleuvoir.

f Je (acheter) un ticket de métro quand je (laisser) tomber tout mon argent.

g Je (entrer) dans le Centre Georges Pompidou quand on (crier) 'On ferme!'

h Je (retourner) à la gare Saint-Lazare quand je (se perdre).

i Je (prendre) une bière au buffet de la gare quand on (annoncer) le départ de mon train.

j Je (dormir) dans un coin du compartiment quand le contrôleur (demander) à voir mon billet.

4 Here are some sentences similar to those in Exercise 3. This time, put the first verb into the Perfect tense, the second into the Imperfect and link the two halves with *parce que* (because). When the subject of the verb is not indicated, you can choose who is doing the action. When you have made your sentence, write the English version of it underneath. For example:

(se lever) de bonne heure ... (devoir) attraper le train de 7h.

Annick s'est levée de bonne heure parce qu'elle devait attraper le train de 7h.

(Annick got up early because she had to catch the 7 o'clock train)

a (décider) d'aller à Paris ... (vouloir) revisiter les monuments.

b (prendre) le train ... ce (être) moins cher.

c (consulter) un plan de la ville ... ne pas (savoir) par où commencer.

d (s'asseoir) à la terrasse d'un petit café ... (être) fatigué.

e (commander) un grand verre de limonade ... (avoir) soif.

f À midi (chercher) un restaurant self-service ... (avoir) faim.

g (rester) longtemps devant le Centre Georges Pompidou ... un guitariste (jouer) de la musique.

h ne pas (entrer) dans la cathédrale de Notre Dame ... il y (avoir) trop de monde.

i ne pas (visiter) le Louvre ... il (être) fermé ce jour-là.

j (retourner) en vitesse à la gare ... le train (aller) partir à 20h 55.

5 Now look back at the photos of Jean-Pierre's visit to Paris (pages 167–70) and write in French as much as you can about what was happening.

a Quand Jean-Pierre est arrivé sur le quai (Photo 1)

b Quand le bus est arrivé (Photo 3)

c Quand Jean-Pierre est sorti du Métro (Photo 7)

d Quand il est arrivé devant les étalages des bouquinistes (Photo 8)

e Quand il est allé consulter le plan du Métro (Photo 9)

Rôle-playing exercises: *Débrouille-toi!*

In the following situations
— work out the questions you will need to ask;
— try to anticipate the answers and information you may be called on to supply.

1 Yesterday you lost your umbrella, probably on the 8.20 a.m. Esbly–Paris train. You go to the lost property office: greet the clerk and say that you have lost your umbrella.

2 As part of an exchange, you have a French pupil staying in your home.
— ask if he/she is all right and sort out any difficulties;
— find out what he/she wants to do.

3 You are on a camping holiday in France. You arrive at a site and decide you'd like to stay for two nights. There are five of you. You haven't booked and you have a caravan and a tent. Start by asking if there are any pitches free.

4 Staying in Paris, you have lost a bag containing your rail ticket, passport and some clothes. You don't know where. You go to a police station and explain. Start by saying that you have lost your bag.

Pair Work. One person plays the rôle you have just prepared while the other responds as indicated on page 326. (Don't let your partner see what is written there!)

Lettre à un hôtel
Your sister has just returned from a holiday in Paris and when she unpacks, finds that two dresses and a skirt have been left behind in the wardrobe of the hotel room. Write a letter for her describing the articles, explaining where they were left, asking for them to be sent on and offering to pay the postage. The address of the hotel is:

    Hôtel Maubert
    Place de la Madeleine
    75008 PARIS

Write about 100 words.

Point final

As you walk about Paris or other French towns, you will see these instructions ... and you may well need to use the service they provide!

a Where do you think these instructions appear?
b How much does the service cost?
c How do you know whether someone is inside or not?
d Is it available for use at 8.30 p.m.?
e Which instruction might cause problems for your 8 year-old sister?
f What do you do if you put in your money and nothing happens?

Shopping

This Unit is all about shops and shopping. You will learn the names of shops, what they sell, how to recognise them and practise buying things, especially food. When you have finished the Unit, you will be familiar with expressions of quantity, weights and prices, and you will know how to say *some* and *any*.

		rue Édouard Qu
	fruiterie	poissonnerie
		boucherie
		fruiterie
		parfumerie
		fleurs
		charcuterie
souvenirs		boucherie chevaline
boucherie		lingerie
fruiterie		fruiterie
poissonnerie		boucherie
quincaillerie		fruiterie
crémerie		boulangerie/pâtisserie
bar 'les Papillons'		
rue Daubenton		épicerie libre-service
rôtisserie		
poissonnerie		charcuterie
vêtements de femme		café-tabac
	rue Mouffetard	serrurerie
crémerie		maroquinerie
fruiterie		bar 'le Mouffeta
rue de		l'Arbalète
pharmacie		

Une rue parisienne

La rue Mouffetard is a busy little street on the edge of the
Latin Quarter in Paris. It has lots of interesting shops,
especially ones selling food, and it is possible to buy most
things there. Part of the street is shown on the plan. Look at
the layout of the street. then complete the statements
referring to it.

1 *Complétez* (1)

a Il y a une _____ au coin de la rue
Édouard Quénu.

b Entre le bar 'les Papillons' et la quincail-
lerie, il y a une _____ .

c La lingerie est en face d'une _____ .

d Il y a un magasin libre service, c'est une

_____ .

e Le café-tabac se trouve entre une
_____ et une _____ .

f À côté du magasin de souvenirs il y a une

_____ .

g La boulangerie est aussi une _____ .

h À l'angle de la rue Mouffetard et la rue de
l'Arbalète il y a un _____ .

i Au milieu de la rue, toute seule, il y a une

_____ .

2 *Complétez* (2)

a Pour acheter des pommes, des bananes ou
des poires, il faut aller à la _____ .

b Pour acheter du bifteck, des côtelettes de
porc ou du gigot de mouton, il faut aller à la

_____ .

c Pour acheter du sucre, du café ou du thé, il
faut aller à l'_____ .

d Vous voulez du pâté, du saucisson ou du
jambon fumé? Allez donc à la _____ .

e Vous voulez des aspirines? Allez à la

_____ .

f Vous voulez de la crème? Allez à la

_____ .

French shop signs

A tobacconist's shop in France *(un tabac)* can
be recognized by the red cigar-shaped sign
outside (you can see one in two of the pictures
of the rue Mouffetard). It is useful to
remember that as well as cigarettes and
tobacco, these shops also sell postage stamps.
The one in the rue Mouffetard is a café as well.

183

Two other shops which can be identified by their signs are the *boucherie chevaline* and the *pharmacie*. The *boucherie chevaline* sells only horsemeat, which tends to be cheaper than beef and is quite popular with French people. The shop can be recognized by a gold horse's head outside. The *pharmacie* has for its sign a snake inside a green cross. It sells medicines, but not things like films and cosmetics normally stocked by chemists' shops in England.

Partitive articles
As you will have seen from the exercise above, to say *some* (or *any*) you use *du, de la* (sometimes *de l'*) or *des*. You might say, for example:

J'ai acheté *du* café, *de la* crème, *de l'*eau minérale et *des* pommes. (*some* coffee, *some* cream, *some* mineral water, *some* apples)

Or you might ask

Bonjour madame, vous avez *du* fromage italien? (*any* Italian cheese)

To say *not any*, though, is much easier, because you don't have to remember whether the word is masculine, feminine or plural. All you use is *de*. So you might say:

... mais je n'ai pas acheté *de* pommes de terre et je n'ai pas acheté *de* thé.

Or you might hear:

Je regrette, mademoiselle, je n'ai pas *de* fromage italien aujourd'hui.

Expressions of quantity
After expressions of quantity, such as *a lot of* ..., *a litre of* ..., *a tin of* ..., etc. always use just *de* or *d'*. For example:

Il y a *beaucoup de* poires au marché. (*a lot of* pears)

J'ai *assez d'*argent (*enough* money) pour acheter *une bouteille de* vin. (*a bottle of* wine)

Ne mange pas *trop de* gâteaux! (*too many* cakes)

Un kilo de pommes de terre et *la moitié d'*un melon s'il vous plaît. (*a kilo of* potatoes ... *half* a melon)

Going shopping
In Exercise *Complétez (2)* you saw *à la boucherie*, etc. for *to* (or *at*) *the butcher's*. An alternative way of saying *to* or *at* shops is to use *chez* followed by the person who has the shop. So you could say either:

Je vais *à la charcuterie* } *to the*
or Je vais *chez le charcutier* } *delicatessen*

Sometimes you *have* to use *chez*, because there is no easy alternative:

chez le fleuriste (to/at the florist's)

For practice try these. Go through this shopping list and say where you bought the produce (use either *à la* or *chez*). For example:

J'ai acheté du pain à la boulangerie; or
J'ai acheté du pain chez le boulanger.

a	du pain
b	des fruits
c	de la viande
d	des harengs
e	du fromage
f	des fleurs
g	des légumes
h	du parfum
i	du lait
j	du sucre
k	du saucisson
l	des éclairs

Où sont-ils? Qu'est-ce qu'ils achètent?
Listen to the eight remarks, each of which is repeated, and say where the shopper is and what he or she is buying. For example, you might hear:

'Un kilo de poires, s'il vous plaît.'

So you would answer:

Il est *chez le fruitier* (or *à la fruiterie*). Il achète *des fruits*.

Pour la plus belle fête de l'année

A *réveillon* is a special meal eaten late at night. There are two occasions on which French people have *réveillons* — after midnight mass on Christmas Eve *(la Veille de Noël)* and on New Year's Eve *(la Saint-Sylvestre)*. The Christmas *réveillon* takes place at home, so that in the weeks leading up to Christmas, newspapers carry advertisements from shops and supermarkets offering a wide range of good things to eat and drink. This list is from one such advertisement. Read it through, then do the exercises.

CHARCUTERIE

Jambon d'Auvergne sec	le kg	51,90
Escargots frais pur beurre, calibre moyen	les 12	21,90
Saucisson brioché pur beurre	la pièce de 400g	27,40
Foie gras truffé 3%	le kg	270,00

BOUCHERIE

Gigot d'agneau	le kg	52,00
Dinde fraîche, prête à cuire	le kg	27,80

ÉPICERIE

Haricots verts AMAZONE extra fins	la boîte	8,75
Pois extra fins d'AUCY 450g	le bocal	6,75
Abricots au sirop	la boîte	5,80
Pêches au sirop	la boîte	5,30
Cocktail de fruits	la boîte	6,75

CRÉMERIE

Roquefort PHÉNIX	le kg	52,80
Camembert de Normandie		8,95
Beurre FERMETTE doux et demi-sel, la motte de 500 g		19,00
Crème épaisse, pot de 50cl.	le pot	9,95

BOISSONS

Champagne CANARD DUCHÊNE, Royal Star brut, la bouteille	80,60
Beaujolais Villages BÉRANGÈRES PASQUIER DESVIGNES, 75cl.	25,40
Côtes du Rhône, B. DEFFOREY, 75cl le lot de 2	16,70
Sancerre A.C. 1980, 70cl	35,50
Sylvaner STROHL, 70cl le lot de 2	27,50

1 Answer in English:

a What four products are advertised in the DELICATESSEN section?

b What is on offer in the BOUCHERIE section?

c What two vegetables are mentioned under GROCERY?

d In what sorts of containers are they sold?

e What two types of fruit are being promoted?

f What two kinds of cheese are mentioned under DAIRY PRODUCE?

g What do you think is the difference between *doux* and *demi-sel* butter?

h What do you think *crème épaisse* is?

i All the drinks mentioned under BOISSONS are types of ... ?

j Which parts of France do you think the first three drinks come from?

2 *Vous allez au supermarché ...*

a ... et vous regardez les prix. *Le jambon d'Auvergne coûte 51F90 le kilo.* Combien coûtent:

le gigot d'agneau?
les petits pois?
le cocktail de fruits?
le beurre?
le Sancerre?

b ... et vous achetez:

un saucisson;
2 kilos de gigot;
2 boîtes de haricots;
500 grammes de roquefort;
une bouteille de beaujolais.

Combien payez-vous?

Vous donnez à la caissière deux billets de 100 francs et une pièce de 10 francs. Combien de monnaie recevez-vous?

c ... parce que vous voulez acheter des provisions pour offrir un dîner surprise à vos parents. Vous avez 200 francs.

Qu'est-ce que vous décidez d'acheter? (Faites une liste et mettez le prix contre chaque article.)
Combien payez-vous?
Combien de monnaie recevez-vous?

3 *Ah, ces prix!*

Using *plus, moins* or *aussi ... que*, write sentences comparing the prices of these articles (don't forget to make *cher* agree!). For example:

le gigot ... la dinde
Un kilo de gigot est plus cher qu'un kilo de dinde.

a le foie gras ... le jambon

b les petits pois ... les haricots

c les pêches ... les abricots

d le cocktail de fruits ... les petits pois

e le roquefort ... le camembert

f le champagne ... le beaujolais

g le sylvaner ... le Côtes du Rhône

Quel ... ?

In most of the Units so far you have answered questions which started with *quel* (or *quelle/quels/quelles*) ... ? where the English is *what* ... ?

Quel est votre nom? (*What* is ... ?)
Quelle est la date de votre anniversaire? (*What* is ... ?)

or where the English is *which* ... ?

Quel programme préférez-vous? (*Which* programme ... ?)
Quelles pièces se trouvent au rez-de-chaussée? (*Which* rooms ... ?)

Quel is an adjective and so it must agree. Its forms are as follows:

	singular	*plural*
Masc.	quel	quels
Fem.	quelle	quelles

For practice, fill the blanks in the following questions with the correct form of *quel* and then write the English underneath:

a _____ fromage préférez-vous? — Le camembert.

b _____ jambon allons-nous acheter? — Le jambon d'Auvergne.

c _____ vins sont les meilleurs? — Les vins français.

d _____ bière boit-on? — La bière allemande.

e _____ cigarettes fumez-vous? — Les Gauloises.

f _____ pommes sont les moins chères? — Les golden.

Celui qui ...

Sometimes you will need to answer a question starting *Which ... ?* by saying *The ones which ...* For example:

Which apples do you want?

The ones which cost 5F 50 a kilo.

To say *the one(s) which ...* you would use one of the forms of *celui*:

	singular	*plural*	
Masc.	celui	ceux	followed by
Fem.	celle	celles	*qui*

So:

Quelles pommes voulez-vous? would receive the answer:

Celles qui coûtent 5F 50 le kilo

1 Now look at the supermarket shelves in the picture:

If you were asked which peaches you wanted:

Quelles pêches voulez-vous?

you could pick them out by their price:

Celles qui coûtent 5F 90 la boîte.

Using these examples as a guide, work out questions about the following articles, asking which is wanted, then give the answer by saying 'The one(s) which cost(s) ...'

a table wine	... 5F 50 a bottle
b mineral water	... 4F 90 a bottle
c apricots	... 6F 00 a tin
d beans	... 9F 00 a tin
e carrots	... 5F 50 a tin

2 When you have checked your answers, practise *quel* (etc.) and *celui qui* (etc.) further by working in pairs. Take it in turns to ask what articles your partner wants and to give answers, identifying the articles by their price.

187

À vendre ...

The following advertisements appeared in the Miscellaneous
Sales column of a French newspaper. Read them through,
discuss them orally with your teacher, then do the exercises.

1 M Monceau vend aquarium Juwel, 240 litres, avec accessoires complet, sable et roches. 750F. Tél. 864.40.26 après 18 heures.

2 Vends matériel boucherie, coupe-jambon et balance électriques, vitrine réfrigérée, etc. 13, rue Saint-Antoine, Lyon. Tél. 859.36.22. Prix à débattre.

3 Vends sauna finlandaise individuelle, bois, 1,200F, prix commerce 3,500F, efficace maigrir et rester en forme. Tél. matin au 842.00.56.

4 Vds télé noir et blanc, 2 ans $\frac{1}{2}$, très bon état, px 850F, marque 'ITT'. Tél. 885.50.77 le soir.

5 Vends frigidaire 200 litres Indesit, état neuf, 600F. M Fournier, 3 Quai Champonneau, Lyon 9e.

1 *Questions*
a M Monceau, qu'a-t-il à vendre?
b Et M Fournier, qu'est-ce qu'il veut vendre?
c Qu'est-ce qu'on vend au 885.50.77?
d Quand faut-il téléphoner à ce numéro?
e Le vendeur du frigidaire, combien d'argent demande-t-il?
f Trouvez-vous que c'est cher?
g Le prix de commerce de la sauna est de 3,500F. Quel est le prix demandé?
h Pour quelles raisons peut-on acheter la sauna?
i Que savez-vous du téléviseur?
j Combien d'eau est-ce que l'aquarium contient?
k Comparez la capacité de l'aquarium et la capacité du frigidaire.
l Où voit-on normalement un coupe-jambon?
m Quel est l'article le plus cher?
n Et quel est l'article le moins cher?

2 *Moi, je voudrais vendre ...*
You want to sell some articles through the
same newspaper. Using the examples you
have seen as a guide, write the advertisements as you think they would appear on
the page. Here are the details:
a 'Wonder' electric lawn mower, in good
condition, 1$\frac{1}{2}$ years old, price 550F. Ring
after 7 pm. (Make up a telephone number.)
b Two armchairs, brown leather, as new, v.
comfortable. Price negotiable. Ring (the
phone number) in the morning.
c Typewriter, brand Olympia, new price
1,700F, asking price 850F. Ring (the
number) between 8 pm and 10 pm.
d Make up some more of your own.

3 *Moi, je voudrais acheter: ...*

You are thinking of setting up your own butcher's shop with limited funds and are looking for second-hand equipment. Advertisement 2 seems to offer just what you need. You ring up the vendor to make enquiries. Complete the conversation by supplying what you would say:

Vous: ...

Lui: Oui, c'est le 859.36.22.

Vous: ...

Lui: Oui, le matériel est encore à vendre.

Vous: ...

Lui: Je le vends parce que je prends bientôt la retraite — j'ai 66 ans.

Vous: ...

Lui: Oui, je vous montrerai l'équipement avec plaisir. Vous êtes libre quand?

Vous: ...

Lui: Bon, alors je vous attendrai demain. À quelle heure?

Vous: ...

Lui: D'accord.

Vous: ...

Lui: Le prix? Dans l'annonce je n'ai pas mis de prix. Le prix de commerce de ce matériel est très haut, vous savez, mais je ne suis pas difficile. Mettons 4,000 francs le tout. C'est trop cher?

Vous: ...

Lui: Oui, vous déciderez demain, quand vous verrez le matériel. Alors au revoir mademoiselle/monsieur, et à demain.

Vous: ...

En

In Unit 4 of the course, we introduced the pronouns *le, la* and *les* meaning *him, her, it* and *them*. A similar pronoun, this time meaning *some* or *any*, is *en*. It normally replaces words and phrases which have a partitive article (*du, de la, de l', des* or *de*) in front of them. So if you asked:

Vous avez *de la salade*?

you would probably hear in reply:

Oui, j'*en* ai. (Yes, I have *some*); or

Non, je n'*en* ai pas. (No, I haven't *any*)

En can also mean *of them* in answers to questions which start with *Combien de*. For example:

Combien de soeurs avez-vous?

J'*en* ai deux . (I've two *of them* — or, more simply, I've two)

Combien de pièces est-ce qu'il y a dans votre maison?

Il y *en* a sept . (There are seven *of them* or There are seven)

For practice try these. Answer the questions using *en*:

a Mangez-vous souvent de la salade?

b À quel repas est-ce qu'on mange de la céréale en Angleterre?

c Dans quelle sorte de magasin est-ce qu'on voit du fromage?

d Et où voit-on du poisson?

e Où achète-t-on du saucisson?

f Combien de centimes est-ce qu'il y a dans un franc?

g Combien de grammes y a-t-il dans un kilo?

h Et combien de grammes y a-t-il dans une livre? (une livre = un demi-kilo)

i Combien de centilitres est-ce qu'il y a dans un litre?

j Combien de mètres y a-t-il dans un kilomètre?

Rôle-playing exercises

Imagine that you are shopping at a baker's in France. The conversation might go something like this:

Employé(e):	Bonjour monsieur/ mademoiselle. Vous désirez?
Vous:	Deux baguettes, s'il vous plaît.
Employé(e):	Les voilà. Et avec ça?
Vous:	C'est combien, les tartes aux fraises?
Employé(e):	Huit francs la pièce.
Vous:	Alors, j'en prendrai deux.
Employé(e):	Voilà monsieur/mademoiselle. C'est tout?
Vous:	Oui, merci. Ça fait combien?
Employé(e):	Ça fait 22F 50.
Vous:	Je regrette, je n'ai pas de monnaie. (Vous lui donnez un billet de 100F.)
Employé(e):	Ça ne fait rien monsieur/ mademoiselle. Voilà. (Il/elle rend la monnaie.) Au revoir et merci.

For practice, try these. In each case you should:

> take the part of the customer;
> prepare possible answers the shopkeeper might give;
> check what you have prepared with your teacher;
> practise the conversations, working in pairs.

1
a Ask how much the peaches are.
b Say you will take three.
c Ask if he/she has any oranges.
d Ask for a dozen.
e Ask how much it comes to.
f Pay and take your leave.

2
a Ask how much the big box of chocolates is.
b Say it is too expensive and ask if there are any others.
c Say you will take the small box.
d Say you're sorry, you have no change, only a 100F note.

3
a Say you are looking for a present for your brother.
b Say he is 11 years old.
c Ask how much the football is.
d Pay for it and take your leave.

Chez le marchand de légumes

Look at the photo and do the exercises.

1 *Questions*
a Où se passe cette scène?
b Le marchand, qu'est-ce qu'il vend?
c La dame qui est près du marchand, que porte-t-elle à la main droite?
d Combien de personnes attendent devant l'étalage?
e Décrivez le monsieur aux lunettes.

2 What do you think the shopkeeper is saying to the customer?
Write down an imaginary conversation between them.

Chez le boucher

Look at the photo and do the exercises.

1 *Questions*
a Où se passe cette scène?
b Qu'est-ce qu'on vend ici?
c Combien de personnes y a-t-il?
d Décrivez l'homme à gauche.
e Qu'est-ce qu'il tient à la main gauche?
f Combien coûtent les côtes d'agneau?

2 What do you think the customer is saying to the shopkeeper?
Write down an imaginary conversation between them.

Composition: *Michel et Jeannine font des courses*

Write a story of 100–120 words based on the following pictures. Before you start, think about the hints you were given on pages 95 and 128 on essay-writing technique. Pay particular attention to the following points:

beginning the essay and linking the pictures together;
including direct speech;
using structures such as *en* and the present participle, *pour* and the Infinitive and *après avoir/être*.

Quelqu'un, quelque chose

Someone in French is *quelqu'un, something* is *quelque chose* (note that *quelque chose* is always written as two words in French). Look out for them in the crossword below.

Mots croisés

Horizontalement

1 On en vend à la charcuterie.
2 Où achète-t-on la viande?
3 Quelque chose qu'on achète à la crémerie.
4 'Je voudrais ___ sucre, s'il vous plaît'.
5 Avant de sortir, il faut payer à la ___ .
6 'Voici un billet de 100F. Je regrette, je n'ai pas de ___ '.
7 Vous voulez du camembert, du roquefort et du brie. Où allez-vous? À la ___ .
8 'Un paquet ___ biscuits, s'il vous plaît'.
9 Dans la rue Mouffetard, au coin de la rue Daubenton, il y a le ___ 'les Papillons'.
10 Naturellement, on en achète à la crémerie.
11 'Je voudrais du gigot d'agneau et ___ côtelettes de porc, s'il vous plaît'.

Verticalement

1 Pour acheter des gâteaux, allez à la ___ .
2 Quelqu'un qui vend le pain.
3 À l'épicerie, on peut acheter du café et du ___ .
4 Ici, on peut acheter tout!
5 Pour acheter du saucisson, allez ___ le charcutier.
6 'Le gigot coûte 29F 80 le ___ , madame'.
7 Quelque chose qu'on achète chez le fruitier.
8 100F la bouteille! Ce parfum coûte ___ !

194

La bonne bouche: *Jeu de mémoire*

Here is a photograph of some of the things a
French person might buy when out shopping.
Look at the photo and listen to the tape. Then
close your books and see how many of the
items you can write down, in French, from
memory.

Mots essentiels

1 Les magasins(m) — shops

la boucherie	butcher's
la boulangerie	baker's
la charcuterie	pork butcher's, delicatessen
la crémerie	dairy produce shop
une épicerie	grocer's
la pâtisserie	cake shop
la pharmacie	chemist's
le supermarché	supermarket

2 Les marchands(m) — shopkeepers

le boucher	butcher
le boulanger	baker
le charcutier	pork butcher
un épicier	grocer
le fruitier	greengrocer
le pâtissier	baker (cakes)
le pharmacien	chemist

3 Les marchandises(f) — goods

une aspirine	aspirin
la baguette	(long) loaf
la banane	banana
le beurre	butter
la bière	beer
le bifteck	steak
le bonbon	sweet
le café	coffee
la carotte	carrot
la confiture	jam
l'eau minérale(f)	mineral water
un escargot	snail
le fromage	cheese
le gâteau	cake
le gigot(d'agneau)	leg (of lamb)
la glace	ice cream
le haricot	bean
le jambon	ham
le lait	milk
le pain	bread
le parfum	perfume
la pêche	peach
la poire	pear
les(petits) pois	peas
le poisson	fish
la pomme	apple
la pomme de terre	potato
la salade	lettuce
le saucisson	sausage
le sucre	sugar
le thé	tea
la viande	meat
le vin	wine

4

la boisson	drink
la boîte	tin
la caisse	cash-desk
un étalage	display
faire des courses	to go shopping
la monnaie	change
payer	to pay for
le porte-monnaie	purse
le prix	price

Extra

A pedestrian is someone who ...

Earlier in this Unit you saw how *celui qui ...* is used to mean 'the one which ...'. It is also used, often in jokes, to mean 'someone who ...' or 'a person who ...'. For example:

Un piéton est *celui qui* a une femme, un fils adolescent et deux voitures.

Un idiot est *celui qui* n'est pas d'accord avec vous.

Using this pattern, make up definitions for the following:

un agent de police	un garçon de café
un boucher	un médecin
une coiffeuse	un professeur
une femme de ménage	une vedette de cinéma
	un voisin

Voyage d'hiver

This is an account of a Swiss person's journey from Geneva through the mountains to the French town of Annecy. The account was written in the past, using the Perfect and Imperfect tenses, which have now been replaced by Infinitives.

Le jour que nous (choisir) pour visiter Annecy (être) très froid. Nous (quitter) une Genève endormie sous un couvercle gris. Les douaniers au poste frontalier de Pierre Grand (refuser) de mettre le nez hors de leur maisonnette, et nous (signaler) de passer sans vérifier nos papiers. La même chose (se passer) à la fin de la zone – la région de France qui entoure Genève.

La montée du col de Mont-Sion nous (plonger) dans un brouillard épais qui (couvrir) les arbres et l'herbe en bordure de la route d'une forte couche qui (ressembler) à du sucre glace.

Une fois le col passé, la descente sur Annecy (être) splendide. Dans la vallée, le brouillard (glisser) dans une vaste mer de nuage, tandis que nous (rester) au soleil clair. À un tournant de la route, les Alpes au-dessus d'Annecy (apparaître), étincelantes de neige nouvelle. Dans le paysage mort, les larges fermes savoyardes (sembler) dormir, sous la protection de leur toit spécialement conçu pour laisser glisser la neige.

1 Rewrite the passage, replacing the Infinitives by the Perfect or Imperfect tense, as appropriate.

2 Décrivez un voyage d'hiver, réel ou imaginaire, que vous avez fait seul(e) ou en compagnie d'un/une camarade.

Sans

This stick-on sign is part of the French Health Education Committee's campaign against smoking.

LOI DU 9 JUILLET 1976

Comité Français
d'Education
pour la Santé

Notice how the French say 'without' doing something: *sans fumer* means 'without smoking'. So after *sans*, you just use the Infinitive of the verb.

1 What would these instructions mean?
a Entrez sans frapper
b Entrez sans sonner
c Entrez sans rien toucher

2 How would you say that ...
a they crossed the street without looking
b he left the café without paying
c she got up without finishing her meal
d he got on the bus without buying a ticket
e we went in without hesitating

3 Now make up five more sentences of your own using *sans* + an Infinitive.

Dans un grand magasin

If you are shopping in a French department store or large supermarket, it can be very useful to understand the various announcements that come over the loudspeaker system. What is being said here?

1 Where is Valérie?

2 Where should M Jacques go?

3 What are we told about closing time?

4
a Who is this announcement for?
b What should he do?
c Why?

5
a Who is wanted?
b Where?

6
a When is this offer available?
b In which department?
c What price reduction is there on the item mentioned?

7
a When will the store close?
b What are you asked to do?

8
a What are customers asked if they have thought about?
b What is on offer?
c How long does the offer last?

9
a What is being offered?
b What do you have to buy to get it?

10
a When does this offer apply?
b How much discount will you get?
c What goods is it on?

Histoires d'en rire

Read these shopping jokes, which recently appeared in a French newspaper, then answer the questions:

1

Un Belge entre dans un bureau de tabac et demande:
'Une paire de chaussures, s'il vous plaît?'
'Mais monsieur,' dit le vendeur, 'on ne fait que les articles pour fumeurs ...'
'Justement, je suis fumeur.'

a What shop is mentioned here?
b What does the customer want to buy?
c Belgians often figure in French jokes. According to the French, what characteristic are they supposed to possess?

2

Un type entre chez un fleuriste. Il voit une grande pancarte et il lit: Dites-le avec des fleurs! Alors il appelle la vendeuse et il lui glisse:
'Je voudrais des fleurs artificielles! C'est pour un mensonge ...'

a What did the notice in the shop say?
b What did the customer want and why?

3

En fin d'année, dans un grand magasin, une jeune femme affolée réussit à s'extraire de la foule et entre en courant dans le bureau des objets trouvés.
L'employé la dévisage, stupéfait: elle est vêtue seulement d'une veste verte et d'un petit slip blanc, et elle dit, à toute vitesse, 'Mon Dieu, Monsieur, rassurez-moi, je vous en prie! On ne vous a pas rapporté une jupe verte avec quatre gosses accrochés après?'

a When and where did this incident take place?
b Where did the young woman go?
c What was she wearing?
d What did she want to know?

Point final: Taxe à la Valeur Ajoutée

In France, as in this country, the rate of VAT is altered from time to time by the government. This notice appeared in a French supermarket shortly after the announcement of an increase in VAT on certain foodstuffs:

a What does the notice say about the prices of the items on the list?
b Chocolates and margarine appear on the list; what other items are mentioned?

Mots extra

la botte	boot
le bureau de tabac	tobacconist's shop
la femme de ménage	cleaning lady
frapper	to knock, hit
le goûter	tea
gratuit	free
le rayon	counter, department

Entertainments

The work in this Unit is based on leisure-time activities, such as watching television and going to the cinema. When you have finished it, you will be able to say what you like or don't like doing, talk about films you have seen, and inquire about the preferences of others.

Qu'est-ce qu'on va faire ce soir?

Here is what happens when a young French person (we don't really know whether it's a boy or a girl) is faced with an unexpected free evening. He (or she) discusses the possibilities with a brother (or is it a sister? We don't need to know, as only the first person's words are given). Eventually, as you'll see, the problem is easily solved. Read through the text, then do the exercises:

'Ce soir pas de devoirs, pas de travail. Les parents sont sortis. Qu'est-ce qu'on va faire? Tu as des idées, toi? ... Non? ... Alors passe-moi le journal ... . Bon, qu'est-ce qu'il y a à la télévision? ... voyons ... à huit heures trente-cinq sur TF 1 il y a un film: 'César et Rosalie' avec Yves Montand et Romy Schneider. ... Sur Antenne 2 c'est 'Jeux sans frontières' ... . Et qu'est-ce qu'il y a sur TF 3? ... Oh, c'est un programme d'histoire naturelle, 'Des animaux et des hommes'. Tu aimes les gorilles, toi? Non? Alors regardons un peu le cinéma. Qu'est-ce qu'on passe ce soir? ... Au Rex c'est 'L'Humanoïde' ... oui, je sais, tu n'aimes pas les films fantastiques ... et au Luxembourg on passe 'Macadam Cowboy'. Moi, je n'aime pas tellement les westerns ... . Est-ce qu'il y a un match de foot au stade ce soir? Ah oui, c'est vrai, on joue à Rouen ce soir ... Alors, on reste à la maison, ou on sort? On peut toujours passer des disques, tu sais, ou bien écouter la radio. Qu'est-ce que tu préfères faire? Tu préfères danser, peut-être, alors on peut aller à la disco, en ville ... . Attends, voilà le téléphone qui sonne, je vais répondre. ... Allô? Oui, c'est moi ... oh, rien de spécial, tu sais, on n'a pas encore décidé ... c'est vrai? ... chez qui? ... bon, on arrive. À bientôt alors, salut Jeanne. ...

'Écoute, les copains vont se réunir chez Philippe. On va passer des disques, danser, jouer de la guitare. Tu viens? Formidable. Allons-y alors.'

20.35	César et Rosalie

Film de Claude SAUTET (1972).

Avec : **Yves MONTAND**, (César), Ro SCHNEIDER (Rosalie), **Sami FREY** (Dav Umberto ORSINI (Antoine), **Éva MAl** MEINEKE (Lucie).

20.35	Jeux sans frontières

Emission de Guy LUX, Claude SAVARIT Roger LAGO.

20.30	Des animaux et des hommes

Les gorilles. Avec la participation d Pierre PFEIFFER et un couple, LUCAS qui ont vécu dans une colo de gorilles au Zaïre.

LE GRAND REX :
L'HUMANOÏD

LUXEMBOURG
MACADAM COW-BOY

1 If you were the young French person, how would you answer these questions?

a Vos parents restent à la maison ce soir?

b Quels programmes est-ce qu'il y a à la télévision ce soir?

c Et quels films est-ce qu'on passe aux cinémas?

d Aimez-vous les westerns?

e Est-ce qu'il y a un match de football au stade ce soir?

f Qu'est-ce que vous pouvez faire si vous restez à la maison?

g Et si vous allez en ville, qu'est-ce que vous pouvez faire?

h Qui vous a téléphoné?

i Qu'est-ce que vous avez décidé de faire, à la fin?

j Qu'est-ce qu'on va faire chez Philippe?

2 Now try *making* some questions — here are the answers:

a Oui, j'aime regarder la télé.

b Il commence à huit heures trente-cinq.

c Je préfère la télévision.

d On passe 'L'Humanoïde'.

e On peut danser à la disco en ville.

f Elle s'appelle Jeanne.

g Oui, on va passer des disques chez Philippe.

3 What are these people going to do this evening? Complete the answers:

a Moi, je préfère rester à la maison, je vais ...

b Et moi, j'aime sortir voir un bon western, je vais ...

c Jeanne n'aime pas les films; elle préfère danser, alors elle va ...

d Louis aime bien écouter la musique à la radio il va ...

e Philippe a acheté un électrophone; ce soir il va ...

f Gérard et André aiment beaucoup les films fantastiques, ils vont ...

4 *Comment ont-ils passé leur soirée?*
Find out what these people did yesterday evening ...

a Jean-Paul ...

b Brigitte ...

c Alain et Claire ...

d Moi, j' ...

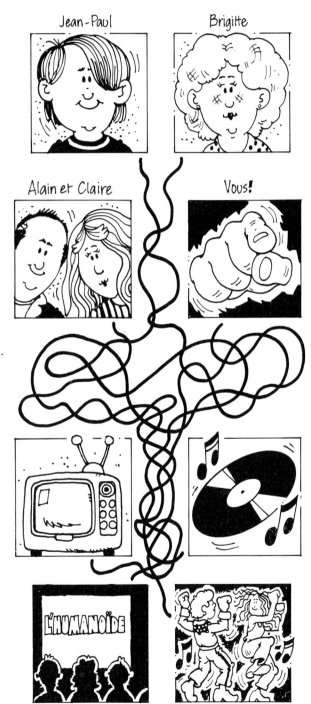

201

Une colonne Morris

Colonnes Morris are familiar sights in Paris. As you can see,
they are used to display posters advertising plays, concerts,
etc. They are named after a printer called Morris, the first
person to be granted the right to use them.

Look at the photo and answer the questions:

a Que voyez-vous au premier plan?
b Décrivez la colonne.
c Qu'est-ce qu'il y a derrière la colonne?

Now look at the *colonne Morris* itself.

d Quels animaux peut-on voir au cirque
    d'hiver?
e Qu'est-ce qu'on peut y voir aussi?
f Charles Aznavour est:
    A acteur
    B chanteur
    C acrobate
g Quand est-ce que son spectacle commence
    à l'Olympia?
h L'affiche en bas de la colonne annonce un
    programme:
    A sportif
    B cinématographique
    C musical

Radio and television in France

There are three television channels in France: TF (Télé France) 1, Antenne 2 and France Régions 3 as well as five radio wavelengths. France has no independent broadcasting authority, though French people can listen to commercial broadcasts from stations such as Radio-Télévision Luxembourg (RTL), Europe No. 1, Radio Monte Carlo, etc., which operate from just outside French territory.

Regardons la télé ...

Here is a page from a French magazine giving details of some of the evening's television programmes. Look at the details of the film 'La Loi c'est la Loi' and do the exercises:

1 *Questions*

a À quelle heure est-ce que le film commence?

b Combien de temps dure-t-il?

c C'est un film en noir et blanc ou en couleurs?

d C'est un western? C'est quelle sorte de film, alors?

e En quelle année est-ce que le film a été tourné?

f Est-ce que c'est un film anglais?

g Qui joue le rôle principal?

h Que fait Pastorelli dans la vie, quelle est sa profession?

i Comment s'appelle son rival?

j Et lui, qu'est-ce qu'il fait dans la vie?

2 *General questions*

a Comment passez-vous la soirée généralement?

b Quels sont vos passe-temps favoris? Donnez des détails.

c Aimez-vous beaucoup la télévision?

d Allez-vous souvent au cinéma? Combien de fois par mois?

e Quelles sortes de films préférez-vous? — les films fantastiques, les drames sentimentaux, les westerns, les comédies ... ? Pourquoi?

f Qui est votre vedette favorite?

g Avez-vous regardé la télévision hier soir? Qu'est-ce que vous avez vu? Donnez des détails.

3 *'La Loi c'est la Loi'*: the story

From the description *(Si vous avez manqué le début)* tell the story of the film in English. You could begin like this: 'Assola is a village in the Alps, on the frontier between France and Italy ... '

4 *Written homework*

Take a TV film you have seen in the last few days and, with the help of a newspaper or the 'Radio/TV Times', make notes on it in French for discussion in class. You might look for details like these:

anglais/américain/français
tourné en ...
en noir et blanc/en couleurs
film d'aventures/film sentimental/
film musical/comédie, etc.
dure ... minutes
la vedette/les vedettes
le sujet du film

Qu'est-ce qu'on va regarder?

Here are some more extracts from a French magazine with details of programmes on two of the three television channels. Read them through, then do the exercises.

HOMMAGE A JEAN SEBERG

18.20 **Bonjour tristesse**

Film d'Otto PREMINGER (1957).
Téléfilm.
Avec : Deborah KERR (Anne) ; David NIVEN (Raymond) ; Jean SEBERG (Cécile) ; Mylène DEMONGEOT (Elsa) ; Geoffroy HORNE (Philippe) ; Walter CHIARI (Pablo) ; Martita HUNT (la mère de Philippe) ; Elga ANDERSEN (Denise) ; Jean KENT (Mme Lombard) ; Roland CULVER (M. Lombard) ; David OXLEY (Jacques) ; Rémy BURNSHAM (Hubert) ; Tutte LEMKOW (Pierre Shube) ; Evelyne EYFEL (la bonne).

Cécile habituée à vivre dans la plus totale des libertés auprès d'un père veuf encore jeune et dont les maitresses successives ne posent pas de problèmes, voit d'un mauvais œil l'amour qui nait soudain entre Anne, qui était la meilleure amie de la mère de Cécile, et son père. Elle monte un petit complot dont les conséquences vont être catastrophiques...

20.35 **César et Rosalie**

Film de Claude Sautet. Musique : Philippe Sarde.
Avec : Yves MONTAND, Romy SCHNEIDER, Sami FREY, Umberto ORSINI, Eva Maria MEINCKE, Bernard LE COQ, Gisèle HAHN, Isabelle HUPPERT, Henri-Jacques HUET.

Depuis son divorce d'avec Antoine, un peintre, Rosalie vit avec César, un riche entrepreneur. Sûr de lui, ce dernier a tendance à considérer la jeune femme comme sa propriété. Au cours d'une soirée, Rosalie retrouve David, un jeune dessinateur qu'elle a aimé. David, toujours amoureux, le dit à César qui, au début, accepte le passage de Rosalie de l'un à l'autre. Puis se rendant compte de son propre amour, il va tout faire pour reconquérir la jeune femme.

22.20 **Jazz estival**

AU LINCOLN CENTER NEW YORK

Avec : Paul DESMOND, Joe WILLIAM, Benny GOODMAN, Gene KRUPA, Lionel HAMPTON, Teddy WILSON, Earl HINES, Barney BIGARD, Dizzy GILLESPIE, Count BASIE, Ella FITZGERALD, Duke ELLINGTON, Dave BRUBECK.

18.35   **Stade 2**

Présentation Robert Chapatte.
- **FOOTBALL :**
  Saint-Etienne–Nantes ; Nîmes–Monaco ;
  Buts français et étrangers ;
  Kristian SAND, l'adversaire de Strasbourg en Coupe d'Europe.
- **CYCLISME :**
  Dernière étape du Tour de l'Avenir.

20.35 | **Jeux sans frontières**

Emission de Guy Lux, Jean-Claude Savarit et Roger Lago.
Lieu : ESTORIL-CASCAIS (Portugal) ; Thème : « La corrida ».
Équipes : RORSCHAH (Suisse) ; ROCHEFORT-SAMSON (France) ; NOUAGORICA (Yougoslavie) ; EBOLI (Italie) ; EUPEN (Belgique) ; AICHACH (Allemagne) ; BURY (Angleterre) ; ESTORIL-CASCAIS (Portugal).

22.15   **Concert**
- Concerto pour flûte (Mozart).
Nouvel Orchestre Philharmonique. Chef d'orchestre : Emmanuel KRIVINE. Soliste : Andras ADORJAN.

22.45   **Chorus**

Emission d'Antoine de Caunes et Claude Ventura.
BACKSTAGE, groupe français, joue du rock blues et vient de Toulouse.
MOLLY HATCHET, groupe américain, vient de Jacksonville en Floride, joue du rock sudiste dans la lignée de Lynyrd Skynyrd et des Allman Brothers.

1 *Questions*

a Qu'est-ce qu'on peut regarder sur TF 1 ce soir? Et sur l'autre chaîne?

b Combien de films/de programmes de musique est-ce qu'on diffuse ce soir? Quelles sortes de musique peut-on écouter? Préférez-vous la musique classique, le rock ou le jazz? Quel est votre groupe/chanteur préféré?

c Donnez des détails sur le film 'Bonjour Tristesse'.

d Quels sports peut-on regarder sur la deuxième chaîne?

e À quelle heure commencent les 'Jeux sans frontières'? Combien de pays participent aux Jeux? Quelle ville représente l'Angleterre?

2 *Des émissions pour tous les goûts?*
A group of friends decide to spend the evening watching television. How would they answer the questions on their likes and dislikes?

		Caroline	Marie-France	Philippe	Roger
18.20/ 18.35	Bonjour Tristesse (film sentimental)	A	D	AB	N
	Programme sportif	AB	N	A	AB
20.35	César et Rosalie (film sentimental)	A	D	AB	N
	Jeux sans frontières	D	N	AB	D
22.15/ 22.20	Jazz	AB	AB	A	N
	Concert de musique classique	N	AB	AB	A

A = *adore*; AB = *aime beaucoup*; N = *n'aime pas beaucoup*; D = *déteste*.

a Caroline, aimez-vous les films sentimentaux? Et les sports, les aimez-vous?

b Marie-France, quels programmes ce soir sont bons? Quelles sortes d'émissions préférez-vous? Et quelles émissions aimez-vous le moins?

c Philippe, quelles sont vos préférences ce soir?

d Roger, quelle est l'émission que vous aimez le plus? Et le moins?

Now the choice is *yours* ...

e Quelle émission allez-vous regarder à six heures vingt/trente-cinq? Donnez des détails sur ce que vous allez voir.

f À huit heures trente-cinq préférez-vous le film ou les Jeux?

g Allez-vous écouter le programme de jazz ou de musique classique? Pourquoi?

Back to the group ...

h Quelles émissions est-ce que les copains vont regarder *probablement* ce soir ...

... à six heures vingt/trente-cinq?

... à huit heures trente-cinq?

Pendant que ...

In Unit 12 we introduced the Imperfect tense to describe something that was happening in the past. Often, particularly in essays, you will need to say '*While* something *was happening* ...' For this you would need *pendant que* followed by the Imperfect. For example:

Pendant que je regardais la télévision, le téléphone a sonné. (*While I was watching* television ...)

Pendant que les garçons jouaient au football, ils ont cassé une vitre. (*While the boys were playing* football ...)

As you would expect, the verb that interrupts the continuous action is in the Perfect: the telephone *rang*; they *broke* a window.

1 For practice, put the verbs in the sentences below into the appropriate tense (use the examples above as a guide), then write the English version underneath:

a Pendant qu'il (regarder) son programme favori, son ami (frapper) à la porte.

b Pendant que Marie-France (écouter) la radio, sa mère (entrer).

c Pendant qu'ils (attendre) le commencement du film, ils (manger) des bonbons.

d Pendant que Jean-Luc (danser) avec Yvette, il (marcher) sur son pied.

e Pendant que nous (acheter) nos billets, nous (voir) Antoine.

2 Now make similar sentences from the pairs of verbs below. Choose who you want (*je, il, elle,* etc.) to do the action of the verbs.

a marcher dans la rue ... rencontrer des camarades.

b travailler dans le jardin ... trouver une pièce d'or.

c courir à l'école ... perdre un livre.

d traverser la rue ... glisser sur une peau de banane.

e jouer près de la rivière ... tomber à l'eau.

L'embarras du choix: le cinéma

While on holiday in France with friends who don't speak much French, you decide to spend the evening at the cinema, to see what it's like. You buy a copy of 'France-Soir' to see what's on and look down the list of films ...

LA PERCEE D'AVRANCHES. 1978. 2h. Film de guerre américain en couleurs de Andrew Mac Laglen, avec Richard Burton, Rod Steiger, Robert Mitchum, Curd Jurgens.
A la fin de la 2ᵉ guerre mondiale, sur le front russe, un sergent allemand est accusé d'insubordination, alors qu'il tente avec ses hommes de protéger une gare où des blessés attendent un train pour l'Ouest.

LES SŒURS BRONTE. 1978. 1h55. Drame psychologique français en couleurs d'André Téchiné, avec Isabelle Adjani, Marie-France Pisier, Isabelle Huppert, Pascal Greggory, Patrick Magee.
Le jeune réalisateur André Téchiné a imaginé cette biographie de trois grandes romancières anglaises du XIXᵉ siècle. Une magnifique interprétation

THE KIDS ARE ALRIGHT. 1979. 1h40. Film musical anglais de Jeff Stein, avec les « Who ».
Ce film célèbre le phénomène de la réussite des « Who ». Plus qu'une rétrospective, c'est une exploration visuelle des grandes représentations et des événements fous qui constituent la légende des « Who ».

DANS LES PROFONDEURS DU TRIANGLE DES BERMUDES. 1978. 1h35. Film d'aventures américain en couleurs de Tom Kotani, avec Leigh Mc Closkey, Connie Selleca, Carl Weathers, Julie Woodson, Burl Ives.
L'île des Bermudes, contrée étrange est le cadre de cette aventure où un jeune homme tente de percer le secret d'une « chose » gigantesque qui rampe la nuit sur les plages. Int — 13 ans.

Une Partie de campagne. 1936. 1h30. Grand classique français de Jean Renoir, avec Sylvia Bataille, Georges Darnoux.
Sur les bords de la Marne, après un brin de canotage et deux doigts de cour, une jolie fille « faute » avec un beau garçon. Mais celui qu'elle épousera, c'est le boutiquier minable qui les accompagnait. Délicatesse du paysage, sensibilité de l'atmosphère et des acteurs, où se trahit la filiation « impressionniste » entre le peintre Renoir et son fils Jean.

MORT SUR LE NIL. 1978. 2h20. Film d'aventures américain en couleurs de John Guillermin, avec Peter Ustinov, Jane Birkin, Lois Chiles, Bette Davis, Mia Farrow, Jon Finch.
Un crime est commis sur un bateau qui descend le Nil. Hercule Poirot, le célèbre détective imaginé par Agatha Christie mène l'enquête.

BARRACUDA. 1977. 1h35. Film fantastique américain en couleurs, de Harry Kerwin, avec Wayne Crawford, Jason Evers, Roberta Leighton, Cliff Emich.
En Floride, une vague de terreur s'abat sur les habitants d'une petite ville. De drames en catastrophes, le pays va se trouver plongé dans l'angoisse. Int — 13 ans.

L'HUMANOIDE. 1978. 1h40. Film fantastique italien de George B. Lewis, avec Richard Keil, Corinne Clery, Leonard Mann, Barbara Bach, Arthur Kennedy.
Un savant fou rêve de détruire le monde grâce au monstre surnaturel qu'il a créé : l'homme aux mâchoires d'acier. Une nouvelle guerre des étoiles : aventure et science-fiction.

NOUS MAIGRIRONS ENSEMBLE. 1979. 1h40. Comédie française en couleurs de Michel Vocoret, avec Peter Ustinov, Bernadette Lafont, Catherine Alric, Sylvie Joly, Jacques Jouanneau.
Un metteur en scène très riche mais surtout beaucoup trop gros, cherche par tous les moyens à maigrir. Il sera la proie facile des docteurs, gymnastes et charlatans de tout poil. Une comédie à la française pour l'été.

LES 39 MARCHES. The thirty nine steps. 1978. 1h40. Film d'espionnage anglais en couleurs de Don Sharp, avec Robert Powell, David Warner, Eric Porter, Karen Dotrice, John Mills, George Baker.
La fuite d'un innocent impliqué dans une affaire d'espionnage. Une autre adaptation de la célèbre nouvelle « Les 39 marches » dont Alfred Hitchcock s'était également inspiré.

1 Answer your friends' questions ...
a Which of the films is a musical?
b Are any of them spy films?
c Are any of them war films?
d Which ones are French?
e Which ones are persons under thirteen not allowed to see?
f Which is the longest film?
g Which is the oldest?

2 What could you tell your friends about:
a 'La Percée d'Avranches'?
b 'Mort sur le Nil'?
c 'L'Humanoïde'?

3 A French friend who doesn't speak English rings up and asks what's on at the cinema. Choose *three* of the films in the list and tell him as much about them as you can. (Start by saying when each was made and how long it lasts. For example: 'Barracuda' est un film tourné en dix-neuf cent soixante dix-sept. Il dure une heure trente-cinq minutes. L'histoire se passe aux États-Unis, en Floride ...).

Composition: *Une visite au cinéma*

After you have done some oral work on the series of pictures with your teacher ...

Either write a composition of about 140 words describing what happens. If you wish, you may imagine that you are one of the characters in the story. Your teacher will advise you whether to use the Present tense or whether your story should be in the Past.

Or write a letter of about 100 words to a friend describing your visit to the cinema the evening before.

Or imagine the conversation between the two friends in the Café Olympic after the show. Write about 100 words.

You will find the following expressions useful:
    acheter/prendre les billets
    la séance de 19h 45
    une place
    donner un pourboire à l'ouvreuse
    pendant l'entr'acte

La discothèque

Look at the sign, then do the exercises:
1 *Questions*
a What is the name of the club?
b What would you expect to do there?
c What time does it open?
d Until when does it stay open?
e *Tous les jours* means *every day*. But is the club in fact open every day?

2 Imagine you are having a conversation with a French friend, based on the following outline, about plans for the evening. Work out what you will say and possible answers he/she might give. Then practise the conversation, working in pairs.
a Tell your friend you are going to the 'Club 55' this evening and ask him/her if he/she wants to come.
b Tell him/her the club opens at 8 pm.
c Tell him/her that one can dance or listen to records.

CLUB ZED
Discothèque dansante
tous les Jours de
22ʰ30 à l'Aube...
Fermé le Lundi

Le vol

Yesterday evening a large sum of money was stolen from one of the flats in the block where you live. In the course of his enquiries, Inspector Delouzet calls to ask you about your movements between eight o'clock and midnight. Answer him in the way suggested ...

Delouzet: Bonsoir, monsieur, je m'appelle Delouzet, inspecteur de police. Vous savez, sans doute, qu'hier soir on a volé une somme importante d'argent chez les Dupré, au cinquième?

Vous: Eh bien oui ... (Tell him yes, you know, you read it in the paper.)

Delouzet: Ah bon, vous l'avez lu dans le journal. Alors, vous permettez que je vous pose des questions sur ce que vous avez fait hier soir ... purement pour la forme, vous savez ...

Vous: (Tell him yes, if he wants.)

Delouzet: Vous habitez seul?

Vous: (Yes.)

Delouzet: Et comment avez-vous passé la soirée hier, entre huit heures et minuit? À quelle heure êtes-vous rentré du travail?

Vous: Eh bien ... (Tell him about 6.30.)

Delouzet: Et qu'avez-vous fait alors? Vous avez mangé, sans doute?

Vous: Naturellement. (Tell him you prepared your dinner — a pork chop and chips with some salad and then some cheese ...or something else, if you prefer.)

Delouzet: Bon, et ensuite ... ?

Vous: Ensuite ... (Tell him you listened to the radio, smoked a cigarette and read the paper.)

Delouzet: Alors vous avez passé toute la soirée chez vous?

Vous: Non, Monsieur Delouzet ... (Tell him that at 8 o'clock you went to the cinema.)

Delouzet: Ah, vous êtes allé au cinéma. Seul?

Vous: (Tell him yes, alone.)

Delouzet: Et vous avez vu quel film?

Vous: (Tell him that you saw 'Ne tirez pas sur le dentiste' at the Odéon, and after the film you caught the bus to come back home.)

Delouzet: Et c'est à quelle heure exactement que vous avez pris le bus pour rentrer?

Vous: (Tell him you caught the bus at ten minutes past midnight.)

Delouzet: C'est sûr?

Vous: (Tell him yes, there's no doubt about it. The film finished at midnight)

Delouzet: Et c'est à minuit juste qu'a commencé la grève des chauffeurs de bus, monsieur ... Vous voulez changer d'histoire? Vous pourrez me le dire quand nous arriverons au commissariat ...

Vous: !* * *!

Qu'est-ce qu'on va faire?

Listen to the tape and look at the questions. Your teacher will tell you when to answer them.

1 *La discothèque*
a Where is the disco this evening?
b When does it start?
c What does Jean-Pierre offer to do?
d How long has he had his driving licence?

2 *Le cinéma*
a Where are they showing a Western?
b What time does 'Trafic' start?
c Where does Vincent suggest they meet?

3 *Le match*
a Where does Odile suggest they watch TV that afternoon?
b What does she want to watch?
c What does she tell Jean-François to try and do?
d What does she tell him to bring with him?

La bonne bouche

Look at the publicity notice for the Mourguet Puppet Theatre in Lyon.

a What show is being put on?
b Apart from Wednesdays and Sundays, when is it on?
c How many performances are there each day?
d What is the date of the first performance?
e Whereabouts in Lyon is the rue Louis Carrand?

THÉATRE GUIGNOL MOURGUET

Rue Louis Carrand - Près Place St-Paul

Tous les MERCREDIS, DIMANCHES et FÊTES
2 séances : 14 h. 15 et 16 h. 30 - Tél. 828-92-57

BLANCHE-NEIGE

une merveilleuse féerie en 2 actes et 7 tabl.

à partir du 25 décembre

IMP. R PERROT - LYON ST PAUL

Mots essentiels

un acteur	actor
une actrice	actress
une affiche	poster
le chanteur ⎫ *la chanteuse* ⎭	singer
le cinéma	cinema
le copain ⎫ *la copine* ⎭	friend
la disco (thèque)	disco
écouter	to listen to
un électrophone	record player
une émission ⎫ *le programme* ⎭	programme
favori (te)	favourite
le groupe	group
jouer de (la guitare)	to play (the guitar)
les loisirs (m)	leisure
une ouvreuse	usherette
passer (un disque)	to play (a record)
passer (un film)	to show (a film)
le passe-temps	pastime
la place	seat
le pourboire	tip
la radio	radio
la télé(vision)	tele(vision)
le théâtre	theatre
la vedette	(film, pop) star

Extra

Au bord de l'eau ... danger!

During the summer season, articles about various aspects of
holiday safety appear in French national and local papers.
This is the kind of thing you will read:

Près de 20 millions de Français choisissent de passer leurs vacances au bord de l'eau. À part les 12 millions qui vont à la mer, beaucoup de ceux qui partent à la montagne ou à la campagne séjournent à proximité d'un lac, d'une rivière ou d'une piscine.

Mais l'eau et les baignades qu'elle permet ne sont pas sans danger: environ 1 500 personnes se noient chaque année en France, dont 600 entre juin et septembre.

Au bord de la mer:

Baignez-vous seulement en zone surveillée quand les drapeaux verts sont hissés

Ne vous baignez jamais seul: en cas de difficulté, un compagnon sera là pour vous secourir

Défendez aux enfants de s'éloigner trop du rivage (à marée basse, notamment)

En eau douce:

À la piscine, respectez les instructions données par les panneaux

En rivière, prenez garde aux courants, aux trous d'eau

Partout:

Si vous êtes un nageur débutant, ne vous baignez pas où vous n'avez pas pied, réduisez la durée de votre premier bain de la saison à 10 minutes

Méfiez-vous de l'eau trop froide et ne vous baignez pas après un repas copieux.

1 Répondez aux questions:
a Combien de Français vont à la mer
    chaque année?
b Combien de Français qui vont à la
    montagne ou à la campagne passent leurs
    vacances au bord de l'eau?
c Qu'est-ce qui se passe entre juin et
    septembre?
d Quand on va à la mer, qu'est-ce qu'on peut
    faire pour s'amuser?
e ... et quand on va à la campagne?
f Est-ce que vous aimez nager? Où? Quand?

2 You are staying with your penfriend in a
    popular French holiday resort and go into
    the *Syndicat d'Initiative*. When the person
    in charge realises that you are English,
    she asks you to help her by writing out the
    main points from the second part of the
    text above (starting with the *Au bord de la
    mer* section) for the benefit of English
    tourists.

'Send no photo'

Television companies in this country occasionally screen films from other countries, including France. You will hear a conversation between Laurence and Alain, two French people living here, about the film 'Inutile envoyer photo', which Alain forgot to watch. When you have listened to the conversation a few times, answer the questions.

Section 1
a When was the film shown?
b Which of the film's characters is mentioned first?

c Where did this character live?
d What did this person specially want to happen?
e When?
f What impressed Laurence as being particularly authentic about the film?
g What was the difference in outlook between the old farmer and his younger neighbour?

Section 2
h In which part of France was the film set?
i What is the first step the woman took to realise her ambition?
j What underhand thing did she then do?
k Explain how her scheme misfired.
l How did she show her displeasure?
m What happened in the end?

Que faire pour que mon père ne regarde pas la télé?

Armelle, a reader of a young people's magazine, wrote to ask for advice on what to do about a father who spent all his time in front of the television set. Here are some of the replies she received from other readers:

Demande à ta mère de préparer le dîner plus tôt que d'habitude. Comme ça ton père viendra manger. Le repas fini, retiens-le en lui parlant de ce que tu as fait dans la journée. Si cela ne marche pas, demande-lui franchement s'il préfère sa télé à sa fille!

Je pense que lorsqu'on s'occupe des gens, ils font un peu plus attention à vous. Occupe-toi donc de ton père, un soir. Lorsqu'il rentre, enlève-lui son manteau, apporte-lui son journal, demande-lui si sa journée s'est bien passée. Ne perds pas patience surtout, ton père oubliera sa télé, un jour.

Chez moi, mon père ne regarde pas beaucoup la télé, mais si le tien allume la télé tout de suite, tu n'as qu'à la débrancher (ou lui dire que ça ne marche pas!). Il faut quand même mieux lui dire de jouer avec toi ou alors que tu as des devoirs à lui montrer.

Ce que je te conseille, c'est au moment où vous êtes à table, avant que ton père regarde la télé, commence à lui parler de choses qui l'intéressent. Et jour après jour, il s'habituera à parler avec toi, et se rendra compte que parler avec sa fille est plus important que de regarder la télé. Bonne chance!

1 In the first letter:
a What is the first thing Armelle is advised to do?
b What should she do after dinner?
c What should she do if this fails?

2 In the second letter:
a What piece of general advice is given in the first sentence?
b What three things should Armelle do when her father comes home?

3 In the third letter, four possibilities are suggested for stopping Armelle's father watching television. What are they?

4 Note down the main points of the fourth letter.

5 Choose one of the letters, then make up a dialogue based on it. When you have checked what you have prepared with your teacher, practise the dialogue, working in pairs.

6 What is your solution to the problem? Write a letter to the magazine advising Armelle on what she should do.

Point final - Trouvez l'espion

Un espion industriel s'est glissé parmi les cinq visiteurs d'une usine. L'inspecteur chargé de la surveillance a eu vent de la chose: il sait que l'espion est parmi les cinq hommes. Mais lequel est-ce? Il n'a pas le signalement du personnage. Par contre, il connaît une particularité précise de chacun des quatre vrais visiteurs. Il sait que:

    M André n'a pas de chapeau

    M Bernard est de grande taille

    M Claude fume la pipe

    M Denis a un chapeau, mais pas de parapluie

Avec ces seuls renseignements-là, l'inspecteur peut trouver qui est l'espion. Le pouvez-vous aussi?

Mots extra

(se) cacher	to hide
furieux (-euse)	furious
le grenier	attic
s'habituer à	to get used to
se marier	to get married
se méfier de	to mistrust
montrer	to show
(se) noyer	to drown
partout	everywhere
se rendre compte	to realise

Sport

This Unit is about different sports, including the Tour de France cycle race and the game of *boules*. You will have practice in understanding sporting information and also learn how to say what people *used to do* in the past.

Quel sport?

Here are some short descriptions of sports taken from a *Sports de A à Z* feature in a French student magazine. In each case the name of the sport has been left out. Read through the descriptions, then do the exercises.

a Le _____ se joue en trois sets de 15 points. Le terrain est plus petit qu'au tennis, la raquette plus légère, le volant moins rapide qu'une balle. Ça ressemble à du tennis, mais ce n'est pas du tennis.

b C'est le sport le plus pratiqué en France. Les clubs sont nombreux, mais on joue au _____ dans les rues et les cours d'école. Il se joue aussi au féminin. Il y a onze joueurs dans une équipe de _____ .

c De nombreuses possibilités sont offertes par ce sport, mais un sérieux entraînement en piscine est nécessaire avant de s'aventurer en mer. Il faut un équipement spécialisé: on peut l'acheter ou le louer dans un club.

d Aussi connu sous le nom de ping-pong, le _____ est un sport idéal pour les après-midi pluvieuses. On pratique beaucoup ce sport dans les clubs de jeunes.

e En compétition, il existe trois disciplines: slalom, saut et figures. Le plus difficile est souvent le départ! Dernière nouveauté des USA et qui va sûrement arriver bientôt en France: la course de vitesse sur 100 km à 90 km/heure!

f Le _____ est un condensé du tennis et de la pelote basque. On y joue dans une salle (8m × 10m) entre quatre murs. La partie se joue en trois jeux de 9 points. Extrêmement fatigant!

1 *Nommez le sport*
Which six of the following sports are described above? Match the definition with the name of the sport:

l'alpinisme
le badminton
la boxe
le cyclisme
le football
le hockey

la plongée sous-marine
le rugby
le ski nautique
le squash
le tennis
le tennis de table

217

2 What are you told about the following sports in the descriptions? Answer in English:

a football

b underwater swimming

c waterskiing

3 Most sports and sporting terms in French are English words (*le club, le match, le tennis,* etc.), but there are some important French sporting words which you need to know. From the descriptions, pick out the French words for:

a a pitch

b a (tennis/golf) ball

c to play (football)

d a player

e a team

f to take part in a sport

g a race

4 Using the descriptions as examples, write something along similar lines about these sports:

a tennis (you might include a comparison with badminton);

b rugby (you might include a comparison with football).

5 Using the information in the descriptions, answer these questions:

a Quel équipement faut-il avoir pour jouer au badminton?

b Quelle est la différence entre une raquette de badminton et une raquette de tennis?

c Où est-ce que les enfants jouent souvent au football?

d Combien de joueurs y a-t-il dans une équipe de football?

e Où fait-on de la plongée sous-marine?

f Où peut-on trouver l'équipement nécessaire?

g Où joue-t-on souvent au tennis de table?

h Quel est le moment le plus difficile dans le ski nautique?

i Où pratique-t-on le squash?

j Comment est le squash?

Où pratique-t-on ce sport?

You have already seen in this Unit that *to play* a game is *jouer à* (for example *jouer au football*). With sports other than games the French usually use *faire* with *du/de la/de l'*, where we might say in English *to go ... ing.* So *to go sailing* would be *faire de la voile, to go skiing* would be *faire du ski.*

Complete the sentences below by putting in the appropriate part of *jouer à* (etc.) or *faire de* (etc.) and by choosing from the list the phrase which says where the sport takes place. For example:

On *joue au* football *dans un stade.*

a	On _____ au/ du football	dans une patinoire
b	On _____ à la/ de la gymnastique	sur un court
c	On _____ à l'/ de l'alpinisme	dans une salle
d	On _____ au/ du squash	sur la route
e	On _____ à la/ de la natation	dans un stade
f	On _____ au/ du tennis	sur la mer
g	On _____ au/ du patinage	dans une piscine
h	On _____ à l'/ de l'athlétisme	dans la montagne
i	On _____ au/ du ski nautique	dans un gymnase
j	On _____ au/ du cyclisme	sur une piste

Les sports en Bretagne

Read through the information taken from a tourist brochure giving details of sporting events in the *département* of Côtes-du-Nord, in Brittany; then do the exercises.

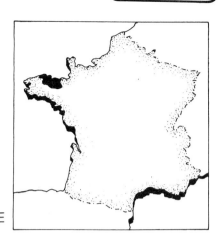

PERROS-GUIREC
TRÉBEURDEN
LANNION
PAIMPOL

MANCHE

ST-QUAY-PORTRIEUX

PLÉNEUF-VAL-ANDRÉ

PLANCOËT

DINAN

PLOUGUENAST

MERDRIGNAC

MANIFESTATIONS SPORTIVES

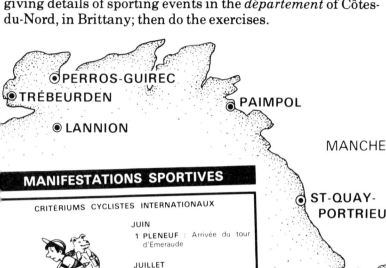

CRITÉRIUMS CYCLISTES INTERNATIONAUX

JUIN
1 PLENEUF : Arrivée du tour d'Emeraude

JUILLET
14 LANNION
23 au 26 LAMBALLE
29 CALLAC

AOUT
2 PLANCOET
10 JUGON
11 MAEL PESTIVI
15 PLAINTEL

COURSES HIPPIQUES

MAI
15 GUINGAMP
24-25 ST-BRIEUC
25-26 ROSTRENEN

JUILLET
6 CORLAY
14 CORLAY
20-21 LAMBALLE
27-28 LAMBALLE

JI
1 LAMBA'
1 PLOURA

AOUT

TENNIS ET AUTRES SPORTS

JUIN
1 MERDRIGNAC : Tournoi de football
21 ST-QUAY-PORTRIEUX : Concours international de pêche
29 TREBRY : concours de pêche
LANNION : concours de pêche

JUILLET
6 PLENEUF-VAL-ANDRÉ : Championnat de l'Ouest de karting
13 PLANCOET : concours de pêche
14 PLOUGUENAST : concours de pêche

19-20 TREBEURDEN : challenge de Hand-Ball
25 DINAN : concours hippique
26 ST-QUAY-PORTRIEUX : Concours international de pêche en mer

AOUT
3-10 PAIMPOL : tournoi de tennis
3-10 PERROS-GUIREC : tournoi de tennis
6-13 PLENEUF-VAL-ANDRÉ : Tournoi de tennis
9-17 ST-QUAY-PORTRIEUX : Tournoi de tennis
30-31 TREBRY : Concours de pêche international

MOTO CROSS

JUIN
1 CORSEUL
28-29 QUEMPERVEN

JUILLET
12-13 TRELIVAN
14 ST-BRIEUC

AOUT
17 GRACE D'UZEL

SEPTEMBRE
14 POMMERIT LE VICOMTE

SPORTS TRADITIONNELS

Les sports bretons sont surtout des épreuves de force mettant en œuvre la résistance physique. La plus célèbre d'entre eux, la lutte bretonne, se pratique encore à l'ancienne manière. Sur le présent citons :
15 JUIN : FREHEL : Championnat de lutte bretonne
20 JUILLET : PLOUARET : Championnat de jeux bretons
22 JUILLET : BELLE-ISLE-EN-TERRE : Grand tournoi de lutte bretonne

219

1 Questions

a Which months' sporting events are shown here?

b In the section *Tennis et autres sports,* how many different *autres sports* are mentioned?

c What event is taking place at Merdrignac on 1 June?

d What is to be held at St-Quay-Portrieux on 21 June?

e What could you see at Pléneuf-Val-André on 6 July?

f What is going to happen at Dinan on 25 July?

g Where could you go to see a tennis tournament on 14 August?

h How is the event which is to take place at St-Quay-Portrieux on 26 July different from the one to be held at Lannion on 29 June?

i What is the most famous traditional sport in Brittany?

j Find in the text the French for:
a championship;
a competition;
a tournament;
a race.

2 Questions

a Quel équipement faut-il avoir pour aller à la pêche?

b Où va-t-on pour pêcher?

c Dans un concours de pêche, que faut-il faire pour gagner?

d En quelle saison est-ce qu'on joue au tennis?

e Quels vêtements est-ce qu'on porte pour y jouer?

f Quels animaux est-ce qu'on voit à un concours hippique?

g Qu'est-ce que le moto-cross?

3 Imagine you are spending your holidays with a French friend in Brittany. You are discussing what to do tomorrow, 1 June. You would like to go to the football tournament at Merdrignac, but your friend wants to go to Corseul to see the moto-cross. Complete the conversation along the lines suggested:

Ami(e):	Alors, qu'est-ce qu'on va faire demain? Moi, je voudrais aller à Corseul voir le moto-cross …
Vous:	Say that you don't like moto-cross. You prefer football. You'd like to go to Merdrignac to see the football tournament. There's an English team that is playing.
Ami(e):	À Merdrignac? Ah mais tu sais, c'est loin …
Vous:	Say that it's not *too* far. The tournament begins at 2 o'clock and you'll be able to catch the bus in Guincamp at 11.30.
Ami(e):	Mais où est-ce qu'on va déjeuner?
Vous:	Tell him/her that you can buy a sandwich in Merdrignac before the start of the tournament. You'll pay.
Ami(e):	Bon, alors, si tu veux absolument y aller, c'est d'accord.
Vous:	Say that you'll go with him/her to see the moto-cross another day.

The Imperfect tense

In Unit 12 you saw how the Imperfect tense is used for description in the past. It is also used for things which were done as a matter of habit, just as we might say *used to …* in English. For example:

Quand j'étais jeune, *je me levais* toujours à 7 heures.
(When I was young, I always *used to get up* at 7 o'clock.)
Quand nous allions au bord de la mer, *nous nous baignions* tous les jours.
(When we went to the seaside, we *used to bathe* every day.)

In the following passage, Pierre's father is talking about how he spent his free time when he was young. Put the verbs into the Imperfect.

'Quand j'(être) jeune, j'(aimer) beaucoup le football. Tous les samedis, en hiver, nous (aller) au stade voir le match. Mon frère aîné, ton oncle Henri, (jouer) pour l'équipe de son usine. Il (être) avant-centre.

'En été, nous (se promener) à bicyclette et, quand il (faire) chaud, nous (se baigner) dans la rivière. En juillet, bien entendu, on ne (parler) que du Tour de France. Nous n'(avoir) pas de téléviseur à la maison et tous les garçons (se rencontrer) au café où il y en (avoir) un.

'Quelquefois, on (aller) au cinéma, et le 14 juillet et les jours de fête, on (danser). On (s'amuser) bien!'

Le classement

Look through the football league table showing the French *Première Division*, then do the exercises:

	Pts	J	G	N	P	p	c	Dif.
1 SAINT-ETIENNE	15	8	7	1	0	19	9	+10
2 MONACO	13	8	5	3	0	15	6	+ 9
3 NANTES	12	8	5	2	1	19	10	+ 9
4 NIMES	12	8	5	2	1	11	8	+ 3
5 ANGERS	11	8	4	3	1	12	5	+ 7
6 LILLE	10	8	3	4	1	13	7	+ 6
7 STRASBOURG	10	8	4	2	2	15	13	+ 2
8 SOCHAUX	9	8	4	1	3	12	9	+ 3
9 NANCY	8	8	4	0	4	15	14	+ 1
10 PARIS ST-G.	8	8	2	4	2	11	11	0
11 VALENCIENNES	8	8	3	2	3	8	14	− 6
12 NICE	7	8	3	1	4	14	14	0
13 METZ	6	8	2	2	4	11	14	− 3
14 BASTIA	6	8	3	0	5	8	12	− 4
15 BORDEAUX	5	8	2	1	5	14	15	− 1
16 LAVAL	5	8	2	1	5	11	12	− 1
17 LYON	5	8	1	3	4	8	13	− 5
18 LENS	5	8	1	3	4	7	13	− 6
19 MARSEILLE	4	8	2	0	6	11	18	− 7
20 BREST	1	8	0	1	7	3	20	−17

1 What do you think the letters at the tops of the columns stand for:
  Pts J G N P p c Dif?

2 *Questions*
a Qui est premier au classement?
b Qui est dernier?
c Paris Saint-Germain a gagné combien de matchs?
d Et Lyon?
e Est-ce que Paris Saint-Germain a gagné plus de matchs que Lyon?
f Nancy a perdu combien de matchs?
g Et Strasbourg?

h Est-ce que Strasbourg a perdu plus de matchs que Nancy?
i Est-ce que Nice a marqué plus de buts que Metz?
j Est-ce que Brest a marqué plus de buts que Saint-Étienne?

3 *General questions*
a Est-ce que vous aimez jouer au football? Si non, quel est votre sport préféré?
b Est-ce que vous regardez le football (ou d'autres sports) à la télé? Au stade?
c Quelle est votre équipe préférée?
d Quels sports pratiquez-vous en été? Et en hiver?
e Faites-vous partie d'une équipe sportive? Donnez des détails.

4 *Trouvez la ville*
Which dot on the map indicates the home of each of the football teams listed below?
  Angers
  Brest
  Lille
  Lyon
  Metz
  Nancy
  Nantes
  Nice
  Saint-Étienne
  Strasbourg

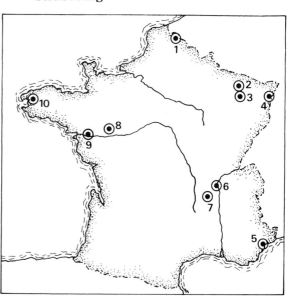

Les boules

The people in the picture below are playing *boules*. This and
pétanque, a similar game, are a form of bowls. However,
instead of being played on a bowling green, *boules* can be
played on virtually any open space and at any time of the
year. The *boules* are thrown rather than rolled and the object
is to get them as near to the jack *(le cochonnet)* as possible.
This may involve knocking an opponent's *boule* out of the
way.

Look at the photo and answer the questions:

a Quel temps fait-il?
b Les hommes, à quoi jouent-ils?
c Combien de joueurs y a-t-il?
d Combien de boules voyez-vous?
e Décrivez l'homme à gauche.

Le Tour de France

The passage below gives a brief history of the famous cycle race, the Tour de France. Some of the verbs you will see are in a Past tense known as the Past Historic. You are unlikely to need to use it yourself, but you will need to recognize it. Most of the time this will be easy: *finirent* obviously comes from *finir, rencontra* from *rencontrer*, and so on. One or two verbs, however, are not easy to recognize: for example, *fut* comes from *être*. For more about this tense, see the Reference Grammar, page 334.

Read the passage, then do the exercises:

Le premier Tour de France eut lieu en 1903, organisé par Henri Desgrange, directeur du journal 'L'Auto'. Son but — la publicité: il voulait soustraire des lecteurs d'un journal rival, 'Le Vélo' — et il y réussit!

Ce premier Tour n'avait que six étapes, séparées par plusieurs jours de repos. Soixante coureurs partirent: dix-huit jours plus tard, seulement vingt finirent le Tour.

Pendant les premières années le Tour rencontra beaucoup d'hostilité: les coureurs n'aimaient pas les longues étapes où ils devaient rouler de nuit sur de très mauvaises routes. En 1904, des coureurs furent attaqués et on mit des clous sur la route.

L'intérêt grandit quand même, et le Tour devint rapidement un concours sportif non seulement entre individuels mais aussi entre les différentes marques de bicyclette. Bientôt, toutes les célèbres marques eurent leur propre équipe.

Ce fut Desgrange, 'le père du Tour', qui introduisit le célèbre 'Maillot Jaune', porté au cours des étapes par celui qui est premier au classement général.

Parmi les vainqueurs du Tour, il faut citer Jacques Anquetil, le Belge Eddy Merkx, vainqueur cinq fois, et le Breton Bernard Hinault.

Aujourd'hui, le Tour a toujours un caractère commercial: une caravane multicolore de voitures publicitaires précède la course. Les journaux en parlent, et non seulement en France. Il y a des interviews avec les coureurs à la radio et à la télévision. En effet, c'est un événement international, la première épreuve cycliste du monde.

1 *Questions*
a Who was Henri Desgrange?
b Why did he organize the first Tour de France?
c How many stages were there in the first Tour?
d What proportion of the riders finished the race?
e What two difficulties did the riders encounter during the 1904 race?
f Who wears the *Maillot Jaune*?
g Whereabouts in France does Bernard Hinault come from?

2 Rewrite the following sentences, changing the verbs from the Past Historic to the Perfect tense:
a Le Tour rencontra beaucoup d'hostilité.
b On mit des clous sur la route.
c Soixante coureurs partirent.
d Seulement vingt finirent.
e Le premier Tour de France eut lieu en 1903.
f Il y réussit.

3 Here is part of an interview with Eddy Merkx, five times winner of the Tour de France. His replies are given, but the questions are missing. Work out what they were:

Interviewer: — ?
Eddy Merkx: J'ai trente-cinq ans.
Interviewer: — ?
Eddy Merkx: Oui, je suis Belge.
Interviewer: — ?
Eddy Merkx: J'ai gagné cinq fois.
Interviewer: — ?
Eddy Merkx: Ce qu'il faut pour gagner, c'est une bonne équipe — mais il faut avoir de la chance aussi!
Interviewer: — ?
Eddy Merkx: Non, je n'aimais pas tellement les étapes dans les montagnes. Je préférais les sprints.
Interviewer: — ?
Eddy Merkx: Oui, j'ai gagné en tout 34 étapes du Tour pendant ma carrière.

Interviewer: — ?
Eddy Merkx: Le plus grand? À mon avis, c'était Jacques Anquetil.

Complétez
In each of the following sentences, replace the gap by the word which makes best sense:
a Hier, nous avons joué _____ tennis.
   A à
   B au
   C à la
   D aux

b Ce soir, je vais jouer _____ échecs avec mon frère.
   A à
   B au
   C à l'
   D aux

c Est-ce que Lyon a marqué plus _____ buts que Marseille?
   A de
   B du
   C de la
   D des

d Il faut un équipement spécialisé _____ faire de la plongée sous-marine.
   A à
   B de
   C pour
   D sans

e Le badminton? C'est un sport qu'on _____ beaucoup en Angleterre.
   A s'amuse
   B joue
   C pratique
   D porte

f Le score est Nice 4 Metz 2. Nice a _____ .
   A joué
   B gagné
   C perdu
   D marqué

g L'avant-centre, Rep, a _____ un but.
 - **A** joué
 - **B** gagné
 - **C** perdu
 - **D** marqué

h L'Italie a _____ la France par 15 points à zéro.
 - **A** battu
 - **B** joué
 - **C** couru
 - **D** gagné

i Vous aimez le rugby? Faites-vous partie d' _____ ?
 - **A** un jeu
 - **B** une équipe
 - **C** une course
 - **D** un terrain

j Tu as envie de faire de la natation? Bon, allons _____ .
 - **A** au stade
 - **B** au gymnase
 - **C** à la patinoire
 - **D** à la piscine

Choisissez!

Listen to the 10 sporting announcements, then complete the statements about them by choosing the correct answer from the four possibilities. Each item is read twice.

a On parle ...
 - **A** du golf
 - **B** de la natation
 - **C** de l'athlétisme
 - **D** du cyclisme

b On parle ...
 - **A** du tennis
 - **B** du rugby
 - **C** du football
 - **D** du ski nautique

c On parle ...
 - **A** du badminton
 - **B** de l'athlétisme
 - **C** de la boxe
 - **D** de la natation

d On parle ...
 - **A** du ski
 - **B** du ski nautique
 - **C** de l'alpinisme
 - **D** du hockey

e On parle ...
 - **A** du rugby
 - **B** du tennis
 - **C** du ski nautique
 - **D** de l'alpinisme

f On parle ...
 - **A** du football
 - **B** du hockey
 - **C** de la boxe
 - **D** du tennis

g On joue ...
 - **A** au golf
 - **B** au tennis
 - **C** aux boules
 - **D** au rugby

h On joue ...
 - **A** au tennis
 - **B** au football
 - **C** aux échecs
 - **D** aux cartes

i On joue ...
 - **A** au tennis de table
 - **B** au hockey
 - **C** au football
 - **D** au rugby

j Le score est ...
 - **A** Monaco 2 Angers 1
 - **B** Monaco 1 Angers 2
 - **C** Monaco 1 Angers 0
 - **D** Monaco 3 Angers 3

Writing a letter

You have just received the following from a friend in France. Write a letter of about 100 words in reply to it. Make sure you answer Danielle's questions, but avoid wholesale copying from the original letter.

Argenton, le 10 mai

Cher Richard,

Aujourd'hui j'ai beaucoup travaillé et je suis fatiguée. Alors en sortant de la banque où je travaille, je me suis arrêtée pour boire une limonade et je t'écris.

Comment ça va? Pas trop fatigué par l'école? Est-ce que tu aimes le sport? Je crois qu'à l'école tu fais beaucoup de sport, plus que dans les écoles françaises. C'est vrai?

Il y a quelques années, je jouais au tennis, mais maintenant je préfère nager. Et la semaine prochaine je commence à faire de la gymnastique à l'heure du déjeuner. J'espère que ça va durer ... !

Qu'est-ce que tu fais le soir? Moi, j'aime beaucoup écouter de la musique de tous les pays du monde et je chante aussi souvent avec ma guitare pour m'accompagner.

Bien amicalement,

Danielle

Le mot mystère

La règle de ce jeu est simple. Tous les mots dans cette grille peuvent y figurer en tous sens: c'est-à-dire horizontalement, verticalement, de haut en bas ou de bas en haut, de gauche à droite ou de droite à gauche. Les mots de la grille se croisent, donc une lettre peut servir pour plusieurs mots, sauf celles du *mot mystère*. Quand vous aurez trouvé tous les mots ci-dessous, il en restera un, dans la grille, répondant à la définition donnée. Trouvez-le. C'est la solution, c'est le *mot mystère*!

Définition du *mot mystère: avoir le dessous*

AMI	EMISSION
ANS	EQUIPE
ANTENNE	ETAPE
ARRIVER	FRANÇAIS
BUT	GAGNER
DETESTER	JOUER
DISQUE	MARQUER

MATCH	ROLE
PLUS	SKI
POUR	STADE
RIRE	VOL

Note: Il n'y a pas une seule lettre morte.

J	N	O	I	S	S	I	M	E	E
R	O	L	E	K	E	A	A	P	N
P	L	U	S	I	R	N	R	O	N
L	O	V	E	D	I	S	Q	U	E
R	E	V	I	R	R	A	U	R	T
E	E	R	D	R	E	P	E	E	N
E	P	I	U	Q	E	D	R	N	A
S	I	A	C	N	A	R	F	G	I
B	U	T	T	H	C	T	A	M
R	E	T	S	E	T	E	D	G	A

La bonne bouche

This advertisement appeared in 'L'Équipe',
the leading French sporting paper:
a Who is required?
b What standard must he be?
c As well as a job, what is being offered?

Football. — C.S. Meaux, D 3,
rech. avant-centre niv. D II ou D III,
travail, logement. Urgent. 434-39-90.

Mots essentiels

un arbitre	referee
(s') arrêter	to stop
la balle	ball (golf, tennis)
le ballon	ball (football, rugby)
bientôt	soon
le but	goal
célèbre	famous
courir	to run, race
la course	race
une équipe	team
gagner	to win
le jeu	game
jouer au tennis,	to play tennis,
aux échecs, etc.	chess, etc.
le joueur	player
la natation	swimming
la pêche	fishing
pêcher	to fish
perdre	to lose
plusieurs	several
réussir	to succeed
le stade	stadium, (football) ground

Extra

Crowd trouble?

WINGERSHEIM - A S WOERTH

Une trentaine de spectateurs. Temps ensoleillé mais frais, terrain lourd. Les locaux ouvrirent le score après sept minutes de jeu, mais l'arbitre n'accorda pas ce but. À partir de là, les visiteurs prirent le match en main et dominèrent toute la première mi-temps. Seule la défense locale faisait bonne figure et put ainsi préserver son but inviolé jusqu'à la pause. Les locaux attaquèrent la deuxième mi-temps et en cinq minutes ils se créèrent trois belles occasions de but sans pouvoir marquer. Ce furent les visiteurs qui marquèrent le seul but du match suite à la seule hésitation de la défense locale. Les locaux essayèrent de revenir au score, mais sans réussir. Très bon arbitrage.

Read this football match report from a local newspaper, then answer the questions:

a What are the French words used here for: the home team, the referee, the goal, the half (of a match), to score
b How many people watched the match?
c What was the weather like?
d What was the state of the pitch?
e Which side got the ball into the net first?
f At what point in the match was this?
g Who had the best of the first half?
h What was the score at half-time?
i How many goals were scored in the second half?
j What did the home team do towards the end of the match?
k What are we told about the referee's performance?
l What was the final score line?

Quel complexe!

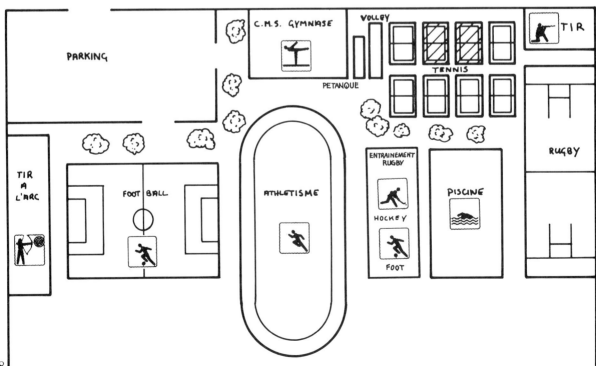

Details have just been published of the additional facilities planned for the sports complex at Beauval. The plan of the layout of the centre as it will finally look and a description of the facilities appeared in the local press.

Le Conseil municipal a annoncé jeudi dernier deux nouvelles installations sportives qui compléteront le complexe de Beauval: un stade d'athlétisme et deux courts couverts de tennis. Les sportifs de notre région bénéficieront donc de facilités tout à fait exceptionnelles:
— un jeu d'arc moderne avec clubhouse
— un terrain de football
— une piste d'athlétisme de 400m
— le Centre Médico-Sportif avec ses gymnases, ses salles d'entraînement et ses bureaux médicaux
— un terrain de 100 × 60m créé entre la piste et la piscine qui servira pour le football des jeunes, l'entraînement au rugby, le hockey, etc.
— la piscine couverte
— huit courts de tennis, dont deux couverts
— le stade de rugby et son mini-club
— le stand de tir qui va être aménagé pour le tir à 25m au pistolet de gros calibre et à 10m à air comprimé
— entre le tennis et le CMS un terrain de pétanque, un terrain de volley, un mini-golf, etc.

1 Look at the description of the facilities and the plan of the new complex and discuss them with your teacher.

2 *Questions*
a Où se trouve le terrain de football?
b ... et le terrain de rugby?
c Que signifient les lettres CMS?
d Qu'est-ce qu'il y a au CMS?
e Où se trouvera la piste d'athlétisme?
f Combien de courts de tennis couverts y aura-t-il?
g Où ira-t-on pour jouer à la pétanque?
h Les jeunes, où joueront-ils au foot?
i À quoi pourra-t-on y jouer aussi?
j Si on veut faire de la natation, où ira-t-on?

3 *Explications!*
a Quels avantages sont offerts par un court de tennis couvert par rapport à un court ordinaire?
b Le volley, ça se joue comment?
c Pourquoi, à votre avis, est-ce que le conseil municipal a décidé de faire construire la piste d'athlétisme?
d Expliquez les activités qui se passeront au stand de tir.
e À quoi sert un clubhouse?

4 *Pair work*
Look carefully at the information about the Beauval sports centre, then, working in pairs, ask these questions of your

neighbour (who should close the book).

a Est-ce qu'il y a un parking au complexe de Beauval?

b La piscine, comment est-elle?

c La piste d'athlétisme, elle sera de quelle longueur?

d Le terrain de volley se trouve où?

e Combien de courts de tennis y aura-t-il en tout?

5 Now make up five more questions of your own and practise them with your neighbour.

6 Make some notes on each of the following and be prepared to talk about them to your class or group:
le football
l'athlétisme
la pétanque
la gymnastique
le tir à l'arc

7 *Accident!*
Imagine you have come to spend the afternoon at the Beauval sports complex with your penfriend Dominique. Unfortunately, he/she is involved in an accident, and, though not seriously hurt, has had to go to the hospital. You have to ring one of Dominique's parents at work and explain. Prepare to give as best you can the relevant information. Your teacher will play the part of the parent:

— check that you're speaking to the right person;

— say who's calling;

— say you're at the hospital;

— say there's been a little accident. Dominique's hurt, but it's not serious; explain what happened (choose one of the following situations either A, B or C);

A

You'd been swimming and when Dominique was taking a shower afterwards he/she slipped on some soap and fell down. He/she's hurt his/her leg, but it's not broken.

B

You'd been playing volleyball with some friends. D. was hit in the face (accidentally) by one of the players. His/her nose may be broken.

C

You'd been playing tennis with some friends. You accidentally hit D. with your racket. His/her wrist is swollen and it hurts, but it's not broken. You're sorry, but it was an accident.

— say you'll wait for Dominique and bring him/her home by taxi;

— tell the parent not to worry;

— say goodbye.

Blagues sportives

Listen to the jokes, then answer the questions:

1
a   What sport was the boy good at?
b   What was his temperature?
c   What did he want to know?

2
a   Who bought the television set?
b   What happened on each of the three days?
c   Why did the customer think the set was broken?

3
a   Where did this story take place?
b   What did the passer-by want to know?
c   What was the answer?
   A   none
   B   one
   C   two
   D   three

Point final – Les trois pique-niqueurs

Ils s'en vont camper à la campagne.
L'un porte la tente et les piquets.
Un autre les sacs de couchage et les vêtements.
Un autre les médicaments et les provisions.
Raymond marche en tête. René est derrière celui qui porte les médicaments et les provisions.
Roger est derrière celui qui porte les sacs de couchage et les vêtements. Roger ne porte pas les médicaments et les provisions.
Question: Que porte René?

Eating out

This Unit is about eating and drinking in a café or restaurant.
You will learn about French menus, and have practice in
ordering what you want, asking for the bill and paying. You
will also learn exclamations expressing surprise, dismay, etc.

Joyeux réveillon!

On page 185 you learnt something about the *réveillon* — the
midnight feast which takes place on Christmas and New
Year's Eve. Many people prefer, if they can afford it, to eat out
for their new Year's *réveillon*, and celebrations often last until
dawn or later. Look at the advertisements which appeared in
a French newspaper for restaurants offering special menus
and entertainment for *la Saint-Sylvestre* —New Year's Eve.
Some, as you will see, hope to attract custom by offering
cotillons — souvenirs given away at dances —and *ambiance*
— a special atmosphere. Read through the advertisements
and then answer the questions.

ST-SYLVESTRE
REVEILLON DANSANT
Menu
Champagne compris
360 F
☆
LE PODIUM
78, rue Vendôme
LYON 6ᵉ
Tél. **889.20.00**
*Ouvert dimanche 23
et mardi 25-12 à midi*

REVEILLON dansant
ST-SYLVESTRE
350 F **BOISSONS COMPRISES**
Orchestre musette et moderne
GROUPE "HELENA"
HOTEL DE FRANCE
69 PONTCHARRA-S/TURDINE :
Tél. **16 (74) 63.72.97**

HOTEL-RESTAURANT
LES ACACIAS
Commune de Genas, Mi-Plaine
près RN 6 — 7, rue Ambroise-Paré
Tél. **90.60.04**
Saint-Sylvestre
Dîner prolongé aux chandelles
Musique d'ambiance
220F + service et vin

SANTA MARIA CLUB
28, rue Louis-Saulnier — 69330 MEYZIEU
(derrière la mairie, face hôtel La Régence, direction Crémieu)
REVEILLON DANSANT DE LA SAINT-SYLVESTRE
COTILLONS — AMBIANCE ● De 20 ans à 77 ans
BUFFET CAMPAGNARD A VOLONTE : 300 F
Réservations : vendredi, samedi, de 21 à 3 h du matin
Tél. **831 74.81** — Tous les jours : **16 (74) 00.12.04**

a What sort of *réveillon* is to take place at the Hôtel de France?

b What is there about the menu which might attract custom?

c What is special about the menu offered by Le Podium?

d Which day is the restaurant not opening over the Christmas period?

e Les Acacias is described as being near the RN6. What is this?

f What is special about the dinner being offered there?

g How, apart from price, does the menu at Les Acacias differ from those of the Hôtel de France and Le Podium?

h How could you help someone who was looking for the Santa Maria Club in the village of Meyzieu?

i According to the advertisement, what age-group is being catered for?

j If you wanted to book a table, when are the only times you should ring 831.74.81?

Le menu ... ou la carte?

Quite apart from the time of the *réveillons,* French people enjoy eating out and spend more time and money doing this than most of their European counterparts. Restaurants range from very modestly priced establishments to those with a world-wide reputation, such as the Tour d'Argent in Paris. In most restaurants you select what you want to eat from either *le menu* — a fixed-price meal offering certain choices — or *la carte,* where the choice is much wider, though the items are more expensive and service and drinks are not included. Whether you choose the *menu* or the *carte,* though, you would be brought bread free of charge, because this is eaten as a matter of course by French people with their main dishes and their cheese.

Look at the *menu conseillé* (the recommended menu) and answer the questions:

a What does the menu tell you about the service charge?

b Are drinks included in the price of the meal?

c What are the choices for starters?

d Apart from the beef dish, what is offered for the main course?

e What are the possibilities in the cheese/dessert section?

f What drink is offered apart from wine, beer and coffee?

g If you had the fixed-price meal, a glass of beer and coffee afterwards, how much would you expect to pay?

Au restaurant: dialogue

If you were sitting in the restaurant and a French couple came to sit at the next table, you might hear this kind of dialogue between the customer and the waiter *(le garçon)*. Read it through, then answer the questions:

Garçon:	Bonjour monsieur 'dame. Vous avez choisi?
Client:	Oui, deux menus à vingt et un francs cinquante.
Garçon:	Oui, monsieur, deux menus. (He writes it down with the number of the table.) Pour commencer?
Client:	Pour commencer, des oeufs pour madame et pour moi une salade.
Garçon:	(Writes it down) Et puis ... ?
Client:	Euh ... deux poulets, un aux frites, un au riz.
Garçon:	Bien, monsieur. (Writes) Je vous apporte quelque chose à boire?
Client:	Oui, attendez. (He consults his wife) Un quart de vin rouge pour madame et une bière, s'il vous plaît.
Garçon:	Oui, monsieur. (Writes it down and goes off to get the order. The couple eat their *hors d'oeuvre* and their *plat chaud*, and the waiter asks what they want next)
Garçon:	Et pour le dessert, vous avez choisi?
Client:	Oui. Un camembert, une pêche au sirop et puis deux cafés. (The waiter fetches them. The couple eat)
Client:	(Beckons the waiter) L'addition, s'il vous plaît.
Garçon:	Oui, monsieur. Voilà. (Hands it to him)
Client:	Le service est compris?
Garçon:	Oui, monsieur.
Client:	Alors voilà. (Hands over 60F)
Garçon:	(Brings the change) Voilà votre monnaie, monsieur. Au revoir, monsieur 'dame. (The couple go out)

Questions

a Qu'est-ce que la dame a choisi comme hors d'oeuvre?

b Est-ce que le couple a choisi le boeuf?

c Qu'est-ce qu'ils ont mangé avec leur poulet?

d Qu'est-ce que la dame a choisi pour boire?

e Est-ce que le vin était plus cher que la bière? (Regardez le menu!)

f Qu'est-ce qu'ils ont bu après le dessert?

g Qu'est-ce que l'homme a demandé à la fin du repas?

h Est-ce que le service était compris?

i Combien est-ce que le repas a coûté pour les deux personnes?

j Combien de monnaie y avait-il?

Vous avez choisi?

Look at this menu from the Restaurant l'Origan:

Imagine that you have decided to have a meal there, and choose what you are going to eat and drink.

Then, using the dialogue on page 234 as a model, work out your conversation with the waiter.

When you have checked this with your teacher, practise the conversation, working in pairs.

There is a spelling mistake in the menu: can you find it?

Ordering drinks

Menus which include the price of a drink usually offer a quarter litre of red, white or rosé wine *(un quart de vin rouge, blanc ou rosé)*, or maybe the same quantity of beer which, if it is draught beer, is called *un demi*. Many French people, though, prefer to drink mineral water — *eau minérale* — water which comes from natural springs and which may be fizzy *(gazeuse)* or still. It is supposed to help digestion and be beneficial to health generally.

If you order *un café* in a French restaurant or café, you will be brought a small cup of strong black coffee. To get white coffee you should ask for *un café crème* (or just *un crème*) and say whether you want *un petit* or *un grand*.

Cafés have to display their price list, which shows prices of drinks taken at the bar *(le bar* or *le comptoir)* and the cost of the same drinks if taken sitting down in the café *(la salle)* or outside *(la terrasse)*. This second price will naturally be higher and will also attract a service charge, which should also figure on the price list as a percentage (usually 15%). In many busy cafés in the larger towns the waiter brings with your drinks a ticket from the till which shows the price of the drinks, the amount charged for service and the total amount to be paid. Unless they are in a hurry, French people pay for their drinks when they leave, not when the waiter brings them.

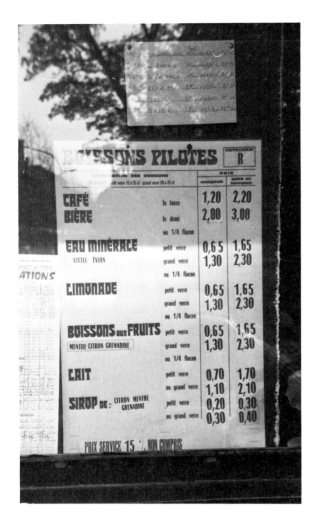

Garçon: Monsieur/mademoiselle?

Vous: Ask him for a lemonade, please.

Garçon: Une limonade, oui. Un grand verre ou un petit?

Vous: Tell him a large one.

Garçon: (Brings the lemonade) Voilà, monsieur/mademoiselle.

Vous: Thank him. (You drink the lemonade and eventually decide to leave. You beckon the waiter and say 'please' (— in French!) He comes up to your table)

Garçon: Monsieur/mademoiselle?

Vous: Ask him how much it is.

Garçon: Deux francs soixante-cinq, monsieur/mademoiselle.

Vous: Ask him if the service is included.

Garçon: Oui, monsieur/mademoiselle, le service est compris.

Vous: Here you are then (You hand him three francs)

Garçon: Merci, monsieur/mademoiselle. Et voilà votre monnaie.

Vous: Say thank you and good-bye.

3 When you have checked what you have written with your teacher, practise the dialogue in pairs, taking the parts of the waiter and the customer alternately. If you wish, you can vary the drinks you order, so that the waiter will have to change the amount he charges you.

Apart from the drinks on the list, you could order:

un panaché	a shandy
un thé	a tea (it will come without milk unless you ask for *un thé au lait*)
un chocolat	a drinking chocolate
un coca	a coca-cola
une orangina	a fizzy orange
un jus d'orange	an orange juice
un jus d'ananas	a pineapple juice
un jus de pamplemousse	a grapefruit juice

Look at the price list for drinks, then do the exercises:

1 *Questions*
a Combien coûte un café au comptoir?
b Combien coûte un demi au comptoir?
c Et combien coûte-t-il dans la salle? (N'oubliez pas le 15% de service!)
d Comparez le prix d'un grand verre de boisson aux fruits avec le prix d'un grand verre de lait.
e Comparez le prix de l'eau minérale et le prix de la limonade.

2 Now imagine that you sit down on the *terrasse* of this café. The waiter comes up to you. First of all, write down your part of the dialogue:

À la terrasse d'un café

1 Look at the photo and listen to the five questions on the tape, each of which is repeated. Your teacher will tell you when to answer:

2 Write down an imaginary conversation between the people at the table and the waiter.

Celui de ...

In Unit 14 you learnt *celui qui ... (the one which). Celui, celle,* etc. are also used before *de,* to mean *the one of ...* So questions asking *whose* something is, for example:

C'est le vélo de qui? (Whose bike is it?)
Ce sont les livres de qui? (Whose books are they?)

might receive the answers:

C'est *celui de* Jacqueline.

(It's *the one of* Jacqueline, or It's *Jacqueline's*)

Ce sont *ceux de* Robert.

(They're *Robert's*)

For practice, try this exercise: the people on the right have ordered certain things in a restaurant. What you have to do is follow the lines to find out who ordered what. For example:

C'est le pâté de qui? ... C'est celui de Monsieur Duchêne.

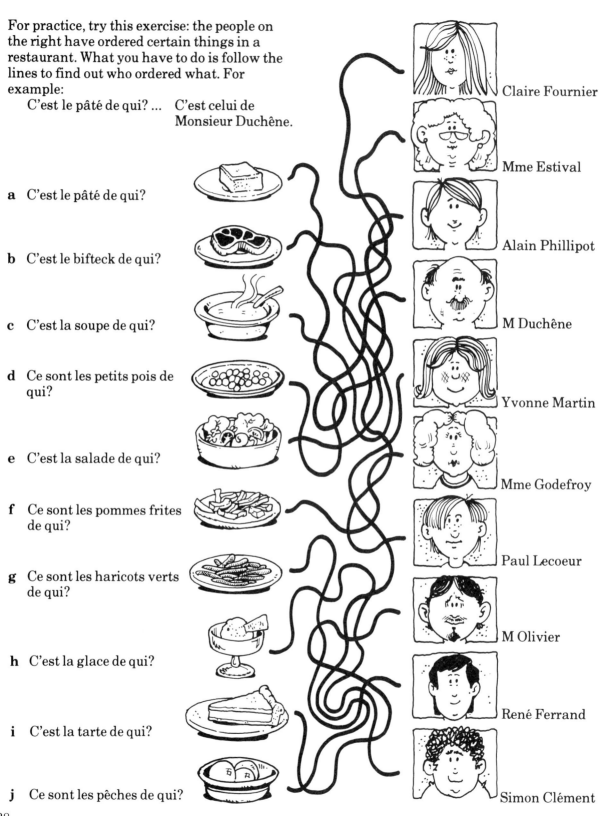

a C'est le pâté de qui?

b C'est le bifteck de qui?

c C'est la soupe de qui?

d Ce sont les petits pois de qui?

e C'est la salade de qui?

f Ce sont les pommes frites de qui?

g Ce sont les haricots verts de qui?

h C'est la glace de qui?

i C'est la tarte de qui?

j Ce sont les pêches de qui?

Claire Fournier

Mme Estival

Alain Phillipot

M Duchêne

Yvonne Martin

Mme Godefroy

Paul Lecoeur

M Olivier

René Ferrand

Simon Clément

Rôle-playing exercises

In each of the following four situations, work out what you would say to the waiter. After you have checked your version with your teacher, practise the dialogues in pairs, one (with the book open) taking the part of the waiter, the other (with book closed) taking the part of the customer. Then change round.

1 Au restaurant
Imagine you are in a French restaurant. The waiter comes up:

Garçon:	Bonjour, monsieur/mademoiselle. Vous avez choisi?
Vous:	Greet him, and say you have chosen. You would like an egg *à la russe* and then roast chicken and chips.
Garçon:	Vous voulez quelque chose à boire?
Vous:	Tell him yes, a quarter-litre of white wine, please.
Garçon:	Et qu'est-ce que vous prendrez comme dessert?
Vous:	Tell him you'll have a vanilla ice cream.
Garçon:	Bien, monsieur/mademoiselle. Vous prendrez aussi un café?
Vous:	Tell him no thank you. (Later) Call the waiter, ask for the bill and ask if the service is included.

2 Au restaurant
Imagine you are in a French restaurant with your parents, who don't speak French. The waiter comes up:

Garçon:	Bonsoir, monsieur 'dame. Vous avez choisi?
Vous:	Tell him yes, you would like a soup for yourself.
Garçon:	Et pour madame et monsieur?
Vous:	Tell him two *hors d'oeuvre* for your parents.
Garçon:	Et après?
Vous:	Order three steaks.
Garçon:	Et comme légumes?
Vous:	Tell him you would like chips and some salad.
Garçon:	Bien, monsieur/mademoiselle.

3 Au café
Imagine you are in a French café. The waiter comes up:

Garçon:	Bonjour, monsieur/mademoiselle.
Vous:	Greet him and ask for a lemonade.
Garçon:	(He brings it) Voilà, monsieur/mademoiselle.
Vous:	Thank him and tell him you'll pay now. Ask him how much it is.
Garçon:	Quatre francs cinquante, monsieur/mademoiselle.
Vous:	Ask him if the service is included.
Garçon:	Non, monsieur/mademoiselle, le service n'est pas compris.
Vous:	Hand him 5 francs and tell him to keep the change.

4 Au café
Imagine that you and a friend are in a French café. The waiter comes up:

Garçon:	Bonjour, monsieur, mademoiselle/messieurs/ mesdemoiselles.
Vous:	Greet him and ask what he has in the way of sandwiches.
Garçon:	Des sandwichs au jambon, au pâté et au fromage.
Vous:	Ask for one ham sandwich and one pâté sandwich.
Garçon:	Très bien. Vous voulez quelque chose à boire?
Vous:	Ask for a large white coffee for yourself and a coca cola for your friend. (The waiter takes your order) Ask where the toilets are.

Quel ... !

In Unit 14 you used *quel* (*quelle*, etc.) to start questions. *Quel* is often used in exclamations as well, and corresponds to the English *What a ... !* So you might hear French people say

| Quel imbécile! | (What an idiot!) or |
| Quelle surprise! | (What a surprise!) |

Other common exclamations are:

Quel dommage!	What a pity!
Quel désastre!	What a disaster!
Quelle chance!	What a stoke of luck!
Quelle catastrophe!	What a catastrophe!

Quelle horreur! — What a horrible thing/sight/mess/person, etc.!

You can easily make up more *quel* exclamations to fit particular situations, for example when you are writing an essay. You (or the characters in your story) might say:

Quel joueur!	at a football match
Quelle chanteuse!	at a concert
Quel gros poisson!	at a fishing competition
Quelle belle fille!	at a party
etc.	

Look at the pictures below and listen to the tape. Which *quel ... !* exclamations are the characters using? When you have heard each exclamation twice, write down the letter of the picture it goes with.

240

Composition: *Le dîner désastreux*

Write an essay of about 120 words telling the story shown in the pictures. Write your essay in the past, using the Perfect and Imperfect and keeping in mind the hints on essay-writing that you have been given earlier.

La bonne bouche

This is a bill for a drink at a café-tabac. Is the service charge included in the bill or not? How do you know?

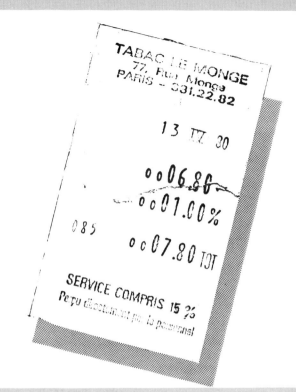

Mots essentiels

une addition	bill
le boeuf	beef
la carte *le menu*	menu
les frites (f)	chips
le garçon	waiter
le lait	milk
la limonade	lemonade
le mouton	mutton
un oeuf	egg
le plat	dish
le portefeuille	wallet
le poulet	chicken
prendre	to take, have
le repas	meal
le riz	rice
la soupe	soup
le verre	glass

Extra

'Je ne peux pas m'empêcher de manger ...'

Cécile, who can't stop over-eating, has written to a magazine
for advice. Here are three replies from readers

1 | Je suis dans le même cas que toi mais j'ai compris pourquoi je mangeais trop: je m'ennuyais. Alors, je te conseille d'organiser des sorties: promenades, piscine; invite des amis.

a Why did the writer of this letter have the same problem?
b What does she suggest?

2 | Qui dit manger trop veut dire grossir, et je crois que c'est cela qui te tracasse. La solution: manger à sa faim mais en mangeant beaucoup de légumes, des fruits, etc., tout ce qui ne fait pas grossir.

a What does the writer think is the real reason for Cécile's concern?
b What does she recommend?

3 | Cela vient peut-être que tu ne t'occupes pas assez ou que tu as des soucis. Ou bien tu es gourmande. Prends l'habitude de ne jamais reprendre d'un plat. L'argent que tu veux dépenser en bonbons ou gâteaux, mets-le de côté pour t'acheter un objet qui te fait envie ou pour un cadeau.

a What three possible reasons does this writer suggest for Cécile's problem?
b What two ideas does she offer to help overcome it?

What advice can **you** offer? Make up a short
letter on the lines of the ones you have just
read.

Finding out

1 *S'il vous plaît, il y a un hôtel près d'ici?*

It is October, you have arrived in a French
town and go into the tourist office to
enquire about a hotel. You need certain
pieces of information. As you listen to
what the clerk has to say tick off, in the
appropriate box, the answers to the
questions you have in mind.

a Is there a hotel nearby?
b Is there a hotel open at this time of the
year?
c ... with a restaurant open?
d Would the hotel be expensive?
e What about car parking space?

CLERK'S REPLIES

YES	NO	NOT SURE	DOESN'T SAY

243

2 *Voulez-vous me renseigner sur la situation de l'hôtel? Les facilités?*

A friend wants to spend a holiday in Dinan. She has the name of a hotel, but wants to know more about its position and facilities. You offer to phone and try to find out. Make a table as before and tick the appropriate box as the receptionist is talking.

a Is the hotel in a quiet position?
b Is it in the town centre?
c Is it near the shops?
d Does it have its own private swimming pool?
e ... and its own private beach?

3 *Nous voudrions emmener des amis dîner ... vous pouvez nous conseiller?*

While staying on a campsite in France, your family receives a lot of hospitality from the French couple in the next caravan. As a 'thank you', your parents decide to take them out for a meal this evening. You are sent off to the campsite office to see if they can recommend a good restaurant and your parents ask you to try and find out the points listed below. Make a chart and tick the appropriate box.

a Is the food good?
b Is the setting pleasant?
c Is it reasonably quiet?
d Is it expensive?
e Do you need to book?

Le déjeuner des canotiers

The Phillips Collection, Washington

Pierre Auguste Renoir painted this scene at Bougival, on the river Seine, in 1881. It shows a group of people who are out boating and have just finished their lunch ashore.

Imagine that you were present and are now writing a description of the scene in your diary or in a letter to a friend. Say what the people were doing, what they were wearing, and so on. As you are describing something in the past, use the Imperfect tense.

Practise using *être en train de* followed by an Infinitive (... were in the middle of doing something) and *venir de* (... had just done something) in your description. Whenever appropriate, include them in future essays as well.

Start by writing:
'Dimanche dernier, j'ai décidé de passer la journée à Bougival. Là, à la terrasse du restaurant Fournaise, il y avait des canotiers ...'

Point final

You see this recipe in a French magazine. What is it for and how do you make it? Work out as much as you can.

Les moules à la marinière

Gratter et laver plusieurs fois les moules en les brassant dans l'eau froide.
Les mettre à cuire dans une casserole avec poivre, persil, thym et 2 échalotes hachées; les mouiller d'un demi-litre de vin blanc et laisser bouillir en plein feu jusqu'à ce qu'elles soient bien ouvertes.
Les retirer et verser la cuisson dans une casserole assez large; placer à feu vif pour faire bouillir le jus de cuisson dans lequel on ajoute 125 gr. de beurre frais; quand le jus est réduit de moitié, le verser sur les moules que l'on a pu débarrasser pendant ce temps de leur coquille; servir aussitôt; saupoudrer d'une pincée de persil haché.

Mots extra

aussitôt	at once
bruyant	noisy
la colline	hill
emmener	to take
s'ennuyer	to get bored
gourmand	greedy
le souci	worry
verser	to pour

Services

This Unit will help you make use of several important services. You will learn how to manage in the post office (buying stamps, understanding post-box information, inquiring about postage rates) and when telephoning. There is practice in giving information about ailments, injuries and accidents. You will also learn how to cope at a garage or petrol station, and how to change money at a bank.

Le conducteur ne connaissait pas Paris!

Read the following newspaper report of an accident in Paris, then answer the questions.

> Vendredi, vers 18h 45, le conducteur d'un camion s'est engagé dans le passage souterrain qui relie l'avenue des Champs-Élysées à celle de la Grande Armée sous l'Arc de Triomphe.
>
> Il n'est pas passé: le tunnel n'était pas assez haut. La partie supérieure du véhicule a été déchirée comme un morceau de papier. La circulation a été bloquée pendant une trentaine de minutes.
>
> Le conducteur, transporté à l'hôpital par le SAMU (service d'aide médicale urgente), s'en tire bien.

Questions

a On what day did the accident happen?

b At what time?

c What sort of vehicle was involved?

d Where, exactly, did the accident take place?

e Why couldn't the driver get through?

f What effect did the accident have on traffic?

g What do we know of the driver's condition?

Rôle-playing exercises: *à la station-service*

The multi-national oil companies sell petrol in France, but you will also come across two French brands, ANTAR and ELF.

Imagine that you are travelling by car in France and have stopped for petrol. The conversation with the attendant might go like this.

Employé(e): Je vous fais le plein?

Vous: Non merci, vingt litres de super, s'il vous plaît.

Employé(e): Voilà. L'huile, ça va?

Vous: Oui, mais voulez-vous vérifier la pression des pneus?

Employé(e) Bien sûr.

Vous: Est-ce qu'il y a un café près d'ici?

Employé(e) Oui, il y en a un à 200m, à droite.

For practice, try these. You should:

take the part of the motorist;

prepare possible answers the attendant might give;

check what you have prepared with your teacher;

practise the conversations, working in pairs.

1

a Say you want 30 litres of 'super' grade petrol.

b Ask him/her to check the oil.

c Ask how much it is.

d Say thank you and goodbye.

2

a Ask him/her to fill it up.

b Ask him/her to check the water.

c Ask how far it is to Lyon.

3

a Say you want 100F of 'super'.

b Ask him/her to check the tyre pressures.

c Ask how much it is.

d Ask if there is a restaurant nearby.

Au garage

Look at the photo and do the exercises.

1 *Questions*
a Où se passe cette scène?
b Combien d'hommes y a-t-il?
c Quel est le métier de cet homme?
d Qu'est-ce qu'il fait maintenant?
e Qu'est-ce que vous voyez à gauche, contre le mur?
f 'Antar', qu'est-ce que c'est?

2 Imagine that you are driving in France and have stopped at the garage in the photo. Write a conversation between yourself and the mechanic (about 50 words).

Pourquoi s'est-il arrêté?

This driver has stopped his car. Why? Here are some possibilities:

a parce que les feux sont au rouge;
b parce qu'il n'a plus d'essence;
c parce qu'il est perdu et il veut regarder sa carte;
d parce qu'il a un pneu crevé;
e parce qu'il a eu un accident;
f parce qu'il y a un embouteillage;
g parce qu'il y a des travaux;
h parce qu'il veut laisser un piéton traverser la rue;
i parce qu'il est tombé en panne;
j parce qu'il est arrivé à sa destination.

1 Give, in English, the ten possible reasons why he has stopped.

2 Match up the following halves of sentences to make complete statements. Then write the English underneath:

a Si les feux sont au rouge ...   ... il devra aller en chercher à la station-service la plus proche.

b S'il n'a plus d'essence ...   ... il faudra peut-être avertir la police.

c S'il est perdu ...
d S'il a un pneu crevé ...
e S'il a eu un accident ...
f S'il est arrivé a sa destination ...

... il a fini son voyage.

... ils tourneront au vert dans quelques secondes.

... il devra changer la roue.

... il trouvera la bonne route en regardant sa carte.

3 Here is the reason why he has stopped, but you must work it out for yourself by a process of elimination. Look at the clues below, then add a sentence of your own at the end giving his reason for stopping:

Son moteur marche encore. Il est à la campagne et la route devant lui est complètement libre. Il a encore deux heures de route à faire, mais il sait exactement où il est. Il n'a pas eu d'accident. Il ...

La boîte aux lettres

Look at the photo and answer the questions.

Questions

a Qu'est-ce que c'est?

b Si vous voulez envoyer une lettre en Angleterre, est-ce que vous allez la jeter dans la boîte à gauche ou dans la boîte à droite?

c Dans quelle boîte allez-vous jeter une carte postale pour Paris?

d À quelle heure est la première levée le lundi?

e À quelle heure est la dernière levée le vendredi?

f À quelle heure est la dernière levée le samedi?

g Combien de levées y a-t-il le dimanche?

h Qu'est-ce qu'il ne faut pas jeter dans la boîte?

i Que veulent dire les lettres 'RF'?

Rôle-playing exercises

Vous êtes dans un bureau de poste français et vous parlez à l'employé(e):

Vous:	C'est combien pour envoyer une carte postale en Angleterre, s'il vous plaît?
Employé(e):	C'est trois francs monsieur/ mademoiselle.
Vous:	Donnez-mois trois timbres à trois francs, s'il vous plaît.
Employé(e):	Ça fait neuf francs.
Vous:	Et pour envoyer un paquet, c'est quel guichet?
Employé(e):	C'est là-bas monsieur/ mademoiselle.

For practice, try these. You should
take the part of the customer and work out what he/she will say;
prepare answers the post office clerk might give;
check what you have prepared with your teacher;
practise the conversations, working in pairs.

1
a Ask how much it costs to send a letter to England.
b Ask for two stamps at 3F 40.
c Ask how long a letter takes to get to England.

2
a Ask for two stamps at 3F and two at 3F 40.
b Say you have only a 100 F note.
c Tell him/her you also want to send a small parcel.

3
a Ask how much it costs to send a postcard to Switzerland.
b Ask if there is a collection on Sundays.
c Ask what time the collection is.

The French Post Office is now known as *Postes et Télécommunications (P et T).*

However, you will still hear people refer to it by its former title, the *PTT (Postes, Télégraphes, Téléphones).*

POSTES ET TÉLÉCOMMUNICATIONS

Pour faire un coup de téléphone

Nowadays, public call boxes *(cabines téléphoniques)* are common in France, and if you need to make a call, you will probably be able to dial direct rather than go through an operator. However, if you do need to ask for a number, for example 'Lyon 27.13.14.' you will say 'le vingt-sept, treize, quatorze à Lyon, s'il vous plaît'.

1 For practice, work out how to ask for the following numbers
a Marseille 16.44.72.
b Bordeaux 32.51.60.
c Nice 26.45.83.
d Grenoble 43.89.17.
e Rennes 19.92.31.
f Le Mans 57.12.86.
g Nantes 64.29.11.
h Toulouse 77.33.18.

2 If you were phoning a friend, you might begin like this:
'Allô, c'est toi Brigitte? Ici Pierre ... '

A more formal call (e.g. asking for information from the tourist office) would start:
'Allô, le syndicat d'initiative? Je passe quelques jours dans la ville et je voudrais savoir ... '

If you were taking a call, you should first identify yourself by saying:
'Ici Claire'
or
'Claire Lagarde à l'appareil.'

If, however, the caller wanted to speak to another member of the family, you might say:

'Attendez un instant s'il vous plaît, je vais le (la) chercher.'

or

'Un instant, je vous le (la) passe.'

a What would you say when making the following phone calls?
— to the tourist office, asking for a list of hotels;
— to your friend Jacques, asking him to come to the match this afternoon;
— to the station, asking the time of the next train to Grenoble.

b Imagine that you have answered the phone. What would you say
— on picking up the receiver?
— if the caller wanted to speak to your mother?

c Look at the photo of the young man in the call box. He is phoning his friend Lucile to arrange a meeting. Imagine the conversation between them.

3 Look at the photo and answer the questions.
a Quel temps fait-il?
b Combien de cabines téléphoniques y a-t-il?
c Décrivez le jeune homme
d Qu'est-ce qu'il est en train de faire?
e Qu'est-ce que vous voyez dans la rue?

Chez le médecin

1 Look at the photo and listen to the 12 questions on the tape, each of which is repeated. Your teacher will tell you when to answer.

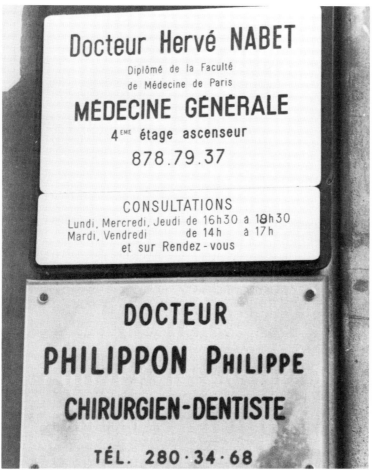

2 Use one element from each of the columns below to make six pairs of sentences. For example

J'ai mal à la gorge. Je voudrais des pastilles.

J'ai mal	au / à la	bras gorge main pied tête ventre	Je voudrais	des aspirines des médicaments une ordonnance un pansement des pastilles du sparadrap
Je me suis fait mal				

253

Rôle-playing exercises

Imagine that you are in France. You have hurt your leg and go to the doctor's. The conversation might go like this:

Médecin:	Bonjour monsieur/mademoiselle. Qu'est-ce qui ne va pas?
Vous:	Bonjour docteur. Je me suis fait mal à la jambe.
Médecin:	Alors, faites voir, s'il vous plaît.
Vous:	C'est grave?
Médecin:	Non, ce n'est pas grave, mais je vais vous mettre un pansement.
Vous:	Merci docteur. Je vous dois combien?
Médecin:	Quarante francs monsieur/mademoiselle.

For practice, try these. For each one:
take the part of the patient and work out what he/she will say;
prepare replies the doctor might give;
check what you have prepared with your teacher;
practise the conversation, working in pairs.

1
a Greet the doctor.
b Tell him/her you have hurt your arm.
c Ask if it is serious.
d Thank him/her and ask how much you owe him/her.

2
a Greet the doctor.
b Tell him/her your stomach hurts.
c Ask if he/she can give you some medicine.
d Ask when you take it.
e Thank him/her.

3
a Greet the doctor.
b Tell him/her your head aches.
c Tell him/her it has been aching for two days.

d Ask if he/she can give you a prescription.
e Thank him/her and ask how much you owe him/her.

**Achetez
chaque semaine
un billet de la
Loterie Nationale**

**et pendant les vacances
ne manquez pas l'ARLEQUIN
tirages les   9 Juillet
13 Août
10 Septembre**

The Conditional tense
Look at the leaflet urging people to buy a ticket for the French *Loterie Nationale,* for which draws are held every week. What would *you* do if you won a lot of money in a lottery? To answer that question you would need to use the Conditional tense, which is made up of the Imperfect endings on the Future stem. It corresponds to 'would' in English. For example:
j'achèterais — I would buy
elle irait — she would go
Apart from the example of the Conditional you are already familiar with *(je voudrais — I would like),* you will probably only need to recognize the tense and not use it.

Que feraient-ils s'ils gagnaient le gros lot?
Say in English what these people would do if they won the big prize.

a Jules Damoy achèterait une belle voiture de sport.

b M et Mme Henriot iraient en vacances au Japon.

c André Saliot ferait le tour du monde en bateau.

d Mme Jégu chercherait une belle villa au bord de la Méditerranée.

e Charles Hamon et Philippe Rouault partiraient pour la jungle de l'Amazone.

f Germaine Belamie prendrait des leçons de ski nautique.

g François Mayer mangerait et boirait toutes sortes de bonnes choses.

h M Levallois quitterait sans regrets son emploi ...

i ... et en partant dirait quelque chose à son patron.

j Moi? Moi, je trouverais un coin tranquille et cultiverais des vignes.

Rôle-playing exercises: *à la banque*

This is the sort of conversation you might have when changing a traveller's cheque in a French bank:

Employé(e): Bonjour monsieur/ mademoiselle. Vous voulez?

Vous: C'est à quel guichet pour le change, s'il vous plaît?

Employé(e): C'est ici monsieur/ mademoiselle.

Vous: Je voudrais changer un chèque de voyage, s'il vous plaît.

Employé(e): Bien monsieur/ mademoiselle. Votre passe-port, s'il vous plaît.

Vous: Le voilà. C'est un chèque de vingt livres sterling.

Employé(e): Voulez-vous signer ici, s'il vous plaît?

Vous: Voilà. Où se trouve la caisse, s'il vous plaît?

Employé(e): Elle est là-bas, à droite.

For practice, try these. You should take the part of the customer; prepare answers the bank clerk might give; check what you have prepared with your teacher; practise the conversations, working in pairs.

1

a Greet the bank clerk.

b Tell him/her you want to change a traveller's cheque.

c Say it's for £50.

d Thank him/her.

2

a Ask if you can change some English money.

b Say you would like to change a traveller's cheque as well.

c Ask where the cash desk is.

3

a Ask if this is the counter for changing money.

b Say you would like to change some English money.

c Ask if he/she can give you some small change.

d Thank him/her.

Composition: *Le pique-nique désastreux*
Write an essay based on the pictures of a picnic. Your teacher will tell you how many words to write.

The Pluperfect tense

You will need to recognize, though possibly not use, the French Pluperfect tense, which tells what people *had* done, or *had been* doing. It is formed like the Perfect, but the past participle is accompanied by the Imperfect of *avoir/être* rather than the Present. For example:

Ce jour-là	je m'*étais* levé de bonne heure, (*had* got up),
	j'*avais* pris l'autobus comme d'habitude, (*had* caught),
mais	j'*étais* arrivé en retard à l'école. (*had* arrived).

1 In the following newspaper report of a robbery, you will see the Pluperfect used a lot. Read the report, then answer the questions.

VOL IMPORTANT CHEZ FANTIN

On annonce ce matin un vol important de bijoux et d'argenterie chez Fantin, bijoutier, de la rue Castelnau à Verdun(Meuse). C'est M Charles Fantin, fils du propriétaire, qui, arrivant le premier au magasin vers 8h 30 hier matin, a découvert le vol. Ni les vitrines du magasin ni la porte n'avaient été forcées, alors c'est seulement en entrant que M Fantin fils a constaté la disparition d'une quantité d'objets d'une valeur exceptionnelle. On nous révèle que les malfaiteurs audacieux étaient entrés dans le magasin par un trou qu'ils avaient fait dans le plafond — c'est-à-dire dans le plancher de l'appartement du premier étage, qu'ils avaient loué quelques semaines auparavant. Pour empêcher les passants et les voisins d'entendre le bruit de plâtre tombant, les criminels avaient emprunté le célèbre truc du film 'Rififi' —ils avaient commencé par faire un trou de quelques centimètres, puis, passant un parapluie à travers, l'avaient ouvert pour recevoir le plâtre, et avaient peu à peu élargi le trou. Quand la largeur du trou était d'une cinquantaine de centimètres, ils étaient descendus au rez-de-chaussée au moyen d'une échelle de corde. Sans faire

fonctionner les alarmes — on a affaire à des voleurs professionnels — ils avaient vite ramassé la bijouterie et étaient repartis par où ils étaient venus. La police poursuit ses enquêtes.

Questions

a What is Fantin's?
b What had been stolen from the shop?
c Who is Charles Fantin?
d Why was it Charles who discovered the theft?
e Why did Charles not suspect that anything was amiss before he went into the shop?
f What had been the first step in the crooks' plan?
g What had the crooks learnt from the film 'Rififi'? Describe in detail what they had done before they entered the shop.
h Whose suspicions would not be aroused by the thieves' adopting the 'Rififi' trick?
i How had they got from the flat into the shop?
j How had they made their escape?

2 **Accidents divers d'hier**
Various people were involved in accidents or misfortunes yesterday because they had, or had not, done something. Match up the halves of the sentences below to find out what happened and the reason for it. Then write the English underneath.

a M Thomas a dû payer une amende de 100F ...   ... parce qu'elle avait oublié de vérifier l'huile dans le moteur.

b M Rigaudon a été renversé par un autobus ...   ... parce qu'elle n'avait pas remarqué qu'il s'était arrêté devant elle.

c M Prigent a dû rentrer chez lui en taxi ...   ... parce qu'elle n'avait pas mis sa ceinture de sécurité.

d La voiture de Mme Félix est tombée en panne ...   ... parce qu'il avait stationné dans une zone interdite.

e On a volé un transistor dans la voiture de Mme Gillois ...   ... parce qu'il avait perdu les clés de sa voiture.

f La voiture to Mme Macé est entrée en collision avec un camion ... ... parce qu'elle avait oublié de fermer la porte à clé.

g Mme Lamandé a été gravement blessée à la tête dans un accident de voiture ... ... parce qu'il avait commencé à traverser la rue sans regarder à droite ni à gauche.

Secours d'urgence aux victimes de la route

Read the newspaper report of an accident near Grenoble, then do the exercises:

Grenoble, le 5 janvier

Hier, à cinq heures du soir, pendant qu'il pleuvait à verse, une voiture heurta un arbre que le conducteur, Michel Lacoste, n'avait pas vu à temps.

Le passager, Gérard Fouquet, 31 ans, fut éjecté du véhicule et gravement blessé.

Quand une équipe spécialisée, le Groupe mobile d'urgence et de réanimation, arriva sur les lieux à 5h 10, le médecin trouva que le coeur de Michel Lacoste avait cessé de battre. Heureusement, des massages cardiaques remirent en action le coeur du jeune homme.

On transporta les deux blessés à l'hôpital le plus près. Leur état reste grave.

Quatre-vingt-seize morts, mille vingt-cinq blessés, tel est le bilan des accidents de la route du Nouvel An. À Noël il y avait cinquante-cinq morts et neuf cent soixante-treize blessés.

1 Choose the best answers to the following:

a The accident took place at:
  A 5 am 4 January
  B 5 am 5 January
  C 5 pm 4 January
  D 5 pm 5 January
b The vehicle involved hit a:
  A car
  B tree
  C lorry
  D pedestrian
c How many people were hurt?
  A one
  B two
  C three
  D four
d How long did it take the emergency services to arrive?
  A five minutes
  B one hour
  C half an hour
  D ten minutes
e The state of the injured is given as
  A serious
  B comfortable
  C improving
  D hopeless

f How many people were killed during the New Year period?

    A 86

    B 46

    C 96

    D 76

g How many people were injured at Christmas?

    A 965

    B 973

    C 913

    D 984

2 Rewrite the following sentences, changing the verbs in the Past Historic to the Perfect tense:

a Une voiture heurta un arbre.

b Une équipe spécialisée arriva à 5h 10.

c Le médecin trouva que le coeur de Michel Lacoste avait cessé de battre.

d On transporta les deux blessés à l'hôpital.

La bonne bouche

Like us, the French have publicity postal slogans *(flammes)* on letters. Look at the three reproduced, then answer the questions.

a In what part of France is Lourdes?

b How long does it take to get from Paris to Dieppe?

c What are the main attractions of each of the three towns?

Mots essentiels

**1 Le garage, la
    station-service**   **garage, petrol
                               station**
l'essence (f)   petrol
l'huile (f)   oil
la panne   breakdown
    tomber en panne   to break down
plein   full
le pneu   tyre
la roue   wheel

**2 Le bureau de
    poste, la Poste**   **post office**
la boîte aux lettres   post box
la carte postale   postcard
le coup de téléphone   telephone call
envoyer   to send
le paquet   parcel
téléphoner   to 'phone
le timbre (-poste)   (postage) stamp

3 Chez le médecin   **at the doctor's**
le bras   arm
le coeur   heart
la gorge   throat
la main   hand
le médicament   medicine
une ordonnance   prescription
le pansement   dressing
le pied   foot
le sparadrap   sticking plaster
la tête   head
le ventre   stomach

4 *la banque*   bank
le camion   lorry
le chèque de voyage   traveller's cheque
la clé   key
le conducteur   driver
emprunter   to borrow
heurter   to bump into
le morceau   piece
le papier   paper
le trou   hole
la vitrine   shop window

Extra

More about the Conditional tense

Earlier in this Unit you learnt something about the Conditional tense when you worked out what people would do if they won the Loterie Nationale. Now it's time to use it yourself.

Remember

— that it's formed by adding the Imperfect tense endings on to the Future stem

— that it has two main uses:

after *que* to show what someone said **would** happen, for example:

> Il a dit qu'il viendrait me voir lundi
> He said that he would come and see me on Monday

and in *si* sentences to say what **would** happen **if** ... for example:

> Si je gagnais le gros lot, j'achèterais une grande maison
> If I won first prize, I would buy a big house

1   Revise the Imperfect endings (page 154)

2   Revise the formation of the Future tense (page 67)

Promises, promises ...

Corinne's boyfriend Jean-Pierre has rung up to invite her out for the evening. Here is what he says ...

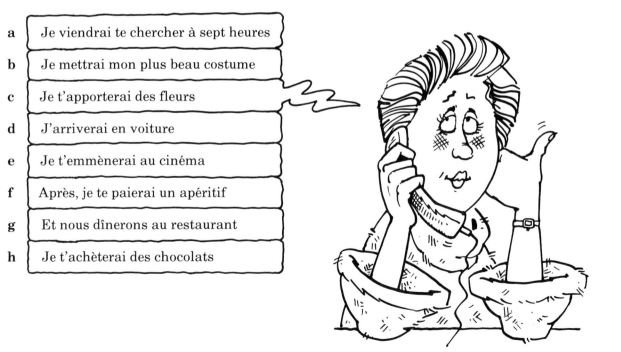

a   Je viendrai te chercher à sept heures

b   Je mettrai mon plus beau costume

c   Je t'apporterai des fleurs

d   J'arriverai en voiture

e   Je t'emmènerai au cinéma

f   Après, je te paierai un apéritif

g   Et nous dînerons au restaurant

h   Je t'achèterai des chocolats

1   What does Jean-Pierre say will happen? Explain in English. For example:

a   He says he'll come and pick her up at seven.

2   Corinne's sister, Josiane, wants to know what Jean-Pierre has been saying ('Qu'est-ce qu'il a dit, Jean-Pierre?'). Write down Corinne's explanations, using the Conditional tense. For example:

a   'Il a dit qu'il viendrait me chercher à sept heures.'

3   But when Jean-Pierre arrives, things don't quite work out as he had promised. He's late, but that's only the beginning of Corinne's disappointments. Each time she reminds him of what he said would happen. For example:

a   'Il est sept heurs vingt ... tu as dit que tu viendrais me chercher à sept heures!'

Now complete the rest of Corinne's protests:

b   'Te voilà en blue-jean ...'
c   'Tu arrives les mains vides ...'
d   'Tu es à pied ...'
e   'Il va au stade, ce bus ...'
f   'On va manger tout de suite? Mais ...'
g   'Ah, je n'aime pas les snack-bar ...'
h   'Mais c'est une pomme, ça ...'

What if ... ?

Using the Conditional tense, write down five things you would (or wouldn't) do in each of the following situations:

a   Si vous deviez partir seul(e) sur une île déserte ...(For example: Si je devais partir sur une île déserte, j'emporterais des médicaments avec moi ...)
b   Si vous étiez un chanteur/une chanteuse célèbre ...
c   Si vous aviez cinq ans ...
d   Si vous étiez un chat ...
e   Si vous viviez pendant la Révolution Française ...

Avis de recherche à la radio

In emergencies (when someone is missing from home, for example), French radio will sometimes broadcast appeals for help. These are the kind of things you may hear. When you have listened to them, answer the questions.

1
a   What are M and Mme Deschamps doing at present?
b   What colour is their car?
c   What is the registration number?
d   What number should M and Mme Deschamps ring?
e   Why?

2
a   When did the girls set out?
b   Where were they going?
c   How old are they?
d   What are they asked to do?
e   What is said at the end to encourage them to do this?

3
a   What are two of the details given to help identify the car in question?
b   What should the driver do?
c   Which part of the car needs attention?

4
a   How old is the person mentioned here?
b   When was she last seen?
c   What is she like? Give three details.
d   What were two of the things she was wearing?
e   What should anyone with information about her whereabouts do?

5   Write down as much information as you can about Jean-Luc

Rôle-playing exercises: *Allô ...*

Sometimes you may need to speak to a French person on the phone and note the essential parts of the reply.
Work out what you will say in the following situations:

1 You are staying at Cholet and want to spend a day in Beaupréau. Ring up the coach station and find out:
a Whether there is a coach to Beaupréau at about 10 a.m.
b What time it arrives in Beaupréau
c How much the return fare is
d What time the last coach to Cholet leaves Beaupréau.

2 While staying in Argenton, you have been invited to a French friend's house for the evening. You phone up to check the following points:
a Where, exactly, the house is
b What time you should arrive
c The best way to get there

3 You want to visit the castle in Saumur. Ring up the tourist office to find out:
a When the castle is open
b What time it closes
c Cost of admission
d How far it is from the station

Pair Work
One person asks the questions you have just prepared while the other answers them as indicated on page 326 (without letting the questioner see them). The person asking the questions notes, in English, the essential information.

En cas d'incendie

Many French people live in blocks of flats and in the entrance hall you will find instructions about what to do in the event of fire:

---

1 Appelez les Sapeurs-Pompiers

2 Dirigez l'évacuation de votre famille en utilisant un itinéraire que vous aurez pris soin de reconnaître en temps normal

3 Coupez les compteurs d'énergie (gaz, électricité notamment) et surtout fermez la porte de votre appartement. N'y revenez pas sans avis des Sapeurs-Pompiers

4 Dans la chaleur et la fumée, baissez-vous, l'air frais est près du sol

5 Si les couloirs et escaliers sont envahis par la fumée, restez chez vous

Une porte fermée et mouillée protège longtemps

Allez aux fenêtres et manifestez votre présence

---

1 Answer these questions:
a What is the first thing you are told to do?
b In Section 3, what are you told to do after switching off the gas and electricity?
c In Section 4, what are you advised to do in hot, smoky conditions? Why?
d What are you told to do in Section 5?

2 There are nine Imperatives in the passage. Make a list of them, giving their meaning (in this context) and the Infinitive of each verb.

Compte rendu

One of the police inspectors investigating the Fantin robbery (page 257) has just interviewed a suspect about his movements on the day of the crime. These are the notes he made during the interview:

> 10h : se lève
> prend l'autobus
> va en ville
>
> ○ 12h : rencontre des amis
> déjeune Brasserie Laval
>
> 15h : rentre, se repose
> regarde la télé
>
> ○ 19h15 : (+ femme) va
> au cinéma (Roxy)
> "Le jour se lève"
>
> 22h30 : se couche

Now he needs to write out his report in full. Remember, as it deals with what the suspect **had** done, it will be in the Pluperfect tense. What will he put? Start with:

Il a dit qu'il s'était levé à 10h ...

Mots extra

brûler	to burn
la chaleur	heat
le commissariat	police station
craindre	to fear
la croix	cross
la gare routière	bus station
mince	slim, thin
parfois	sometimes
le sang	blood
vide	empty

Point final: Have a heart!

While on holiday in Normandy, you come back to your car and find this leaflet behind the windscreen wiper:

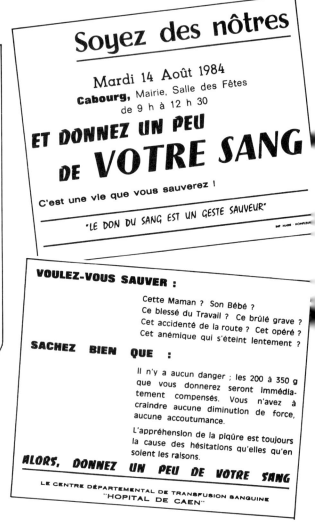

a You are being asked to give a little of your blood. When would this be possible?

b ... and where?

c By making a blood donation you are told you might save a mother, her baby ... and who else?

d In the section *SACHEZ BIEN QUE ...*, the blood transfusion service wants to reassure prospective donors. What three pieces of information are people given to encourage them?

A visit to Amboise

The subject of this Unit is an exchange visit to the town of Amboise in the Loire Valley: the preliminary letters, the journey (including travel on the Paris Métro), meeting the family, exploring the French town and writing a 'thank you' letter. When you have finished the Unit, you will feel much more confident about coping in a similar situation yourself.

A letter from Brigitte

Amboise, le 29 juin

Chère Jane,

Nous étions très contents de recevoir ta dernière lettre et de savoir que tu viendras passer une quinzaine chez nous en août. Je t'envoie une photo de la maison où se trouve notre appartement: nous sommes au deuxième étage, alors tu auras une belle vue sur la ville!

Tu as dit que tu viendras par le train. Est-ce que tu viendras Folkestone-Boulogne? Et à quelle gare arriveras-tu à Paris: la gare Saint-Lazare ou la gare du Nord? Écris-moi bientôt et dis-moi l'heure de ton arrivée. Nous viendrons te chercher à la gare d'Amboise.

À bientôt!

Brigitte

Write a reply to Brigitte, thanking her for her letter. Tell her:
— you are coming on 6 August;
— you are travelling Dover–Calais and will arrive at the gare du Nord in Paris;
— you don't know if you will take the bus or the Métro to go from the gare du Nord to the gare d'Austerlitz;
— the train arrives at Amboise at 7.20 pm.

Finish by saying that you will be very happy to see them all.

Final arrangements

Amboise, le 10 juillet

Chère Jane,

Merci de m'avoir écrit si vite, tu fais des progrès, n'est-ce pas? Alors, c'est décidé, tu feras la traversée Douvres-Calais. Tu as raison, je crois, c'est la traversée la plus courte. Mais j'espère tout de même que la mer sera calme et que tu ne seras pas malade! Pour traverser Paris tu prendras le Métro, n'est-ce pas? Je t'envoie un plan du Métro et un ticket. Pour aller de la gare du Nord à la gare d'Austerlitz, tu prends la Direction PLACE D'ITALIE et puis tu descends à Austerlitz. Tu as de la chance — il ne faut pas changer de train!

Ton train arrive à Amboise à 7h 20 du soir et nous viendrons tous te chercher à la gare (papa vient d'acheter une Citroën CX break — il en est très fier!) Tu seras sans doute très fatiguée après ton long voyage, alors tu te coucheras de bonne heure. Maman te préparera un repas froid. Le lendemain nous visiterons un peu la ville, si tu veux, et je te présenterai à tous mes copains. Pendant que tu seras chez nous, on fera *beaucoup* d'excursions dans la région: il te faut absolument visiter tous les châteaux de la Loire!

Je serai si heureuse de te voir!

À bientôt,

Ton amie,

Brigitte.

PS Maman te demande de lui apporter du thé anglais. Deux paquets, c'est possible ??

Le Métro

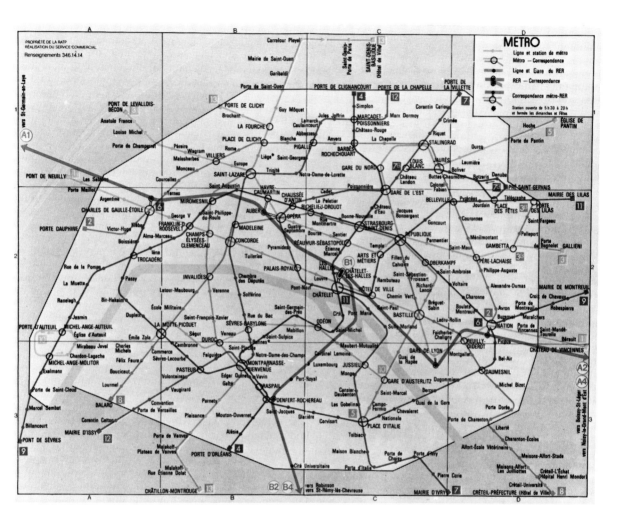

Like the London Underground, the Paris Métro is made up of
a number of different lines. To find your way in London, you
usually need to know whether the train is northbound or
southbound, eastbound or westbound. In Paris, however, the
train's direction is shown by the name of the station at the
end of the line. So to get from the gare du Nord to the gare
d'Austerlitz, Jane will look for signs saying DIRECTION
PLACE D'ITALIE. She will be careful *not* to get on a train
DIRECTION ÉGLISE DE PANTIN, as this will take her in
the opposite direction.

Luckily, she does not have to change lines. If she did, she would look for the word CORRESPONDANCE together with whichever new DIRECTION she wanted. Each train has 1st and 2nd class carriages.

Unlike London, where you pay according to distance, Paris Métro tickets are all the same price, however long or short the journey. By buying your tickets in tens (ask for *un carnet*), you get a reduced rate. If you are staying in Paris for several days, it could be worth your while to buy a *billet de tourisme* which entitles you to unlimited travel on Métro, RER and bus. (The RER is the regional express underground.)

Look at the plan and the ticket, then answer the following questions:

a If you are at the gare du Nord and you want to go to Barbès-Rochechouart, look for signs saying DIRECTION _____ .

b If you are at the gare de l'Est and you want to go to Louis Blanc, look for signs saying DIRECTION _____ .

c Coming from England to Paris, you arrive at either the gare du Nord or the gare Saint-Lazare. Find the gare Saint-Lazare on the plan.

d Can you get direct from the gare Saint-Lazare to the Place de la Concorde?

e What do the thicker black lines on the plan indicate?

f Which station do you go to if you want to get to the Arc de Triomphe?

g Which station do you go to if you want to get to Notre Dame?

h What does '2' on the ticket indicate?

i Why does the ticket have RATP on it?

j Why does the ticket have METRO and AUTOBUS on it?

L'arrivée

It is 7.20 and Jane has arrived at Amboise station. Brigitte
and the rest of the Henriot family are there to meet her. This is
what they say to each other: supply Jane's part as indicated.

Brigitte:	C'est Jane, n'est-ce pas? Je suis Brigitte. Je te présente maman, papa, mon frère Patrick et le chien, Alaric.
Jane:	(Say hello)
Mme Henriot:	Bonjour Jane. Le voyage s'est bien passé? Vous êtes fatiguée?
Jane:	(Say yes, the journey went well, the sea was calm, but you are a bit tired)
M Henriot:	Pas de problèmes à la douane, ou à Paris?
Jane:	(Say no, no problems, you found the Métro without difficulty)
Brigitte:	Alors, ce sont tes valises?
Jane:	(Say yes, you have two of them)
M Henriot:	Alors, voici la voiture. En route!

(À la maison)

Mme Henriot:	Entrez, Jane, asseyez-vous. J'ai préparé un repas froid: vous avez faim sans doute?
Jane:	(Say yes, you're hungry)
Mme Henriot:	Alors, qu'est-ce que vous voulez manger?
Jane:	(Say you would like some ham)
M Henriot:	Et qu'est-ce que vous voulez boire? Vous aimez le vin?
Jane:	(Say you like wine, but you prefer coffee)
Patrick:	Et le thé. Tu as apporté le thé?
Mme Henriot:	Voyons Patrick, tais-toi! Ce n'est pas le moment!
Jane:	(Say yes, you have brought two packets of tea)
Mme Henriot:	Merci, Jane, vous êtes vraiment très gentille. Mais vous êtes fatiguée. À quelle heure vous couchez-vous d'habitude?
Jane:	(Say you normally go to bed at about 10 o'clock)
Brigitte:	Et à quelle heure te lèves-tu?
Jane:	(Say at about 8 o'clock)
Mme Henriot:	Et qu'est-ce que vous aimez manger au petit déjeuner?
Jane:	(Say you don't eat a lot at breakfast, only bread and jam)
M Henriot:	Alors, bonne nuit, et dormez bien!
Jane:	(Say thank you and good night)

La ville d'Amboise

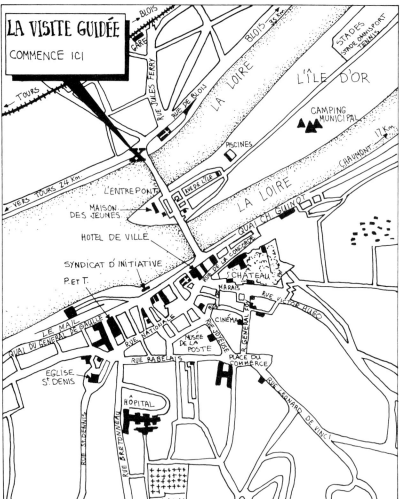
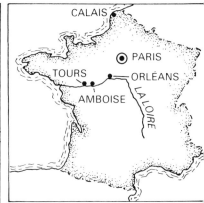

1 Look at the town plan of Amboise and answer the questions:

a Comment s'appelle la rivière qui traverse Amboise?

b À quelle distance d'Amboise se trouve Blois?

c À quelle distance d'Amboise se trouve Tours?

d Comment s'appelle l'île qui se trouve au milieu de la Loire?

e Où se trouve la gare?

f Où se trouve le camping?

g Où se trouve le cinéma?

h Où se trouve la Poste (P et T)?

i Où se trouve le musée de la Poste?

j Vous êtes à la gare et vous voulez traverser les ponts. Quelle rue prenez-vous?

k Vous êtes au musée de la Poste et vous voulez aller au cinéma. Que faites-vous?

l Vous êtes au syndicat d'initiative et vous voulez aller au camping. Que faites-vous?

m Qu'est-ce qu'on peut faire pour s'amuser à Amboise?

2 Make up three questions of your own based on the town plan of Amboise. Then, working in pairs, ask your partner the questions you have devised — but before you start, make quite sure that you know the answers yourself!

Rôle-playing: finding the way

Using the plan of Amboise to help you, work out dialogues based on the following situations. For each situation you should:
take the part of the tourist;
work out the replies of the passer-by;
check what you have prepared with your teacher;
practise the dialogue, working in pairs.

1 You are at the station:
a ask a passer-by the way to the bridges over the Loire;
b ask if it is far;
c thank him/her.

2 You are at the musée de la Poste:
a ask a passer-by if there is a cinema in Amboise;
b ask how to get there;
c thank him/her.

3 You are at the place where the guided tour starts:
a ask a passer-by where the swimming baths are;
b ask if they are near the campsite;
c thank him/her.

4 You are at the Hôtel de Ville:
a ask a passer-by if the post office is in the rue Nationale;
b ask how to get there;
c thank him/her.

La visite d'Amboise (1)

As Brigitte had suggested in her letter, she took Jane into Amboise to show her round the town. Near one of the bridges across the Loire they met a group of tourists — a guided visit was just about to start. Here is what the guide said:

'Mesdames, Mesdemoiselles, Messieurs,
'Nous voici à Amboise, ville de 9,000 habitants, située sur les bords de la Loire, au coeur de la Touraine, une région que l'on appelle souvent le 'Jardin de la France' pour la beauté de ses paysages. Nous sommes sur la rive droite de la Loire. À l'arrière-plan se dresse le château, dont je vous parlerai plus tard.
'Plus près nous voyons les deux ponts qui traversent la Loire. Détruits pendant la dernière guerre, ces deux ponts durent être reconstruits. Entre les ponts vous pouvez voir une île — l'île d'Or, qu'on appelait autrefois l'île Saint-Jean — qui divise le lit de la Loire en deux. Vers 496, cette île fut le théâtre d'une rencontre historique: celle de Clovis, roi des Francs avec Alaric, roi des Wisigoths. Aujourd'hui l'île d'Or est essentiellement un centre de loisirs qui est admirablement situé. Le grand bâtiment, à son extrémité, est la Maison des Jeunes et de la Culture. Elle est ouverte

aux jeunes gens et aux jeunes filles de tous les milieux et de tous les pays. Cette Maison des Jeunes et de la Culture est très fréquentée et très active. Les jeunes aiment s'y rencontrer pour écouter ou jouer de la musique, pour regarder des films, pour faire du théâtre ou bien de la peinture, du dessin, du modelage, ou encore pour pratiquer leur sport favori.

'Une autre partie de l'île d'Or, tout près de la Maison des Jeunes et de la Culture, est réservée au terrain de camping municipal. Ce vaste terrain de camping, qui s'étend sur 15 hectares à l'ombre des peupliers, comprend une piscine avec plusieurs bassins et des plongeoirs, un parc d'attractions, un bar avec piste de danse, des terrains de jeu, un foyer où les campeurs viennent lire ou se réunir, des installations sanitaires très modernes, etc, etc. Si vous venez planter votre tente dans l'île d'Or, vous aurez une vue magnifique sur le château qui se trouve juste en face. Le château est l'édifice le plus important et le plus célèbre de la ville d'Amboise. La nuit, en été surtout, il est illuminé et on peut aussi assister à un spectacle *Son et Lumière*.'

What would you have understood of this description if you had been in the group of tourists? Answer the following questions:

a Where is Amboise situated, according to the guide?
b What is the region of Touraine known as?
c Why?
d When were the bridges destroyed?
e What lies between the two bridges?
f Why is this place historically important?
g What is the building at the end?
h Why do young people go there?
i What else is to be found on the island?
j What sort of trees surround it?
k Name three of the facilities offered by the campsite.
l Where is the castle in relation to the campsite?
m At what time of year are you most likely to be able to see the *Son et Lumière* spectacle?

La visite d'Amboise (2)

Here is another extract from the guide's description of
Amboise. He starts his commentary after the group has
visited one of the town's museums:

'En quittant le musée de la Poste, nous irons nous promener
un peu dans la rue Nationale toute proche. C'est une rue
commerçante très active mais étroite et souvent très
encombrée. Il n'y a pas de très grands magasins, mais
plutôt des petites boutiques modernes où l'on peut parfois
se servir soi-même. On appelle ces magasins des 'libre-
service'. Cependant ces 'libre-service' sont encore rares à
Amboise qui est surtout une ville de petits commerçants où
l'on préfère vendre des produits de qualité plutôt que de
vendre en grande quantité. D'ailleurs, la clientèle de ces
magasins est essentiellement composée de touristes venant
non seulement de toutes les régions de France, mais aussi
de tous les pays du monde. Surtout l'été.

'Ces touristes sont des clients qui recherchent des
spécialités de très bonne qualité particulièrement dans le
domaine des vins, des pâtisseries et des confiseries. Bien
souvent, en plein été, il y a tant de personnes que l'on doit
faire la queue pour être servi. C'est le cas en particulier pour
les boucheries et les charcuteries. Et puis chacun sait la
place importante que tient la cuisine dans la vie des
Français, même quand ils sont en vacances et campent
sous une tente plus ou moins confortable.

'Là-bas, sur le Mail, cette belle promenade qui longe la
rivière, le marché s'installe tous les dimanches. On y vend
de tout: de la viande, des légumes, des fruits, des fleurs, des
vêtements, et même des voitures neuves ou d'occasion.
L'été, les habitants d'Amboise viennent prendre un verre à
la terrasse des cafés voisins. Les touristes aussi.'

Complete these statements by adding the
appropriate ending:

a Le groupe vient de visiter
  A la rue Nationale
  B un grand magasin
  C un musée
b La rue Nationale n'est pas très
  A étroite
  B large
  C animée
c Les boutiques de la rue sont plutôt
  A modernes
  B rares
  C grandes

d On voit des touristes français dans cette
  rue, mais aussi des touristes
  A essentiels
  B étrangers
  C régionaux
e Il y a souvent tant de personnes qu'il faut
  A s'impatienter
  B acheter des provisions
  C attendre
f Même quand ils font du camping, les
  Français aiment
  A faire la queue
  B se servir
  C bien manger

g Le marché du Mail s'y installe
  A un jour par semaine
  B tous les jours
  C en été seulement

Adverbs

A lot of adverbs in French end in -ment, like essentiellement and particulièrement in the guide's description. (You can see how to form these in the Reference Grammar, page 329.) As in English, though, many are short words and phrases and have to be learnt individually. Find the French equivalent of these words in the text:

a a little   **d** sometimes   **g** only
b often   **e** still   **h** even
c rather   **f** especially   **i** over there

Les distractions

After Brigitte had taken Jane round the town, they went to the syndicat d'initiative to collect some tourist brochures. Here is what one of them had to say about facilities for entertainments and other leisure activities in Amboise. Read the text and answer the questions:

> La ville possède un théâtre très moderne où l'on peut assister à des pièces, à des concerts, à des spectacles de variétés. Elle possède aussi un cinéma qui présente les derniers films sortis.
>
> Les Amboisiens peuvent aussi faire tous les sports, en particulier le football, car il y a une excellente équipe locale.
>
> La natation est très favorisée: il y a deux piscines, une en plein air à l'île d'Or et une couverte près du lycée Léonard de Vinci.
>
> Sur le Mail il y a souvent des concours de boules ou de pétanque.
>
> Beaucoup de gens, le dimanche, vont faire une promenade dans l'immense forêt qui entoure Amboise et où l'on peut ramasser des champignons en automne. Dans cette forêt, sur la route de Bléré, à deux kilomètres d'Amboise, on trouve même une pagode chinoise du 16e siècle, haute de 45 mètres. Voici une touche d'exotisme asiatique vraiment inattendue dans le Jardin de la France.

a Qu'est-ce qu'on présente au théâtre d'Amboise?
b Combien de cinémas y a-t-il dans la ville?
c Quel est le sport le plus favorisé à Amboise?
d Combien de piscines y a-t-il?
e Quelle est la différence entre la piscine qui se trouve près du lycée et celle de l'île d'Or?
f Qui était Léonard de Vinci?
g De quelle nationalité était-il?
h À quoi joue-t-on sur le Mail?
i Qu'est-ce qu'on peut faire le dimanche pour s'amuser?
j Qu'est-ce qu'on trouve dans la forêt en automne?
k Quelle route faut-il prendre pour aller voir la pagode?
l À quelle distance d'Amboise se trouve la pagode?

Writing a letter
Here is an example of a 'thank you' letter:

Chère Madame Sauvageot,

Me voilà de retour en Angleterre! Le voyage s'est bien passé et, heureusement, il n'y avait pas de difficultés à la douane.

Je vous remercie tous de votre hospitalité et de votre gentillesse pendant mon séjour chez vous. Je garderai un très bon souvenir de la quinzaine passée chez vous à Argenton et, bien entendu, de la cuisine française! Nous attendons avec impatience la visite de Suzanne à Pâques: je serai tellement contente de lui montrer le paysage, les monuments de Londres, enfin, tout! Merci encore une fois,

Amitiés,

Karen

Using the above letter as a guide, write to Brigitte's mother thanking her for your stay in Amboise. Mention your journey home (across Paris by Métro, a windy sea crossing). Thank them all for their kindness during your stay. Say something about Amboise and what you liked most. Say you have made progress in French. Mention Brigitte's return visit in July and talk about what you will do then.

Write between 100 and 120 words.

Amboise dans l'histoire

Here are some historical facts about Amboise. Read them
through, then do the exercises:

a Clovis, roi des Francs, et Alaric, roi des Wisigoths, se
rencontrèrent dans l'île d'Or vers 496. Ils y signèrent un
traité de paix, mais sept ans plus tard, à la bataille de
Poitiers, Clovis tua Alaric de sa main.

b Foulques Nerra bâtit le premier pont de pierre sur la Loire
au onzième siècle, et installa une tour fortifiée sur la rive
gauche, sur l'emplacement du château actuel. Pendant la
Révolution, le château devint une prison d'état.

c Jeanne d'Arc, en route pour le siège d'Orléans, s'arrêta
pendant quelque temps à Amboise. Le courage de Jeanne
permit à Charles VII de devenir roi de France. Celui-ci, qui
n'aimait pas les grandes villes, répara le château et y
habita.

d Le roi François 1er invita Léonard de Vinci à quitter l'Italie
pour venir en France en 1515. Le célèbre artiste et ingénieur
passa les dernières années de sa vie à Amboise.Il y mourut
en 1519.

1
a What happened on the *île d'Or* in about
496?
b What date was the battle of Poitiers?
c How did Alaric die?
d When was the first stone bridge built
across the Loire at Amboise?
e Where did Nerra build a fortified tower?
f What was the château used for during the
Revolution?
g Where was Joan of Arc going when she
stopped at Amboise?
h Why did Charles VII live in the château?
i As well as being an artist, what was
Leonardo da Vinci?
j What part of his life did he spend at
Amboise?

2 Rewrite paragraphs (a) and (d) putting the
verbs into the Perfect tense.

Mots croisés

Horizontalement

2 À l'extrémité de l'île d'Or se trouve la Maison des _____ .

4 Le monument le plus important de la ville.

5 Clovis rencontra Alaric sur l'île d'Or _____ 496.

7 On y joue sur le Mail.

8 Beaucoup de touristes visitent Amboise, surtout en _____ .

9 Il y en a une au milieu de la Loire, à Amboise.

13 Brigitte écrit à Jane: 'Nous viendrons _____ chercher à la gare.'

14 Ils viennent du monde entier pour visiter Amboise.

15 La Loire en est une, la plus longue de France.

17 Il faut les traverser pour aller de la rive droite à la rive gauche.

19 Il s'installe sur le Mail le dimanche.

Verticalement

1 On en voit beaucoup au camping municipal.

3 Les touristes l'ont quitté pour aller voir la rue Nationale.

4 La piscine de l'île d'Or n'est pas _____ .

5 Les touristes aiment le faire.

6 Il y en a une de chaque côté de la Loire.

10 Pour arriver à Amboise, Jane a pris _____ train.

11 On peut y trouver des champignons.

12 La rue Nationale est très _____ .

16 Au marché du Mail, on _____ toutes sortes de choses.

18 Jane en a apporté d'Angleterre pour Mme Henriot.

La bonne bouche

What is the connection between this painting, which the French know as *La Joconde,* and the town of Amboise? Where is the painting to be found now?

Mots essentiels

un appartement	flat
la boutique	shop
le champignon	mushroom
se coucher	to go to bed
fier (- ère)	proud
la guerre	war
une île	island
là-bas	over there
large	wide
le lendemain	next day
le monde	world
(un) peu	(a) little
le pont	bridge
quelquefois	sometimes
la quinzaine	fortnight
recevoir	to receive
le roi	king
surtout	above all, especially
toujours	always
la vue	view

278

Extra

La visite d'Annecy

This is a short guide to the Alpine town of Annecy, which takes the visitor to some of the main places in the town.

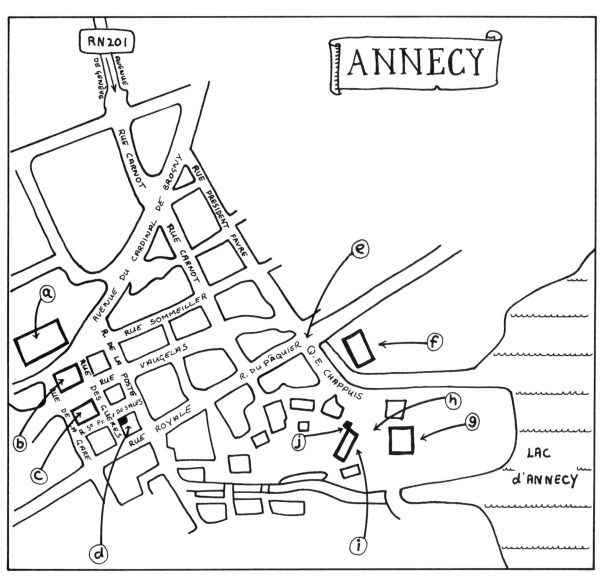

1 Listen to it once, following the route as best you can from the town plan. Then listen again and say what buildings and other places are indicated by the letters a–j.

2 Now that you know what the letters a–j represent, how would you direct someone:
a from e to a?
b from f to d?
c from b to j?
d from the Avenue de Genève to h?

Adverbs

1 Learn regular and irregular adverbs
  (Reference Grammar, page 329)

2 Use what you have learnt to complete the
  crossword:

1 sans faire de bruit

2 Quel beau cadeau, tu es _____ gentil!

3 contraire de lentement

4 contraire de timidement

5 Tu as 20 sur 20? _____ tu as travaillé
  dur!

6 Tu es fort en football?
  Non, j'y joue très _____ .

7 Ça va?
  Oui, ça va _____ , merci.

8 plus que beaucoup

9 On l'a transporté à l'hôpital, il est
  _____ malade.

10 Tout le monde était content, _____
   Agnès, qui est d'habitude si triste.

11 ne ... que

12 par bonheur

13 sans s'impatienter

14 contraire de tard

15 Elle est très heureuse, elle rit _____ .

Wanted: pen-friends

Five girls are looking through the contact column of a French magazine in search of a pen-friend. Read the requests in the column, then look at the information about the five girls. Who do you think each will probably choose to write to?

Janet, 15, lives in Birmingham. Likes reading and cooking

Anne, 16, lives in Brittany, likes sport and travel.

CORRESPONDANTES

Je m'appelle Fabienne, j'ai 16 ans et je ch. corresp. de tous pays. J'adore danser, voyager, les chevaux. Vous pouvez m'écrire en français, anglais et un peu en espagnol. Fabienne Fouquet, 8 rue de Verdun, 42290 Sorbiers, France

J.F. 17 ans ch. corresp. même âge habitant le Midi de la France. Possibilité d'échange. Suis une fan de tennis. Réponse assurée à toutes. Nathalie Giry, rue de la Concorde 61, 1190 Bruxelles, Belgique

J.F. 15 ans ch. corresp. 14/16 ans anglaise, écossaise ou irlandaise. Echange possible. Aime la musique, cinéma, mode. On peut m'écrire en français ou anglais. Sylvie Lacoste, 64 rue des Lilas 35000 Rennes, France

J.F. 16 ans ch. corresp. J'aime la lecture, les animaux, la cuisine. Tous pays sauf France, Belgique. Joindre photo. Amandine Babin, 18 av. Magenta 76000 Rouen, France

J'ai 15 ans et demi et je ch. corresp. habitant la Bretagne en vue de découverte de la région. J'aime le sport, voyages, danse. Pascale Charnay, 43 bis rue de Bourgogne, 11100 Narbonne

Delphine, 17, lives near Marseille and would like to visit Belgium

Carmen, 15, lives near Seville, Spain, likes horses. Knows some French but prefers to write some of letter in Spanish

Fiona, 14, lives in Glasgow. Would quite like an exchange. Doesn't much like writing French, would prefer mainly English.

1

a Janet will write to _____

b Anne's correspondent will be _____

c Delphine will choose _____

d Carmen's pen-friend will be _____

e Fiona's letter will be to _____

2 Imagine that you have decided to answer the fourth request, the one from Amandine Babin. Say something about yourself (age, nationality, appearance), what interests you (sport, leisure activities), whether you want to correspond in French or English (or both), if you want an exchange. Before you start writing, re-read the whole of the contact column: some of the words and phrases could be useful for your answers.

Depuis

In Unit 4, you learnt how to use *depuis* with the Present tense to say that something has been going on for a certain time (and still is). For example:

> J'apprends le français depuis cinq ans
>
> I've been learning French for five years

Depuis can also be used with the Imperfect tense to say that something had been going on for a certain time (and still was):

> Il pleuvait depuis deux jours quand nous sommes arrivés
>
> It had been raining for two days ...

Using this example as a guide, write out the sentences below, replacing the Infinitives by the Imperfect and Perfect tenses. Then write the English version underneath.

a Je (attendre) depuis seulement deux minutes quand le train (arriver) en gare.

b Je (chercher) depuis longtemps un plan du Métro quand un passant m'en (indiquer) un.

c Brigitte (dormir) depuis deux heures quand le téléphone (sonner).

d Nous (habiter) Amboise depuis cinq ans quand mon père (devoir) aller travailler à Paris.

e Clovis et Alaric (être) ennemis depuis quelques années quand ils (signer) le traité de paix.

f Léonard de Vinci (habiter) Amboise depuis quatre ans quand il (mourir) en 1519.

g Nous (faire) la queue devant le cinéma depuis une demi-heure quand enfin on (ouvrir) les portes.

h Le château d'Amboise (être) en mauvais état depuis longtemps quand Charles VII (décider) de le faire réparer.

i Nous (camper) dans l'île d'Or depuis deux jours quand l'accident (arriver).

j Je (se promener) dans la forêt depuis une heure quand il (commencer) à pleuvoir.

Point final - Chien, Chat et Perroquet

Julien a trois animaux qu'il adore: un chien, un chat et un perroquet. Mais l'harmonie n'est pas parfaite entre les trois: on ne peut pas laisser seuls sans surveillance

— ni le chat avec le perroquet

— ni le chien et le chat

Par contre, on peut laisser ensemble le chien et l'oiseau, qui s'entendent bien.

Alors, Julien doit emmener ses trois animaux à sa maison de campagne à quelques kilomètres de là. Mais sur sa bicyclette il ne peut transporter qu'un animal à la fois.

Question: Comment va-t-il faire pour éviter le désastre? Il ne peut ni attacher, ni enfermer les animaux ...

Give, in French, your solution to this problem. Key words in your answer may be *emmener* (to take), *ramener* (to bring back) and *laisser* to leave.

Revision (2)

Une visite au cinéma

Look at the two photos, then do the exercises.

1 Listen to the 11 questions, each of which is
   repeated. Your teacher will tell you when to
   answer.

2 Here are some details about the films being shown at the Gaumont Colisée.

> *Le Roi et l'Oiseau* (1979)
> Dessin animé français en couleurs, qui a obtenu le prix Delluc 1979.
>   1h 25
>
> *1941* (1979)
> Comédie américaine en couleurs.
> Six jours après Pearl Harbour la terreur saisit Los Angeles. Les habitants croient que les troupes japonaises arrivent.
>   1h 55
>
> *Les Muppets* (1979)
> Comédie anglaise en couleurs. Les Muppets vont à Hollywood pour tourner un film. Une aventure avec Miss Piggy, Kermit la Grenouille et leurs amis.
>   1h 35

Imagine that you are ringing up a friend to see if he/she would like to come to one of the films with you this evening. Using the information given above, fill in the blanks in the conversation.

Vous: Allô, c'est toi Jean/Jeanne? Ici . . . . Veux-tu venir au cinéma ce soir? On a le choix de trois films au Gaumont Colisée.

Ami(e): Qu'est-ce qu'on passe?

Vous: . . .

Ami(e): Qu'est-ce que c'est, *1941*?

Vous: . . .

Ami(e): Il dure combien de temps, ce film?

Vous: . . .

Ami(e): Et *Les Muppets,* c'est encore un film américain?

Vous: . . .

Ami(e): *Le Roi et l'Oiseau,* c'est une comédie aussi?

Vous: . . .

Ami(e): Je préfère ça. Bon, il est cinq heures maintenant: c'est à quelle heure, la prochaine séance?

Vous: . . .

Ami(e): Alors, on se rencontre devant le cinéma. À tout à l'heure!

Les vacances en Bretagne

Here is an account of a holiday in Brittany written by a schoolgirl from Alsace. Rewrite the passage, filling in the missing words.

Je _____ allée en vacances en Bretagne. Le voyage, _____ voiture, a duré deux jours. _____ arrivant, la femme de chambre de l'hôtel nous a montré notre chambre. _____ lendemain, nous nous _____ promenés au _____ de la mer. Je me _____ baignée et j' _____ vu beaucoup de bateaux. Je _____ suis bien amusée avec deux camarades. Le quatrième jour, nous sommes allés à _____ plage de Cancale. Le cinquième jour, nous _____ visité le Mont Saint-Michel. Nous sommes _____ huit jours.

J'aime la Bretagne, je serais heureuse d' _____ retourner.

Une fillette prisonnière dans une machine à laver

Listen to this news item, then complete the sentences below by choosing the correct answer from the four possibilities:

a Janine est ...
 A jeune
 B jaune
 C vieille
 D jolie

b Elle joue avec ...
 A ses parents
 B les pompiers
 C ses amis
 D son frère

c Elle est sauvée par ...
 A ses camarades
 B ses parents

C sa soeur
D les pompiers

d Elle sort de la machine à laver ...
A vite
B après longtemps
C immédiatement
D facilement

Writing a letter

You have just received the following from a friend in France. Write a letter of about 100 words in reply to it. Make sure you answer Aude's questions, but avoid wholesale copying from the original text.

Paris, le dimanche 16 mars

Chère Gillian,

Aujourd'hui, c'est dimanche, et il ne fait pas beau, alors j'écris des lettres.

Dans ta dernière lettre tu m'as demandé si nous avions des animaux domestiques chez nous. En effet, nous en avons deux: un chien qui est bien vieux et qui s'appelle Albert et un hamster qui mange tout le temps. Est-ce que tu as des animaux familiers, toi aussi?

J'aime regarder la télévision, mais pas trop souvent: voir les films qui m'intéressent, des reportages sur les pays étrangers. Qu'est-ce que tu aimes regarder?

Paris est si grand que quelquefois je me perds: heureusement qu'il y a un métro et des autobus pour retrouver sa route! Tu aimes les grandes villes ou préfères-tu la campagne?

Maintenant j'ai une moto, alors je fais des kilomètres partout au milieu des voitures et des bicyclettes (mais les Français n'aiment pas beaucoup faire de la bicyclette, surtout dans une grande ville). Tu as une bicyclette ou une moto?

Écris-moi bientôt,
Amitiés de ton amie française,

Aude

Au restaurant self-service

Look at this photo of a menu outside a self service restaurant in Paris, then answer the questions.

a Combien coûte une omelette nature?
b Combien coûte un steak au poivre?
c Comparez le prix de la bière et le prix du café.
d Comparez le prix d'un steak pommes frites et un poulet pommes frites.
e Quel est le plat le plus cher?
f Combien coûte-t-il?
g Nommez le dessert sur la liste.
j Nommez deux légumes.
i Qu'est-ce qu'il est interdit de faire?
j Le couvert, combien coûte-t-il?

285

La Pomme de Pin

Look at the advertisement for *La Pomme de Pin,* then answer the questions.

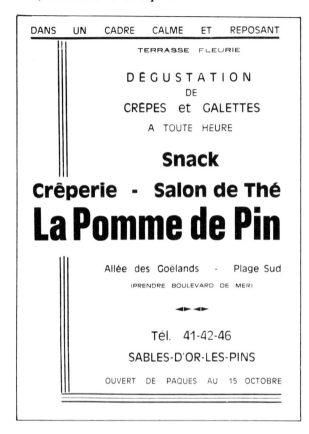

a What kind of place is La Pomme de Pin?
b What is *une pomme de pin*? (careful!)
c What are you told in this advertisement that makes you realize that La Pomme de Pin is near the seaside?
d If you went to La Pomme de Pin, where might be a pleasant place to sit and drink your tea?
e What is *une crêpe*?
f At what time of day can you order *crêpes*?
g At what time of the year does La Pomme de Pin open?

Le shopping: questions générales

a Où est-ce qu'on peut acheter des timbres?
b Qu'est-ce qu'on achète à une épicerie?
c Nommez quatre sortes de magasins ou de boutiques.
d Combien de grammes y a-t-il dans un kilo?
e Où est-ce qu'on paie les marchandises dans un supermarché?
f Où avez-vous acheté votre stylo (votre jupe, etc.)?
g Pourquoi est-ce qu'on va à une pharmacie?
h Imaginez que je suis derrière le comptoir d'un magasin. Demandez-moi le prix de quelque chose que vous voulez acheter.
i Qu'est-ce qu'une charcuterie?
j Qu'est-ce qu'on achète dans une boulangerie française?
k Que fait-on dans un bureau de change?
l Où achète-t-on la viande?
m Comment s'appelle le magasin où l'on achète des gâteaux?

Un commerçant blesse un gendarme

Read this newspaper article, then answer the questions:

Le prenant pour un voleur, un commerçant de Trilport a blessé un gendarme dans la nuit du mercredi 19 au jeudi 20 novembre.

Cette nuit-là, vers 1h 30, la pluie tombait, le vent soufflait en tempête et on n'y voyait pas à 3 mètres. Soudain, M Henri Vautrin, quarante-trois ans, épicier, qui venait de se coucher, entendit un bruit dans la rue. Il comprit qu'on était en train de cambrioler la boulangerie d'en face. Immédiatement, il saisit son fusil de chasse et descendit dans la rue. Là, il entendit le boulanger lui crier 'Attention! Il est armé!' En effet, M Vautrin vit un homme armé et un autre, à terre. C'était un gendarme qui tenait en respect un cambrioleur blessé. Prenant le gendarme pour le voleur et le voleur pour le gendarme, M Vautrin tira un coup de fusil, blessant M Jacques Briault, trente-huit ans, marié, père de trois enfants.

L'épicier ne pouvait pas savoir que, quelques minutes auparavant, le boulanger avait surpris un jeune cambrioleur. Il ne pouvait pas savoir non plus que celui-là, répliquant à un coup de revolver du cambrioleur, avait tiré sur lui, le blessant légèrement. Il ignorait aussi que, venu à pied, le seul gendarme de garde à cette heure était déjà sur place, alerté par la femme du boulanger.

a On what day of the week did this incident take place?
b What was the weather like?
c What was M Vautrin's profession?
d Where was he when he heard the noise in the street?
e Whereabouts was the bakery in relation to his own house?
f What did he do before going out into the street?
g How many people did he see in the street?
h How old was the policeman?
i How badly was the burglar injured?
j How had the policeman arrived at the scene of the crime?
k Who had sent for the police?

Comment s'appellent-elles?

Solve this puzzle:

Anne a les cheveux noirs et elle n'a pas de pull.

Berthe a une jupe qui est identique à celle d'Anne; elle aussi, elle a les cheveux noirs, et le même pull que celui de Claire.

Les souliers de Claire sont les mêmes que ceux de Diane.

La jupe de Diane est la même que celle d'Ève, qui porte des souliers identiques à ceux de Berthe.

Les cheveux de Françoise sont de la même couleur que ceux d'Ève.

Après avoir lu le texte, regardez bien le dessin encore une fois. Maintenant, essayez de trouver le prénom de chaque jeune fille.

287

La Révolution française

One of the most critical periods of French history was that of
the Revolution, which saw the temporary disappearance of the
monarchy and the rise of Napoleon from the position of
captain of artillery in the revolutionary army to be Emperor of
France. Many famous names are associated with this period;
read through the brief details of some of them given below and
then do the exercises.

Louis XVI

Né à Versailles en 1754, petit-fils de Louis XV, il monta sur le
trône de France en 1774. Le peuple français le reçut avec
enthousiasme, mais il se montra faible et finit par perdre sa
popularité. Il essaya, en compagnie de sa famille, de
s'échapper de la France en 1791. On l'arrêta le 22 juin au
village de Varennes et on le ramena à Paris, où il fut
emprisonné au Temple (un ancien monastère fortifié). Il fut
condamné à mort par le gouvernement révolutionnaire et
décapité le 21 janvier 1793.

1

a What relation was Louis XVI to Louis XV?
b What was it about him that made him
   unpopular?
c What did he try to do when things were
   going badly for him?
d What happened at Varennes?
e What was *le Temple* used as?
f How did Louis die?

2 The above outline of Louis's career is
   written in the Past Historic tense. Rewrite
   these sentences about him in the Perfect
   tense.
a Louis *monta* sur le trône en 1774.
b Il *perdit* enfin sa popularité.
c Il *essaya* de s'échapper de la France.
d On l'*arrêta* à Varennes.
e On *enferma* Louis au Temple.
f Des révolutionnaires le *décapitèrent* en
   1793.

Marie-Antoinette

Reine de France, fille de l'empereur d'Autriche François 1er et de Marie-Thérèse, née à Vienne. Elle épousa Louis XVI et eut deux fils et une fille. Détestée par le peuple, qui l'accusait de dépenser trop d'argent, elle contribua énormément à l'impopularité de Louis. Elle encouragea son mari à résister à la Révolution et fut emprisonnée avec lui au Temple. Comme lui, elle mourut sur l'échafaud en 1793.

1

a Who was Marie-Antoinette's father?
b How many children did she have?
c Why did the French people not like her?
d What was her attitude towards the Revolution?
e How did she die?

2 Rewrite these sentences about Marie-Antoinette in the Perfect tense:

a Marie-Antoinette *épousa* Louis.
b Elle *eut* trois enfants.
c Elle *contribua* énormément à l'impopularité de Louis.
d On *emprisonna* Marie-Antoinette au Temple.
e On lui *coupa* la tête en 1793.

La Bastille

Forteresse parisienne construite au 14e siècle. Elle devint une prison d'État et un symbole du pouvoir royal. Le 14 juillet 1789 une foule enragée de Parisiens l'attaqua et persuada le gouverneur de la citadelle d'ouvrir les portes. La foule, en criant, en riant et en pleurant, entra dans la cour de la Bastille et malgré leurs promesses, les révolutionnaires coupèrent la tête à l'infortuné gouverneur et la mirent sur une pique. La France a choisi comme Fête nationale le 14 juillet, jour anniversaire de la prise de la Bastille.

a Où se trouvait la Bastille?
b Quand est-ce qu'une foule a attaqué la Bastille?
c Les révolutionnaires, qu'ont-ils fait au gouverneur?
d Quelle est la date de la Fête nationale française?
e Pourquoi a-t-on choisi cette date?

Robespierre (Maximilien de)

Avec *Danton,* un des chefs de la Révolution et membre
principal du gouvernement révolutionnaire de France. Après
avoir envoyé des centaines de Français à la guillotine, il y
mourut lui-même en 1794. Un autre révolutionnaire, *Jean-Paul
Marat* (1743–1793), mourut d'une manière complètement
différente. Il fut assassiné à coups de couteau dans sa
baignoire par une jeune femme normande, *Charlotte Corday,*
qui s'opposait à la Révolution.

Complétez:

a Robespierre était:
    A un ami de Charlotte Corday
    B un des principaux révolutionnaires
    C l'assassin de Marat

b Il mourut:
    A dans son bain
    B dans la Bastille
    C à la guillotine

c Marat mourut à l'âge de
    A quarante ans
    B cinquante ans
    C soixante ans

d Charlotte Corday tua Marat avec:
    A un fusil
    B un revolver
    C un couteau

e Charlotte venait de
    A Paris
    B Bretagne
    C Normandie

Robespierre

Marat

Charlotte Corday

Charlotte parle de son crime

Après l'assassinat de Marat, le 13 juillet 1793, on arrêta Charlotte Corday, âgée de 24 ans. La police révolutionnaire l'interrogea tout de suite et la jeune Normande donna les détails suivants:

— Elle avait quitté Caen (où elle habitait) mardi et était arrivée à Paris le lendemain, à midi. Fatiguée par son long voyage, elle s'était couchée.

— Vendredi matin elle s'était promenée un peu dans Paris. L'après-midi elle n'était pas sortie: elle avait passé son temps à écrire des lettres.

— Samedi matin, le jour du meurtre, elle s'était levée de bonne heure et était sortie vers sept heures et demie. Vers huit heures elle avait acheté un couteau de boucher dans une boutique du Palais Royal.

— Le soir, elle avait pris un carrosse pour aller chez Marat.

— Marat, qui souffrait d'une irritation de la peau, passait beaucoup de temps dans l'eau, et ce soir-là se trouvait dans une baignoire. Il travaillait et écrivait des lettres. Quand Charlotte était entrée, Marat lui avait parlé de la Révolution.

— Après quelques minutes, Charlotte avait saisi son couteau et l'avait plongé dans le coeur de son ennemi.

Quand on lui demanda pourquoi elle avait tué Marat, elle répondit qu'elle voulait débarrasser la France d'un criminel.

On jugea Charlotte et la condamna à l'échafaud, où elle mourut le 17 juillet 1793.

1 Imagine that you were a journalist present during the police interrogation of Charlotte Corday. Write, in English, an account of what she said she had done up to the moment of the murder. Start your report:

 She claimed that she had left Caen, where she lived, on Tuesday ...

2 Now imagine that you are Charlotte Corday, giving an account of your movements to the police. Begin:

 J'ai quitté Caen, où j'habite, mardi ...

La Marseillaise

C'est en 1792 qu'un officier de l'Armée du Rhin, Rouget de Lisle, composa ce chant qui devint l'hymne national français. Ses paroles et sa musique énergiques célébrèrent la ferveur révolutionnaire:

 Allons, enfants de la Patrie
 Le jour de gloire est arrivé!
 Contre nous de la tyrannie
 L'étendard sanglant est levé. (bis)
 Entendez-vous dans les campagnes
 Mugir ces féroces soldats?
 Ils viennent jusque dans nos bras
 Égorger nos fils, nos compagnes.
 Aux armes, citoyens! Formez vos bataillons!
 Marchons, marchons, qu'un sang impur
 Abreuve nos sillons!

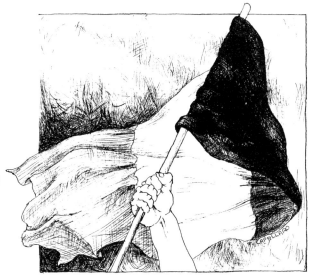

Extra

Practising the Conditional tense

Using the Conditional tense, change the sentences below from Direct to Indirect speech, for example:

> 'Je viendrai te chercher ce soir à sept heures,' m'a dit Louise.
> Louise m'a dit qu'elle viendrait me chercher ce soir à sept heures.

a 'Je viendrai passer quinze jours chez toi en juin,' m'a dit Jacqueline.

b 'Il y aura beaucoup de monde à la piscine,' a dit Yves.

c 'Adam sera à la gare pour te rencontrer,' a expliqué ma mère.

d 'Nous dînerons tous au restaurant ce soir,' nous a annoncé mon père.

e 'Vous trouverez la Poste en face de l'Hôtel de Ville,' a dit François au touriste.

f 'Mais vous serez en retard tous les deux!' nous a crié le professeur.

g 'Nous irons d'abord à la plage, puis nous reviendrons te chercher chez toi,' m'ont dit Agnès et Catherine.

h 'Moi, je ne gagnerai jamais le gros lot,' a dit M Lévêque.

i 'Tu devras te lever de bonne heure pour prendre ce train-là,' m'a dit mon père.

j 'Il faudra consulter l'horaire des cars avant d'acheter ton billet,' m'a dit Mme Delatour.

Problems!

Things don't always run smoothly: sometimes you don't get quite the answer you expect to a question. Listen to these short conversations, then write down what the difficulty is in each case.

1 at the baker's	4 in the street
2 at the tourist office	5 in a café
3 at a hotel	6 at the station

Practising the Imperfect and Perfect tenses

Using the pairs of verbs given below, make up sentences starting with *Pendant que* followed by the Imperfect and Perfect tenses, for example:

> travailler ... trouver
> Pendant que Mme Grégoire travaillait dans son jardin, elle a trouvé une pièce d'or.

a attendre ... voir

b traverser ... remarquer

c regarder ... entrer

d pêcher ... tomber

e jouer ... casser

f acheter ... rencontrer

g marcher ... glisser

h courir ... perdre

i se raser ... se couper

j monter ... laisser tomber

Le bruit: sondage

Read the following questionnaire on noise pollution:

---

1 Quand vous êtes chez vous, préférez-vous entendre venant de l'extérieur:
   A quelque bruit
   B aucun bruit

2 Chez vous, la chambre la plus calme se trouve:
   A sur jardin
   B sur rue

3 Pendant la journée, êtes-vous dérangé par les bruits suivants:
   A circulation
   B tondeuses à gazon
   C enfants
   D avions
   E trains
   F bruits industriels
     (e.g. usines)
   G autres bruits (quels?)

4 Pendant la nuit, y a-t-il des bruits qui vous empêchent de dormir:
   A souvent
   B parfois
   C rarement
   Si oui, quels sont ces bruits?

5 Depuis un an, le bruit aux alentours de votre maison a:
   A augmenté
   B diminué
   C peu varié

6 Si votre voisinage devenait beaucoup plus bruyant, cela vous affecterait:
   A beaucoup
   B un peu
   C à peine

---

1 Find the French equivalent of the words at **a-k** in the questionnaire:

a disturbed	**e** traffic	**i** factory
b often	**f** following	**j** sometimes
c lawn mower	**g** scarcely	**k** noisy
d a little	**h** day	

2 When you have discussed the questionnaire with your teacher and have practised saying letters *A* to *G* in French, divide into groups.

3 Within each group, one person asks the questions, and as each person replies (e.g. '*quelque bruit*,' '*sur jardin*') a note is made of the answers (A,B, etc.). When everyone has replied to all the questions, a group profile is compiled.

4 One member of each group reports the group's findings to the whole class, and gradually a class response to the questionnaire is built up in diagrammatic form on the board.

5 Now write out the findings of the class. For example:

> Quand ils sont chez eux, la plupart des élèves (60%) préfèrent entendre quelque bruit venant de l'extérieur ... Pendant la journée, 6 élèves (2 filles, 4 garçons) disent qu'ils sont dérangés par la circulation ...

Dans un supermarché

These eight announcements are the kind of thing you will hear in a French supermarket. Listen to them, then write down the main points of each one.

Comment?

Think of an action involving an adverb (e.g. *vite, lentement, mal, timidement, patiemment*) and then mime it to the rest of the group. They must guess (in French!) what you were doing. For example:
   Tu courais vite
   Tu marchais silencieusement

What do you know about France? (2)

1 Look at the map and then answer the questions:

a Which rivers are represented by A, B?

b Which provinces are represented by C, D?

c Which towns are represented by 5, 6, 7, 8, 9, 10?

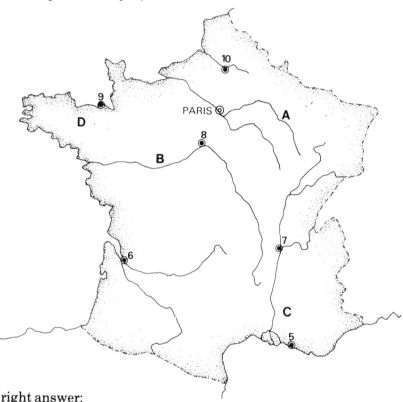

2 Choose the right answer:

a What would you do with a *baguette*?
   A Wear it
   B Ride it
   C Eat it
   D Play it

b Which of the following is not a French cheese?
   A Brie
   B Bouillabaisse
   C Camembert
   D Roquefort

c Which one of the following is a French wine?
   A Cantal
   B Quenelles
   C Gauloises
   D Beaujolais

d What is *gigot*?
   A Meat
   B Fish
   C Hors d'oeuvre
   D Cheese

e What are *vedettes*?
- **A** Cigarettes
- **B** Pleasure boats
- **C** Underground stations
- **D** Cakes

f *La Saint-Sylvestre* is:
- **A** 24 December
- **B** 15 August
- **C** 31 December
- **D** 1 April

g Where is the tomb of the unknown soldier?
- **A** Notre Dame
- **B** Père Lachaise
- **C** Palais Royal
- **D** Arc de Triomphe

h Which of the following games is *boules* similar to?
- **A** le rugby
- **B** le badminton
- **C** le tennis de table
- **D** la pétanque

i Who was assassinated by Charlotte Corday?
- **A** Danton
- **B** Marat
- **C** Marie-Antoinette
- **D** Robespierre

j Where was Joan of Arc born?
- **A** Rouen
- **B** Domrémy
- **C** Orléans
- **D** Paris

k To what do the letters RATP refer?
- **A** Post Office
- **B** French Railways
- **C** A type of school
- **D** Paris transport

l Which one of the following is not a Paris main line railway station?
- **A** Nord
- **B** Saint-Lazare
- **C** Austerlitz
- **D** Iéna

3 Answer the questions:
- **a** What is an *auberge de jeunesse*?
- **b** What is the name of the famous tree-lined avenue leading up to the Arc de Triomphe in Paris?
- **c** How many centimes are there in a franc?
- **d** Which part of the car number plate 4716 PV 75 shows that it is registered in the Paris region?
- **e** Which river flows through Paris?
- **f** What is the name of the traditional meal taken after midnight mass at Christmas in France?
- **g** What are the booksellers who have stalls along the Seine called?
- **h** What is the English name for *Jeux sans frontières*?
- **i** What type of meat is sold in a *boucherie chevaline*?
- **j** Name a French *département*.
- **k** What is a *syndicat d'initiative*?
- **l** Which Paris monument was built to celebrate the Great Exhibition of 1889?
- **m** Which river flows through Amboise?
- **n** Which famous painter spent the last part of his life at Amboise?
- **o** What was the Bastille?
- **p** What is 'Antar'?
- **q** Name two Paris Métro stations.
- **r** What sign indicates a chemist's shop in France?
- **s** What sign indicates a tobacconist's shop in France?
- **t** What do the letters P et T stand for?

4 Write about 20 words in English on each of the following:
- **a** Le Centre Georges Pompidou
- **b** Le Métro
- **c** La Marseillaise
- **d** Un spectacle *Son et Lumière*
- **e** Le Tour de France

Extra practice

Listening comprehension

In the following tests write your answers on paper, *not* in the book.

1 Who is speaking?

You will hear five snatches of conversations between two people. Each will be repeated. When you have heard each conversation twice, choose from the four possibilities the one you think identifies the speakers:

a **A** Une serveuse de café et un client
   B Une boulangère et un client
   C Une bouchère et un client
   D Une épicière et un client

b **A** Un garagiste et une automobiliste
   B Un médecin et une malade
   C Un marchand de légumes et une cliente
   D Un père et sa fille

c **A** Un chef de gare et une touriste
   B Un dentiste et une dame qui a mal aux dents
   C Un agent de police et une automobiliste
   D Un employé de banque et une cliente

d **A** Une touriste et un employé de syndicat d'initiative
   B Une touriste et un employé de la SNCF
   C Une touriste et un agent de police
   D Une touriste et un hôtelier

e **A** Un travailleur agricole et sa patronne
   B Un reporter et une jeune fille
   C Un professeur et son élève
   D Un patron et sa secrétaire

2 Where are they?

You will hear five short conversations. Each will be repeated. When you have heard each conversation twice, choose which of the four possibilities best indicates where the people are:

a **A** Au cirque
   B À la douane
   C Au restaurant
   D À l'hôtel

b **A** À la gare
   B À l'arrêt d'autobus
   C À l'aéroport
   D Au marché

c **A** Dans un hôtel
   B Dans une usine
   C Dans un collège
   D Dans un immeuble

d **A** À la plage
   B Au bord d'une rivière
   C Au bord de la route
   D À la piscine

e **A** À une école maternelle
   B À bord d'un bateau
   C À un port de pêche
   D À bord d'un avion

3 An unfortunate start to the holidays

Your teacher will tell you how many times the tape will be played and when to answer.

Section 1

a Généralement les Martin passaient leurs vacances
  A à bord d'un bateau
  B au bord de la mer
  C à la campagne

b Cette année ils passaient les vacances
  A dans un hôtel
  B chez une tante
  C dans une tente

c Ce matin-là le temps était
  A beau
  B pluvieux
  C variable

Section 2

d Julia ne voulait pas jouer aux cartes
  A parce qu'elle battait toujours son frère
  B parce qu'elle perdait toujours
  C parce qu'ils n'avaient pas assez de cartes

e Après avoir refusé de jouer, Julia
  A s'en est allée
  B s'est couchée
  C s'est assise

f Antoine et M Martin sont allés voir le gardien pour
  A acheter des pêches
  B demander l'autorisation de pêcher
  C voir s'il était possible de se baigner dans la rivière

Section 3

g Quand sa mère a poussé un cri, Julia
  A regardait la pluie
  B lisait
  C causait avec sa mère

h Mme Martin avait trouvé que
  A de l'eau était tombée sur les lits
  B la pluie entrait sous la tente
  C l'eau de la rivière montait vite

i Quand Alain et M Martin sont revenus
  A ils portaient un permis de pêche
  B ils parlaient gaiement
  C ils ne portaient rien

j M Martin pensait que l'idée de faire du camping avait été
  A sensationnelle
  B stupide
  C intéressante

4 An English girl arrives in France

Your teacher will tell you how many times the tape will be played and when to answer.

Section 1

a Who was Mariane with at the station?
b What was she doing?
c Why?
d How long would Sally be staying?
e When did Mariane hope to go to England?

Section 2

f What time was it when Mariane looked at her watch?
g What did she think she had time to do?
h Why did she want to do this?
i What two things was her father looking at when she went off?
j What surprised her when she returned?

Section 3

k Where did she find her father?
l What did he say to Mariane when she went up to him and Sally?
m What two things did Mariane do?
n Why had Sally been able to find M Chapiteau so easily?
o Where had they left their car?

Extra

Chère Karen ...

Karen and her friend Marie-Louise both have cassette recorders, and so they don't usually write to each other but record their 'letters' on tape. Here is part of Marie-Louise's last letter. Listen to it, then answer the questions.

Section 1
a How long has Marie-Louise been spending her holidays in Provence?
b How hot does she say it sometimes was in Provence?
c What does she say about that year's summer where she lives?
d Where does she live?
e How long did she stay in Provence?

Section 2
f When she arrived back home, whom did she receive an invitation from?
g Where did she go?
h What were two of the things she did there?
i When did the new school year start?
j Next year, in order to train for a career, how far from home will she be?
k What career does she want to follow?
l What are her feelings about this career?

A passage to England

Listen to this account of how Colette, a French student, made the journey from the town of Perpignan near the Pyrenees to the north of England:

Section 1
When you have listened to this section, answer the questions:
a What means of transport did Colette use on the first part of her journey?
b What did she have to do in Paris?
c How did she cross the Channel?
d What did she estimate the weight of her luggage to be?
e What did her luggage consist of?
f How does she say she felt occasionally?
g What does she say happened when she saw a porter?

Section 2
Now give in your own words an account of the last part of Colette's journey, after her arrival in Newcastle. Write in English. Key words in your account may well be: friend, superwoman, car boot, scrap yard, cats, tea.

Photo 1

Describing a picture

1 Look at the photos 1–4 and listen to the
   questions, each of which is repeated. Your
   teacher will tell you when to answer.

Photo 2

Photo 3

Photo 4

2 Look at the photos 5–8 then describe the scene and what is happening as fully as you can.

Photo 5

Photo 6

Photo 7

Photo 8

Describing a series of pictures

If practice in describing a series of pictures is required, those on pages 307–309 may be used.

Rôle-playing exercises
In the following situations, you should:
  work out the rôle as indicated;
  prepare possible replies;
  check what you have prepared with your
  teacher;
  practise the conversations, working in pairs.

1 You are in a French restaurant with your
   parents, who don't speak French. The
   waiter gives you the menu:
a say you would like 2 hors d'oeuvre and 1
   soup;
b afterwards you will have chicken;
c you would like chips;
d say that's all and thank him.

2 You are at the travel agent's, talking to the
   assistant:
a tell him/her that you would like to go from
   Dieppe to Newhaven;
b ask at what time the boat leaves;
c ask how long the crossing lasts;
d say you want to leave on 12th August;

3 You are buying a ticket at the railway
   station:
a ask for a return ticket to Saint-Malo;
b ask how much it is;
c say you have no change and offer a 100F
   note;
d thank the clerk;
e ask where the left luggage office is.

4 You are in a French town and want to visit
   the castle. You ask a passer-by:
a ask him/her the way to the castle;
b ask if it's far;
c ask if there is a car park near the castle;
d thank him/her.

5 You are talking to a French friend about
   his/her school:
a ask him/her how many lessons there are
   each day;
b ask at what time they start;
c ask what his/her favourite subject is;
d ask if there is a swimming pool at the
   school.

6 You are at the chemist's:
a greet the chemist;
b say you have a headache and would like
   some aspirins;
c ask the price;
d ask if you can also buy a film there.

7 You stop to buy petrol in France:
a say you want 35 litres of 'super' grade
   petrol;
b ask the attendant to check the oil and
   water;
c ask if there are any toilets there;
d thank him/her.

8 You are in a café talking to the waiter/
   waitress:
a ask what sandwiches he/she has;
b say you will have a ham sandwich and a
   cup of coffee;
c ask how much it is;
d ask if the service is included.

9 You want to book in at a French hotel and
   are talking to the receptionist:
a ask if there is a room free;
b say it's for three nights;
c ask which floor it's on;
d ask the price of the room;
e ask if breakfast is included.

10 You have just arrived to stay with a
   French family and are talking to your pen-
   friend's mother:
a say you had a good journey;
b say you are not hungry but you would like
   something to drink;
c say you like lemonade;
d thank her and say you are tired.

11 You are in France and want to take home
   some sweets as a present. You are talking
   to the shop assistant:
a ask how much the big box of chocolates is;
b say it is too dear;
c ask how much a packet of sweets is;
d say you will take one and give him/her the
   money.

12 You are staying with your French pen-friend:

a ask what is on television this evening;

b ask if he/she is going to watch;

c say you prefer to play some records;

d ask where he/she has put the record player.

Extra

Une entrevue

A French exchange teacher has come to work in your school and you have been asked to do an interview for the school magazine.

1 Work out how you will find out the following information:

a What the teacher's name is

b Where he/she is from

c Whereabouts it is. The main things of interest

d Whether it is his/her first visit to England

e Where he/she is living at present

f How long he/she is staying

g What he/she will be doing at school

h Which places in England he/she would like to visit

i What his/her impressions of English food are

j What differences there are between life in English and French schools

k Express your thanks

2 Working in pairs, one asks the questions you have prepared, while the other takes the rôle of the exchange teacher and answers as indicated on page 326. The person asking the questions should note down briefly, in English, the information obtained.

Reading comprehension

1 In each of the following situations, choose the remark most likely to be made by the person in question:

a Mme Chevalier entre dans une boulangerie. Elle veut acheter du pain. Elle dit au boulanger:

  A Ça fait un franc cinquante, madame.

  B Avez-vous des croissants, s'il vous plaît?

  C Une baguette, s'il vous plaît.

  D Pour acheter une baguette, allez chez le boucher.

b M Dufrêne a pris une bière dans un café. Il va payer sa consommation. Il dit au garçon:

  A Encore une bière, s'il vous plaît.

  B Je préfère le café sans sucre.

  C L'addition, monsieur? Je vous l'apporte tout de suite.

  D Le service est compris, n'est-ce pas?

c La voiture de Mme Estival est tombée en panne. Elle téléphone au garage. On lui demande:

  A C'est une belle voiture?

  B Qu'est-ce qui ne va pas?

  C Pouvez-vous partir vendredi?

  D Savez-vous le prix de l'essence?

d M Bourgival entre dans un tabac pour acheter une boîte d'allumettes. Il prend dans son portefeuille un billet de cinquante francs qu'il donne à la vendeuse. Il lui dit:

  A Je regrette, madame, je n'ai pas de monnaie.

  B Je suis désolé, madame, j'ai laissé mon portefeuille chez moi.

  C Excusez-moi, madame, je n'ai plus d'argent.

  D Je trouve les allumettes bien chères chez vous, madame.

e Yvonne cherche depuis longtemps un cadeau d'anniversaire pour son père. Son amie Claudine lui dit:

  A Combien l'as-tu payé, ce cadeau?

  B Je peux t'aider à en choisir un?

  C Bon anniversaire!

  D Papa m'offre tous les ans un très beau cadeau.

2 Each of the paragraphs below is followed by four statements. Choose the one which is correct.

a Roger Clermont n'était jamais allé à l'étranger; c'était son seul regret. Puis un jour il a appris qu'il héritait d'une vieille tante une importante somme d'argent. Il l'a utilisée pour faire un voyage en Italie.
  A Roger n'avait jamais voulu quitter son propre pays.
  B Roger avait fait des économies pour pouvoir aller en Italie.
  C C'est la première fois que Roger voyageait à l'étranger.
  D Sa tante ne lui avait pas laissé assez d'argent.

b Anne-Louise s'était levée trop tard ce jour-là et est arrivée en retard à l'école. Son professeur fâché lui a dit 'C'est la cinquième fois depuis le début de l'année que vous arrivez en classe en retard. J'espère que ce sera la dernière.'
  A Anne-Louise ne s'était pas levée assez tôt.
  B Elle était toujours arrivée à l'heure avant ce jour-là.
  C En la voyant entrer son professeur lui sourit.
  D Elle s'est excusée auprès de son professeur.

c Pierre Daubenton voulait profiter d'un jour ensoleillé pour faire une promenade en montagne. Il demanda à un camarade s'il voulait l'accompagner, mais celui-ci n'était pas libre. Pierre partit donc seul.
  A Pierre partit pour la montagne accompagné d'un ami.
  B Il faisait mauvais temps ce jour-là.
  C Son camarade n'aimait pas se promener en montagne.
  D Pierre partit sans personne pour l'accompagner.

d Valérie et Jean Lemaire aidaient leurs parents à cueillir des pommes. Jean a pris une échelle pour monter dans l'arbre, mais Valérie a préféré grimper dans les branches. Chose étrange, c'est Jean qui, en criant à sa soeur de faire attention, est tombé de l'arbre ... heureusement sans se blesser.
  A Les enfants sont montés sur une échelle pour cueillir les pommes.
  B Valérie n'a pas voulu monter dans l'arbre de la même manière que Jean.
  C Valérie est tombée parce qu'elle n'avait pas fait attention.
  D Jean s'est fait très mal en tombant.

e En rentrant chez elle un jour Mme Forestier a trouvé que des voleurs y étaient entrés pendant son absence. On avait volé de l'argenterie et la belle pendule dorée de la cheminée, mais ses bijoux n'avaient pas été découverts. Quand elle a retrouvé un peu de calme, elle a téléphoné à la police.
  A Mme Forestier n'était pas partie de chez elle ce jour-là.
  B Les voleurs avaient emporté beaucoup d'argent.
  C Les voleurs n'avaient pas réussi à trouver ses bijoux.
  D En découvrant le vol, Mme Forestier a téléphoné tout de suite à la police.

3 Read the passage below, then answer the questions.

One man, two men and a dog
Albert Lenoir, qui habitait seul, lisait tranquillement le journal un soir, assis dans un fauteuil confortable. Tout à coup il entendit quelqu'un frapper à sa porte. Il se leva pour aller voir qui c'était — un voisin sans doute, ou l'épicier du coin qui livrait ses provisions. Mais non, en ouvrant la porte Albert a trouvé devant lui un vieil ami accompagné d'un grand chien noir.

'Dis donc, c'est Charles Laurent,' s'exclama Albert. 'Voilà bien des années que je ne t'ai vu! Mais entre donc, assieds-toi, fais comme si tu étais chez toi! Qu'est-ce que je t'offre à boire?'

Charles s'installa dans le fauteuil d'Albert, le chien près de lui. Il accepta volontiers l'offre d'une boisson, et choisit une bière glacée, car la soirée était chaude. Les deux hommes se mirent à parler du bon vieux temps et se rappelèrent en riant les moments amusants de la vie à l'usine où ils

303

avaient tous les deux travaillé pendant leur jeunesse. Le chien cependant s'impatientait visiblement. Enfin il se leva, fit un tour rapide du salon et finit par faire tomber un vase en verre qui se trouvait sur une table basse près de la fenêtre. Charles parut ne rien remarquer de la mauvaise conduite de l'animal, et Albert jugea impoli de faire des protestations auprès d'un ami si récemment retrouvé. Au bout d'une heure ou deux, Charles se leva pour s'en aller. À ce moment le chien sortit de la cuisine, où il était entré quelques minutes auparavant. Il avait dans la gueule la côtelette de porc qu'Albert avait eu l'intention de manger au dîner. Charles eut un sourire indulgent.

'Alors bonsoir, Albert,' dit-il, 'et merci encore de ton hospitalité.' Il serra la main à son camarade et se retourna pour s'en aller.

'Et ton chien,' s'écria Albert qui retenait avec difficulté sa colère, 'j'espère bien que tu ne vas pas partir sans lui?'

'Mon chien?' répondit Charles, le visage perplexe, 'mais je n'ai pas de chien, moi. J'ai trouvé ce monstre-là devant ta maison. Je croyais qu'il était à toi!'

a What was Albert doing on the evening in question?
b What did he hear?
c Who did he expect to find on the doorstep?
d What four things did Albert invite Charles to do?
e What did Charles choose and why?
f What did the two men talk about?
g For what accident was the dog responsible?
h What was each man's reaction to this accident?
i What did the dog do as Charles was about to leave?
j What did Charles say about the dog when he left?

4 Read the passage below, then answer the questions.

A lucky escape
Vous vous intéressez à l'alpinisme? Permettez-moi de vous parler d'une excursion extraordinaire que j'ai faite il y a quelques années en compagnie de quelques guides de ma connaissance. C'était en fin printemps, le meilleur moment pour tenter sa chance en montagne, car les dernières neiges de l'hiver avaient fini de tomber mais elles n'avaient pas encore fondu. Nous voulions toujours être les premiers à faire des ascensions que personne n'avait faites avant nous. Tous les ans c'était pareil. Comme ça, nous aurions toujours quelque chose de nouveau à offrir aux clients d'été et nous ne serions jamais sans travail.

Nous partîmes, donc, avant le jour, en route pour l'Aiguille du Serpent, où nous voulions monter par une route nouvelle, celle de la face nord, qui avait vu la mort de plusieurs alpinistes au cours des années précédentes. D'abord tout alla à merveille: la neige était dure, les rochers sans glace, alors nous montâmes vite, Servoz en tête. Soudain, après trois heures de montée rapide, nous entendîmes un bruit terrible qui ressemblait à du tonnerre. Nous nous regardâmes terrifiés: nous savions tous que ce bruit-là annonçait un avalanche. Nous nous accrochâmes au rocher et attendîmes. Le bruit approcha, menaçant, puis la neige nous engouffra. Ce fut le moment le plus angoissé de ma vie. C'est incroyable, mais l'avalanche continua sa descente sans nous précipiter en bas de la montagne. Seul Servoz reçut une légère blessure à l'épaule gauche. Par miracle nous pûmes continuer notre montée, et arrivâmes au sommet de l'Aiguille par la route nouvelle que nous appelâmes par la suite 'la montée de l'avalanche'. Vous la verrez dans tous les meilleurs guides.

a When did the climb in question take place?
b Who made up the party of climbers?
c Why was that time of year judged most suitable for the trip?

d For what two reasons did the climbers want to find new routes?

e When did they set off?

f Which way up the Aiguille did they want to try, and what had happened there already?

g What two factors made climbing conditions good?

h What announced the arrival of the avalanche?

i What did the climbers do when they heard it coming?

j Which of the party was injured and what was his injury?

k What did the climbers do after the avalanche had passed?

Extra

À la recherche de l'autostoppeur

Read this newspaper report, then answer the questions.

L'alerte a été donnée vers 10h par un jeune touriste allemand, Klaus Barth. Depuis la veille il était sans nouvelles de son meilleur ami, Horst Bleckmann, avec qui il faisait de l'auto-stop depuis le début de la semaine.

Mercredi au soir, un automobiliste complaisant venait de les déposer à Pouxeux. Les deux touristes allemands ont fait quelques emplettes dans une épicerie du village. Parmi celles-ci, deux bouteilles de vin qu'ils ont consommées sur les berges de la Moselle où ils comptaient passer la nuit à la belle étoile. Klaus n'a pas tardé à s'endormir au pied d'un arbre. À son réveil, la matinée est déjà fort avancée, mais Horst a manifestement disparu. Toutes ses affaires sont là: le sac de couchage, le sac à dos, le portefeuille avec argent et passeport. À juste titre, les gendarmes ont envisagé le pire. Les hommes grenouilles ont été dépêchés sur les lieux. Ils ont plongé sans relâche, en vain. Sur la berge, Klaus n'a pas pu retenir ses larmes. Car pour lui, pas de doute: son ami n'a pu que tomber à l'eau et se noyer.

L'incroyable et bonne nouvelle a été connue vers 18h. Horst Bleckmann était rentré chez lui, en Allemagne. Le voyageur sans bagage, ni argent, ni passeport a accompli le trajet du retour on ne sait comment. La Police a seulement confirmé qu'il était sain et sauf ... !

a Why did Klaus Barth raise the alarm?

b Who was Horst Bleckmann?

c How long had they been hitch-hiking together?

d On which day of the week did Klaus raise the alarm?

e What did the two tourists do when they got to Pouxeux?

f Where did they intend to spend the night?

g What evidence is there that Klaus slept well?

h In addition to money and passport, which items belonging to Horst are specifically mentioned?

i Who helped the police?

j What are we told Klaus did?

k What did he think had happened to Horst?

l What had happened to Horst?

Essays

Your teacher will tell you how many words to write and advise you about which tenses to use.

1 Write stories based on the following:

a Vacances en France — visite à Paris — ce que vous faites — ce que vous voyez — vous trouvez que vous n'avez plus votre passeport — que faites-vous?

b La famille passe la journée à la campagne — on rentre à la maison — la porte est ouverte — qu'est-ce qu'on fait? —qu'est-ce qu'on trouve?

2 Continue the following conversations:

a **Jean-Paul:**Tu t'es bien amusée hier soir?
Claire: Non, c'était vraiment terrible!

b **Mère:** Ah, te violà! Tu sais bien qu'il est

onze heures et demie. Pourquoi rentres-tu si tard? D'où viens-tu?

Marie: Ce n'est pas ma faute. Voici ce qui est arrivé ...

3   Continue the following stories:

a   J'aime bien passer les grandes vacances à la campagne. Eh bien, l'année dernière ...

b   Mon père prend toujours le train qui part à huit heures et quart. Eh bien, lundi dernier, il a trouvé un paquet dans le compartiment ...

4   Write letters on the following subjects:

a   Last weekend your mother was ill in bed. Write a letter to your French pen-friend explaining what was the matter and give an account of what you (and the rest of the family) did to help out (e.g. shopping, cooking, housework, etc.)

b   You have just received a birthday present from your pen-friend who lives near Amboise. Included is an invitation to stay with his/her family for a week during the Easter holidays. Write a reply thanking him/her for the present and accepting the invitation. Mention things you would like to do during the holiday and say what you did on your birthday.

c   Write a letter to your French pen-friend telling him/her about what you did last weekend. Tell him/her that you will be leaving school at the end of term and say what you are going to do.

d   While staying in France, you left some clothes in your hotel bedroom. Write a letter to the hotel manager explaining the situation. Tell him the dates of your stay, ask if the clothes have been found and, if so, ask him to please send them to you.

e   You have just received a letter from a French friend which includes the following:

   ... Voilà longtemps que tu ne m'as pas écrit. Qu'est-ce qui se passe? Pourquoi ce long silence? J'espère que tout va bien chez toi et que tu n'as pas été malade. Qu'est-ce qui se passe à l'école? Et à la maison? Je voudrais bien avoir des nouvelles de toi et de ta famille ...

Reply to the letter, answering your friend's questions.

f   Imagine that you have just received the following letter. Write a reply to it, giving the information that Jean-Claude asks for.

Rouen, le 29 avril

Cher ami/Chère amie,

Mon professeur d'anglais m'a dit de vous écrire. Je voudrais visiter l'Angleterre pendant les grandes vacances et il m'a dit que vous voulez bien recevoir un élève français chez vous.

Je vous prie de me donner des renseignements sur votre région. Par exemple, qu'est-ce qu'il y a à faire dans votre ville? Où se trouve votre maison: en ville ou à la campagne? Avez-vous des frères ou des soeurs et quel âge ont-ils?

Voulez-vous aussi me donner quelques renseignements sur le voyage: est-ce qu'il y a un aéroport près de chez vous, ou vaut-il mieux prendre le train?

En espérant vous lire bientôt,
Bien amicalement,

Jean-Claude Lagneau

5 Write essays based on the series of pictures **a-c**. If you like, you can imagine that you are one of the characters in the stories.

a *La famille Bertrand fait du camping*

b *Jacques et Francine passent une journée
au bord de la mer*

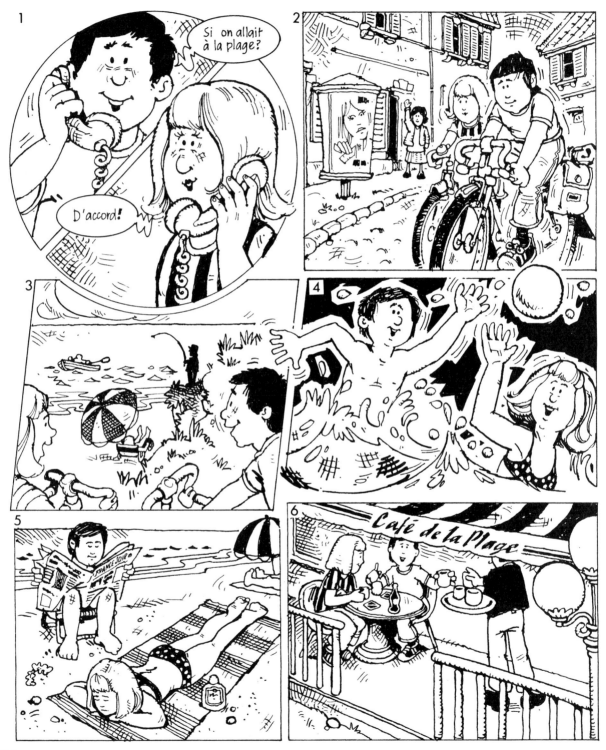

c *Sports d'hiver*

Teacher's tapescript

The tapescripts for exercises marked in the Units are given here. Where questions and other items are read **twice**, this is indicated below the title of the exercise. In all other cases, material is read once only. It is suggested that teachers play the exercises in the way they estimate to be most suited to the ability of their class and operate the *pause* and *rewind* facilities on their machine as appropriate.

Cassette 1

Unit 1

Cartes d'identité (page 8)

Nom:	Renoir
Prénom:	Auguste
Domicile:	Cannes
Âge:	65 ans
Date de naissance:	le 25 février, 1841
Lieu de naissance:	Limoges
Taille:	1m 60
Poids:	59 kg
Cheveux:	gris
Yeux:	bruns
Profession:	peintre

Unit 2

La journée de Martine (page 26)
Aujourd'hui, Martine se réveille à sept heures et quart. Cinq minutes plus tard, elle se lève et se lave dans la salle de bains. Puis, à sept heures et demie, elle rentre dans sa chambre où elle s'habille. À huit heures moins vingt, elle prend le petit déjeuner. Elle part pour l'école à huit heures. Elle arrive à neuf heures moins le quart.

Unit 3

La chambre de van Gogh: questions
(page 42)
Each question is read twice.
a   Combien de portes y a-t-il?
b   De quelle couleur sont les draps?
c   Où sont les oreillers?
d   Combien de tables voyez-vous?
e   Où est le miroir?
f   Qu'est-ce qu'il y a entre le lit et la table?
g   Qu'est-ce qu'il y a au mur de droite?
h   Où se trouvent les vêtements de van Gogh?

Maison à vendre: vrai ou faux? (page 45)
Each statement is read twice:
a   Le salon se trouve au rez-de chaussée.   (V)
b   La cave se trouve au premier étage.   (F)
c   Il y a quatre chambres   (F)
d   Le garage est à côté de la cave.   (V)
e   La cuisine est à droite de l'entrée.   (V)
f   La salle à manger est à gauche du cabinet de toilette.   (F)
g   Le garage est au sous-sol.   (V)
h   La salle de bains est à côté du salon.   (F)

Extra

Correspondance par cassette (page 49)
Quand on entre, on a la salle de séjour à droite et la cuisine à gauche. Toujours à gauche et derrière la cuisine, il y a une chambre. En face, entre la chambre et la salle de séjour, il y a un W.C.

Au premier étage, au-dessus de la salle de séjour, il y a deux chambres. La salle de bains est au-dessus de la cuisine, et à côté il y a une autre chambre.

Nous n'avons pas de sous-sol et le garage est à côté de la maison, à droite. Devant, il y a un tout petit jardin, mais derrière, c'est plus grand.

Unit 4

Un emploi du temps: oui ou non? (page 52)

Each statement is read twice.

a Votre premier cours le lundi, c'est le
français. (O)

b Votre dernier cours le samedi, c'est la
musique. (N)

c Le vendredi vous avez cinq cours. (N)

d Le samedi vous avez quatre cours. (O)

e Vos cours commencent à huit heures du
matin. (O)

f Vous allez à l'école le mercredi. (N)

g Le mardi, vos cours finissent à quatre
heures (N)

h Vous avez trois heures d'éducation
physique par semaine. (O)

Extra

Échange linguistique (page 62)
Section 1

Bonjour! Soyez les bienvenus au Collège
Benjamin Franklin d'Orléans. Je me
présente: Madame Arnaud, professeur
d'anglais, et voilà mes collègues Monsieur
Beaumont et Mademoiselle Dabardie qui
vont s'occuper de vous pendant votre séjour.
Voilà le programme que nous vous proposons
pour la semaine: le matin tous les jours de
neuf heures à midi, cours et exercices
pratiques dans le labo audio-visuel; l'après-
midi à partir de 14h sport ou excursions:
sport lundi, mardi et vendredi, excursions
mercredi et jeudi.

Section 2

Pour le sport vous avez le choix entre la
piscine, les courts de tennis et les terrains de
jeux; tout l'équipement sportif, raquettes,
balles, etc., est fourni par le collège.
Pour les excursions nous avons prévu une
visite au Château de Chambord le mercredi,
et à la cathédrale de Chartres le jeudi.
Nous sommes là pour répondre à vos
questions et nous espérons que vous allez
passer à Orléans une semaine à la fois utile
et agréable.

Unit 5

'Le monde du travail' (see Unit 5, page 65
for text)

Extra

Mon père est au chômage: À l'écoute!
(page 79)

1 Parle de ton problème à ta meilleure amie.
Si elle est gentille elle pourra te conseiller.
Surtout, ne te décourage pas!

2 Je te conseille de parler de ton problème à
ta mère. Tu pourras aussi regarder dans
les journaux parce que souvent il y a des
gens qui cherchent du personnel. Tu
demanderas à ta mère quel métier ton père
préfère. Bonne chance!

3 N'aie pas peur de parler de ton problème!
Je ne suis pas dans ce cas mais j'ai une
camarade qui est dans le même cas que
toi, et elle n'a pas peur d'en parler. Essaie
d'expliquer ce cas à tes camarades, et cela
ira mieux.

Unit 6

Définitions (page 80)

a Il travaille à la gare, où il porte les
bagages des voyageurs.

b Elle travaille dans un magasin, où elle
vend de la marchandise.

c Il répare les voitures dans un garage.

d C'est un homme ou une femme qui donne
des cours à l'école.

e Cette personne s'occupe des cheveux de
ses clientes.

f Il travaille à la campagne: il cultive les
champs.

g Cette personne vient vous voir quand vous
êtes malade.

h Il vous apporte des lettres à la maison.

Au salon: questions (page 81)

Each question is read twice.

a Où se passe cette scène?

b Nommez quatre meubles que vous voyez.

c Où est le chien?

d Que fait-il?

e Combien de personnes voyez-vous?

f Décrivez le monsieur qui est debout.

g Que fait le garçon?

h Qui est assis dans le fauteuil?

i Où est le téléviseur?

j Décrivez la femme qui entre.

Extra

La journée d'un prof (page 86)

Je me lève à 7h moins le quart. Je prends le petit déjeuner, c'est-à-dire du thé, du pain grillé, de la confiture, et en prenant le petit déjeuner j'écoute les nouvelles. Je quitte la maison à 8h pour aller à l'école.

La classe commence à huit heures et quart, alors je vais à pied à l'école. Il faut sept minutes quand on marche vite et dix minutes quand on prend son temps. Le matin il y a classe de huit heures et quart à midi dix. À 10h il y a une récréation. Je déjeune au lycée, à la cantine, et ensuite on prend un café avec des collègues. Ensuite on a juste le temps de rentrer au lycée: l'école commence à une heure et demie.

Normalement l'école se termine à quatre heures et demie. Je rentre à la maison, je ressors acheter mon journal et puis je prends le thé. Ensuite je lis mon journal. Finalement, le soir, je regarde la télévision. Je regarde toujours les informations à huit heures et demie, et après, s'il y a un programme intéressant, je le regarde, ou sans ça, j'écoute de la musique. Quelquefois je vais au cinéma.

Unit 7

La ville: oui ou non? (page 98)

Each statement is read twice.

a La Poste se trouve rue Pascal. (O)

b Le marché se trouve à côté du collège. (N)

c La piscine se trouve près de la rivière. (O)

d La gare se trouve rue Maréchal Foch. (N)

e Le Pont Neuf traverse le chemin de fer. (N)

f Le café se trouve en face du Cinéma Rex. (O)

La ville: questions (page 98)

a Où se trouve l'Hôtel de la Paix?

b Où se trouve le collège?

c Où se trouve le Cinéma Rex?

d Où se trouve la Poste?

e Où se trouve le quai Victor Hugo?

La ville: qu'est-ce qu'il y a? (page 98)

a Vous êtes devant la gare. Traversez la rue St Rémy et prenez la rue de Verdun. Traversez la Place Napoléon et continuez le long de la rue Maréchal Foch. Qu'est-ce qu'il y a à gauche, après l'eglise?

b Vous sortez de la piscine et tournez à droite. Prenez la première rue à gauche, puis la deuxième à gauche. Qu'est-ce qu'il y a à droite?

c Vous sortez du Café du Centre et tournez à droite. Quand vous arrivez au Boulevard Voltaire, tournez à droite, puis prenez la première rue à gauche. Pour sortir de la Place Napoléon prenez la première rue à gauche. Qu'est-ce qu'il y a à droite?

Automobilistes, attention! (page 98)

Automobilistes parisiens, attention! Certaines voies sont fermées pendant le mois de décembre. Voici les détails:

— la rue Bonaparte:
du mardi 9 à 14 heures au mercredi 10 à 5 heures du matin.

— l'avenue d'Italie, entre la Place d'Italie et la rue de Tolbiac:
du lundi 15 à 18 heures 45 au mardi 16 à 5 heures du matin.

— chaussée extérieure du boulevard Mortier entre la Porte de Bagnolet et la Porte des Lilas:
du jeudi 18 à 20 heures au vendredi 19 à 6 heures du matin.

Extra

À Meaux ... (page 102)

Section 1

Alors Meaux, la ville où j'habite, c'est une petite ville à peu près à 35 km au nord-est de Paris. C'est une petite ville, mais c'est une vieille ville. Depuis une vingtaine d'années, on a fait une ville nouvelle de l'autre côté de la rivière et cela a doublé la population de la ville. C'est-à-dire, Meaux a actuellement 50,000 habitants, 25,000 dans chaque partie.

Et puis il y a un canal, et de l'autre côté du canal il y a des usines.

Section 2
Alors, les monuments, eh bien il y a une cathédrale qui est très ancienne et très grande. Il y a pas mal de sports à Meaux. Il y a le rugby, il y a beaucoup de jeunes qui viennent du sud maintenant, et ils ont introduit le rugby à Meaux. Bien, il y a deux cinémas dont un est triple, c'est-à-dire qu'il y a trois films à la fois. En général, on a les mêmes films qu'à Paris, au même moment. Mais en fait, un des problèmes à Meaux, c'est que c'est une ville assez proche de Paris, et beaucoup d'habitants travaillent à Paris. Et on s'en aperçoit lorsqu'on voit les immenses parkings qu'il y a autour de la gare où les gens laissent les voitures. Donc, ça vide un peu la ville.

Unit 8

Dans une gare (page 109)
Voici une gare française assez typique. Devant la gare on voit des taxis qui attendent l'arrivée des voyageurs. Voyez-vous la femme qui appelle un taxi pour l'emmener chez elle? On voit aussi un car qui arrive et des voitures qui sont dans le parking. Juste devant l'entrée un voyageur est en train de descendre d'un taxi. Qu'est-ce qu'il va faire, cet homme? Imaginons ... Eh bien, tout d'abord il paie le chauffeur du taxi. Puis il prend sa valise et entre dans la gare. Il va tout de suite acheter son billet au guichet, puis se retourne pour consulter les horaires des trains. Son train part dans un quart d'heure, alors il n'est pas pressé. Il a le temps d'acheter un journal et des cigarettes à la librairie-tabac. Sa valise est assez lourde: va-t-il la laisser à la consigne ou à la consigne automatique? Va-t-il peut-être attendre dans la salle d'attente? Non, il prend sa valise et entre dans le buffet. Il s'assied derrière une table et demande un café crème qu'il boit en lisant son journal. Quand il a fini son café, il se lève. Il ne peut pas passer directement sur le quai: il doit retourner dans la salle des pas perdus où se trouve le composteur des billets. Voilà son train qui arrive en gare. Le voyageur composte son billet, passe rapidement sur le quai et prend le passage souterrain pour gagner le quai du départ. Il monte dans le train et trouve une place libre. Son voyage commence.

Extra

'Les routiers sont sympa' (page 120)

1   Tout d'abord, la disparition d'une Fiat Ritmo de couleur rouge immatriculée 5316 FM 50 volée à Cherbourg. Vous connaissez la marche à suivre si vous avez des informations: vous contactez bien sûr la gendarmerie la plus proche.

2   Il faut que Jacques, des Transports Maillet, qui se trouve dans la région parisienne ce soir, rappelle sa femme Colette. C'est pour un problème familial important mais pas trop grave.

3   Bernard, des Transports Translux, a un message pour son frère Michel des mêmes Transports, qui est parti il y a environ une demi-heure. Eh bien, mon cher Michel, rendez-vous au centre routier de Kehl à partir de 22h pour faire la route ensemble vers l'Autriche.

4   Alors, je t'explique l'histoire. Joseph a eu quelques problèmes, alors le premier c'est qu'il a eu de petits ennuis, il est resté bloqué en douane. Deuxièmement on lui a volé son argent et troisièmement il s'est fait mordre par un chien, Joseph.

5   Laurent, des Transports Delisé, nous appelle. Il s'est fait l'interprète d'un routier, d'un chauffeur allemand qui se trouve actuellement à la station Elf de Serézin-Rhône sur l'autoroute A7 en direction de Lyon. Ce routier allemand a oublié sa carte gas-oil à la station Mobil qui est sur l'aire Béziers-Montblanc sur l'autoroute A9 en direction de Montpellier.

Alors sans sa carte gas-oil, eh bien, il ne peut pas faire le plein et donc remonter sur l'Allemagne. Si vous êtes dans ce secteur, si vous pouvez prendre cette carte de gas-oil et la ramener à la station Elf Serézin-Rhône sur l'autoroute A7 en direction de Lyon, eh bien, ça enlèverait une belle épine du pied de ce chauffeur allemand. Il vous y attendra jusqu'à six heures demain matin, il se trouve sur le parking de cette station à bord de son camion.

(End of Side One.)

Unit 9

À la gare: questions sur la photo (page 124)

Each question is read twice.
a Où se passe cette scène?
b L'homme à droite, que porte-t-il à la main?
c Que fait-il?
d Que voyez-vous derrière l'homme à droite?
e L'employé, qu'est-ce qu'il regarde?
f L'homme qui se trouve à gauche, qu'est-ce qu'il porte à la main?
g Quels vêtements porte-t-il?
h Qu'est-ce qu'il y a derrière cet homme?

Le voyage de M Lenoir (page 127)

M Lenoir a quitté sa maison à sept heures et demie. Il a dit 'au revoir, chérie' à sa femme. Ce matin, il a décidé de prendre l'autobus pour aller à la gare. Il a attendu à l'arrêt et l'autobus est arrivé à huit heures moins le quart. En arrivant à la gare, il est allé au guichet pour acheter son billet. Il a demandé un aller et retour pour Amiens à l'employé et il a payé cent francs. En attendant le train, il a posé sa valise sur le quai. À huit heures et quart, le train est entré en gare et M Lenoir est monté dans un compartiment. Le train est arrivé à Amiens à dix heures moins vingt. M Lenoir est descendu et il a donné sa valise à un porteur. Ensuite, il est sorti de la gare et il a pris un taxi pour aller à son hôtel. 'L'hôtel Beauséjour, s'il vous plaît,' a-t-il dit au chauffeur de taxi.

On prend le train (page 129)

a Le train pour Marseille arrive à onze heures vingt, quai numéro neuf. Ce train possède un wagon-restaurant.
b Le prochain train pour Bordeaux arrive à treize heures cinq, quai numéro quatorze. Il est direct pour Bordeaux.
c Le train pour Meaux arrive à dix-huit heures quarante-cinq, quai numéro quatre. Le train arrive à Meaux à vingt heures dix.

On prend l'avion (page 129)

a Les passagers du vol Air Inter 029 à destination de Marseille sont priés de se présenter immédiatement au bureau de renseignements. Embarquement à neuf heures quinze, porte numéro cinq.
b Les passagers du vol Air France 924 à destination de Bruxelles sont priés d'aller au contrôle des passeports. Embarquement immédiat, porte numéro seize.
c Attention s'il vous plaît. Tous les passagers du vol Air France 814 à destination de Londres sont priés d'aller directement au contrôle de la douane. Embarquement à six heures, porte numéro treize.

Les passagers se plaignent (page 130)

Orly, mardi

Mécontents des conditions dans lesquelles ils ont voyagé, tous les passagers du vol Air France 632 à destination de Rome ont signé une pétition qu'ils ont adressée au directeur général de la compagnie.
À cause d'une grève surprise du personnel à terre, le départ a eu lieu avec deux heures de retard. Les passagers se plaignent aussi de l'avion: un vieux 'Vanguard' à hélices au lieu d'une 'Caravelle 3'. Le voyage a été lent (trois heures de voyage au lieu de deux heures) et inconfortable.
En conséquence, ils demandent un remboursement de 50% du prix du billet. À Air France, on déclare qu'il est complètement hors de question de rembourser l'argent.

La bonne bouche: Jeu de mémoire (page 130)

Une carte postale de Carcassonne
Un ticket de Métro-Autobus
Une boîte d'allumettes
Un paquet de cigarettes Gauloises
Un billet de banque de cinquante francs
Un aller et retour Paris– Meaux, deuxième
    classe
Une lettre
Deux tickets de cinéma
Un plan du Métro parisien
Un horaire SNCF
Quatre pièces de monnaie

Extra

Mesdames, messieurs ... (page 133)

1 Mesdames, messieurs, nous arrivons à Amiens.
2 Nous vous rappelons que les quatre premières voitures de ce train sont à destination Calais Ville et Boulogne Ville.
3 Mesdames, messieurs, assurez-vous que vous n'avez rien laissé dans le train.
4 Nous vous informons que la police française va effectuer un contrôle de passeports et de pièces d'identité. Nous vous prions de préparer vos documents pour ce contrôle. Merci.
5 Nous vous rappelons qu'un service bar se trouve à votre disposition au milieu du train. Vous y trouverez un assortiment d'assiettes froides: des petits déjeuners complets, des croque-monsieur, des sandwiches, des quiches, des tartes, des consommations chaudes et froides. Nous vous remercions de votre attention.
6 Mesdames, messieurs, les personnes qui vous accompagnent sont heureuses de vous accueillir à bord du Train corail. Durant le voyage nous serons à votre disposition si vous désirez des renseignements. Nous vous souhaitons un bon voyage.

Unit 11

Adresses et numéros de téléphone (page 146)

a 16, avenue Général-de-Gaulle
   Téléphone: 36.25.90
b 10, Place du Marché
   Téléphone: 05.52.63
c 2, rue Notre Dame
   Téléphone: 433.02.26
d 49, boulevard Victor Hugo
   Téléphone: 37.19.77

Météo (page 147)

'Et maintenant, à 20 heures 30, les prévisions du temps avec Jacques Bertrand.'
'Merci. Alors, j'ai de bonnes nouvelles pour tous ceux qui sont en vacances dans le Midi: demain, il fera chaud, jusqu'à 29°, à Nice et sur la Côte d'Azur.
'Mais malheureusement, ailleurs, c'est une autre histoire. À l'est du pays la matinée sera ensoleillée, mais les nuages deviendront plus nombreux l'après-midi et le soir.
'Sur l'ouest du pays, le temps sera très nuageux le matin, avec des pluies. Au cours de la journée, le temps s'améliorera progressivement avec moins de pluie et plus de soleil. Mais, près de la Manche et en Bretagne, la pluie durera jusqu'au soir.
'Le nord et la région parisienne auront un temps couvert, brumeux et souvent pluvieux.
'En général, les températures demeureront relativement basses pour cette époque de l'année. Le thermomètre ne dépassera pas 17° dans le nord et 20° dans l'est.'

Extra

Eavesdroppings (page 151)

V1 C'est qui, les nouveaux?
V2 C'est des Anglais.
V1 Ils sont arrivés quand?
V2 J'sais pas; hier soir sans doute. De toute façon quand on s'est réveillés ce matin, ils étaient là.
V1 Combien ils sont?
V2 Je crois cinq, le père, la mère et trois enfants.
V1 Trois enfants?
V2 Oui, il me semble, deux filles et un garçon.

V1 Ils sont là pour combien de temps?

V2 Cinq jours. J'ai entendu le père qui disait qu'ils comptaient partir samedi.

V1 Ah, parce que tu comprends l'anglais?

V2 Oui, un peu.

V1 Eh bien, qu'est-ce que tu as appris d'autre?

V2 Euh, qu'ils vont vers l'Espagne passer quinze jours au bord de la mer ...

V1 Alors, pourquoi passer cinq jours ici?

V2 Il me semble qu'ils ont des difficultés avec leur voiture ... le moteur, paraît qu'il marche mal. Ils vont le faire réparer au garage.

V1 Parce que c'est une voiture française?

V2 Non non, italienne, une Fiat, je crois.

V1 Ecoute, on bouge là-dedans, je m'en vais. Au revoir, à tout à l'heure ...

Unit 12

On téléphone à un hôtel (page 158)

a Chambre pour une personne 40F
Chambre pour une personne avec douche 65F
Libre du 18 juillet au 25 juillet

b Chambre pour deux personnes 60F
Chambre pour deux personnes avec salle de bains 100F
Pension complète 150F
Demi-pension 90F
Libre du 3 août au 17 août

c 'Allô ... non, mademoiselle, je regrette, mais je n'ai plus de chambres avec douche. ... Oui, j'ai une chambre pour deux personnes sans douche ... 60F par jour, 80F avec petit déjeuner pour deux personnes. ... À quelle date pensez-vous arriver? ... Le 23 mars? Alors, ça va, j'ai une chambre libre. Combien de temps voulez-vous rester? ... Trois jours? Oui, ça va. Très bien mademoiselle, au revoir mademoiselle.'

Complétez (page 161)
Each statement is read twice.

a Philippe a regardé à droite et à gauche, puis il ...

b Le taxi s'est arrêté. Madeleine a ouvert la porte et elle ...

c Paul était perdu. Il s'est approché d'un passant et il ...

d Après avoir composté son billet, Marie-France ...

e Yvonne avait soif, alors elle ...

f Roger s'est blessé à la jambe droite: il trouve très difficile de ...

g C'était l'anniversaire de son frère, alors Claudette ...

h Il n'y avait pas d'ascenseur dans l'immeuble; tout le monde devait ...

i Pour arriver à l'école à temps, les élèves se levaient ...

j Martine vient de rentrer en France; elle a passé ses vacances ...

Where are they? (page 162)
Each question/remark is read twice.

a Avez-vous quelque chose à déclarer, mademoiselle?

b Voulez-vous un aller et retour ou un aller simple?

c Avez-vous un emplacement pour une tente et une voiture?

d Avant de monter dans votre chambre, voulez-vous bien remplir cette fiche d'étranger, monsieur?

e Mais, mademoiselle, je vois que vous n'avez pas composté votre billet!

f Oui, vous pouvez faire la traversée en bateau, madame, mais l'aéroglisseur est beaucoup plus rapide.

g La consigne automatique? Elle est là-bas, monsieur, en face des guichets.

h Oh là là, toutes les places sont occupées – il nous faudra voyager debout!

i Pour aller à la Tour Eiffel, il faut descendre à la prochaine station.

j Oui, monsieur, vous pouvez louer un sac de couchage.

Unit 13

Au jardin public: questions sur la photo
(page 174)
Each question is read twice.

a Où se passe cette scène?

b Quel temps fait-il?

c La jeune femme, qu'est-ce qu'elle regarde?

d De quelle couleur sont ses cheveux?

e Quels vêtements porte-t-elle?

f Qu'est-ce qu'elle porte sous le bras gauche?

Dans la rue: questions sur la photo

(page 175)

Each question is read twice.

a Où se passe cette scène?

b Quel temps fait-il?

c Quel est le métier de l'homme en uniforme?

d Qu'est-ce qu'il porte à la main droite?

e Décrivez l'autre homme.

Unit 14

Où sont-ils? Qu'est-ce qu'ils achètent?

(page 184)

Each statement is read twice.

a 'Une baguette, s'il vous plaît.'

b 'Trois côtelettes de porc, s'il vous plaît.'

c 'Deux kilos de pommes de terre, s'il vous plaît.'

d 'Non, je préfère ce camembert-là.'

e 'Les harengs sont frais, monsieur?'

f 'Le Chanel 5 est un peu trop cher pour moi!'

g 'C'est combien, les roses, madame?'

h 'Un paquet de Gauloises bout filtre, s'il vous plaît.'

La bonne bouche: Jeu de mémoire

(page 195)

Une bouteille d'eau minérale

Une bouteille de vin

Une bouteille de bière

Une glace

Un pot de confiture

Une boîte de café

Une boîte de pâté

Un paquet de biscuits

Du camembert

Des bonbons

Du sucre

Extra

Dans un grand magasin (page 198)

Each announcement is read twice.

1 La Petite Valérie attend sa maman à la caisse centrale.

2 M Jacques est demandé au rayon boucherie.

3 Aujourd'hui vendredi, notre Centre Leclerc reste ouvert jusqu'à 22 heures.

4 Attention, attention, le propriétaire de la Renault 18 bleue, immatriculée 5096 RF 59 est prié de la déplacer, elle gêne la sortie des camions.

5 On demande une femme de ménage au service alimentation, s'il vous plaît.

6 Chers clients: une offre exceptionnelle aujourd'hui. Vous trouverez au rayon chaussures des bottes à prix réduit: 49F 95 au lieu de 69F 95.

7 Nous vous rappelons que la fermeture des portes s'effectue dans dix minutes. Nous vous prions de bien vouloir vous diriger vers les caisses. Nous vous remercions de votre visite.

8 Avez-vous pensé au goûter de vos enfants? Nos délicieux biscuits fourrés au chocolat sont en promotion aujourd'hui seulement.

9 Venez nombreux, la Maison du Café offre une dégustation gratuite de son excellent café, sans obligation d'achat.

10 Mesdames, messieurs, dans les cinq minutes qui suivent, vous bénéficierez à la caisse d'une remise de 25 pour cent sur tout achat effectué au rayon accessoires pour dames.

Cassette 2

Unit 15

Qu'est-ce qu'on va faire? (page 211)

1 La discothèque

'Salut Michèle!'

'Salut Jean-Pierre!'

'Tu viens à la disco chez Catherine ce soir?'

'Bien, je ne sais pas. À quelle heure est-ce que ça commence?'

'Vers neuf heures. Je pourrais passer te chercher.'

'Mais comment peut-on y arriver? C'est

'Pas de problème. J'ai mon permis de conduire depuis trois semaines, tu sais. Alors, on prend l'auto.'

'Ah bon! À ce soir, alors!'

2 Le cinéma
(Au téléphone)

'Allô?'

'C'est toi, Dominique? Ici Vincent. Si on allait au cinéma ce soir?'

'Oh, je ne sais pas. Qu'est qu'on passe?'

'Alors, au Rex il y a un western et au Gaumont on passe "Trafic" avec Jacques Tati.'

'J'adore Jacques Tati. À quelle heure est-ce que le film commence?'

'À huit heures moins le quart. Alors, on se rencontre à sept heures et demie dans le café au coin de la rue?'

'D'accord. À tout à l'heure!'

3 Le match

'Eh, Jean-François!'

'Quoi?'

'Tu veux venir chez nous cet après-midi regarder le championnat de tennis à la TV?'

'Merci Odile, bien sûr.'

'Alors il commence à 2h 30; essaie d'arriver à temps!'

'Penses-tu!'

'Eh, Jean-François, apporte des disques aussi, on pourrait les passer après.'

'OK!'

Extra

'Send no photo' (page 214)

Section 1

L. T'as vu le film français à la télé l'autre soir?

A. Quand?

L. C'était, euh, mardi soir.

A. Ah non, j'ai oublié de le regarder.

L. C'était l'histoire d'une vieille femme à la campagne qui voulait à tout prix que son fils se marie avant qu'on la mette au cimetière. Alors ce qui était bien dans ce film c'était que ça traduisait l'atmosphère de la campagne d'une manière qui était très authentique. Il y avait des gens qui étaient vraiment typiques de la campagne, par exemple le brave homme près de sa retraite qui ne voulait pas du tout changer ses habitudes et puis il y avait l'autre fermier beaucoup plus jeune et dynamique qui voulait à tout prix que les choses changent à la campagne.

Section 2

A. Et ça se passait où?

L. Dans le nord de la France. Et il y avait cette vieille qui voulait à tout prix marier son fils.

A. Comment elle s'y prenait?

L. Eh bien, tout d'abord elle s'est abonnée à un journal d'agriculture mais qui avait aussi un courrier du coeur ... Alors elle a écrit une lettre à la place de son fils, puis finalement il y a eu toute une histoire de sentiments.

A. Et qu'est-ce qui s'est passé?

L. Ben, le fils a rencontré cette jeune dame qui n'est pas fermière et la mère est absolument furieuse parce que ce n'était pas quelqu'un de la terre, alors quand la jeune dame vient rendre visite un dimanche après-midi, il y a la vieille dame qui se cache dans le grenier et qui ne veut pas se montrer.

A. Et ça a bien fini?

L. Ah oui, le fils s'est bien marié comme le voulait sa mère et tout s'est bien terminé.

Unit 16

Choisissez! (page 225)

Each item is read twice.

a Le Français Vidalie a gagné la deuxième étape du Tour de France.

b Nancy a remporté une victoire, mais son avant-centre, Zenier, a été transporté à l'hôpital par suite d'un coup au tibia.

c Hier soir, à Oslo, un coureur anglais a battu le record pour le 1500m.

d À Val d'Isère hier, la neige était en parfaite condition pour le slalom géant.

e Ce sport peut être dangereux. On risque chutes de pierres, avalanches, etc.

f L'arbitre a arrêté le combat. L'Espagnol était K.O.

g À Rome, le match opposant Borg à Panatta a été interrompu par la pluie. Le Suédois menait 6 – 4, 4 – 3.

h L'arbitre a sifflé: Valadier a marqué un but!

i Même réduits à 14 joueurs pendant le dernier quart d'heure, les Gallois ont remporté la victoire sur les Français, 35 points à 16.

j Monaco a gagné le match, mais, en deuxième mi-temps, Angers a réussi à marquer un but.

Extra

Blagues sportives (page 231)

1 Un petit garçon, très fort en athlétisme, tombe malade. Sa maman prend sa température et annonce:

— 'Tu as 39°5, mon chéri!'

— '39°5? Et c'est quoi, le record du monde?'

2 Une vieille dame s'achète une télévision. Le premier jour, elle regarde un match de football, le deuxième jour, c'est un match de rugby, le troisième jour, elle appelle le réparateur.

— 'Ma télé est cassée. Avant-hier j'avais un ballon rond, hier, il était ovale, se plaint-elle.'

3 Au bord d'une rivière, un passant s'approche d'un pêcheur à la ligne et il engage la conversation:

— 'Vous en avez pris beaucoup?'

— 'Eh bien,' dit l'autre, 'si j'attrape celui qui est en train de tourner autour de mon hameçon, et puis deux autres, ça m'en fera trois ...'

Unit 17

À la terrasse d'un café: questions sur la photo (page 237)

Each question is read twice:

a Où se passe cette scène?

b Qui est l'homme debout, près de la table?

c Combien de personnes sont assises à cette table?

d Qu'est-ce que vous voyez sur cette table?

e Décrivez les deux dames.

Quel ... ! (page 240)

Each exclamation is repeated.

Quel bâtiment énorme!

Quelle chanson sensationnelle!

Quelles belles pommes!

Quelle traversée affreuse!

Quel chapeau ridicule!

Quels prix extravagants!

Quel avion extraordinaire!

Quel temps!

Quel artiste magnifique!

Quel monstre!

Extra

Finding out (page 243)

1 *S'il vous plaît, il y a un hôtel près d'ici?*
Un hôtel? Eh bien, il y a l'Hôtel de France pas très loin d'ici, à 50m environ. Je pense qu'il reste ouvert pendant tout le mois d'octobre ... si vous voulez je peux téléphoner. Mais en tout cas le restaurant est fermé ... presque tous les touristes sont déjà partis, vous savez. Si vous avez une voiture, il n'y a aucune difficulté, il y a un grand parking à côté.

2 *Voulez-vous me renseigner sur la situation de l'hôtel? Les facilités?*
L'hôtel est situé près d'un parc, alors c'est très calme. Nous ne sommes pas en plein centre de la ville, mais l'accès en ville est facile: en voiture vous y êtes en dix minutes, un quart d'heure au maximum. Nous avons une piscine qui est réservée aux clients de l'hôtel et la plage est à 800m environ: vous pouvez louer des chaises-longues, des parasols, tout ce que vous voulez.

3 *Nous voudrions emmener des amis dîner ... vous pouvez nous conseiller?*

Un restaurant? Il y a 'Le Perroquet Rouge' qui est sur la colline qui domine le port. C'est la femme du patron qui fait la cuisine ... la spécialité, c'est les fruits de mer. Le cadre est agréable et ce n'est pas trop bruyant. J'ai l'impression que les prix sont raisonnables, mais à vrai dire, je ne sais pas exactement. Si c'est pour ce soir, ce n'est pas la peine de réserver. Mais si vous voulez téléphoner, le numéro c'est ... attendez ... c'est le 87.75.62.

Unit 18

Chez le médecin: questions sur la photo
(page 253)

Each question is read twice.

a Quelle est la profession de Monsieur Nabet?

b Quel est son prénom?

c À quel étage faut-il monter pour le voir?

d Qu'est-ce qu'on peut prendre pour monter chez Monsieur Nabet?

e Quel est son numéro de téléphone?

f À quelle heure est-ce que les consultations commencent le lundi?

g À quelle heure est-ce que les consultations commencent le vendredi?

h Et le samedi, à quelle heure est-ce qu'elles commencent?

i À quelle heure est-ce que les consultations finissent le mardi?

j Quel est le numéro de téléphone de Monsieur Philippon?

k Quel est son prénom?

l Quelle est sa profession?

Extra

Avis de recherche à la radio (page 262)

1 On nous prie de diffuser un message personnel à l'intention de M et Mme Deschamps en vacances dans la région des Landes et se déplaçant à bord d'une Renault gris métallisé, immatriculée 1857 CT 92. M et Mme Deschamps sont priés de contacter immédiatement Mme Lafleur au 16.51.11, leur mère venant d'être hospitalisée.

2 Dans le région bordelaise, on est sans nouvelle de deux jeunes filles parties samedi matin en auto-stop de Bordeaux en direction d'Arcachon. Les deux jeunes filles âgées de 13 ans et répondant aux noms de Sophie et Marie sont priées de contacter leurs parents immédiatement. Il ne leur sera fait aucun reproche.

3 Le Garage Laroche de Cavignac nous prie de diffuser le message suivant à l'intention du propriétaire de la 2 CV verte, immatriculée 1237 BP 86, se dirigeant vers Bordeaux. Il est prié de s'arrêter immédiatement, les boulons de la roue avant droite n'ayant pas été resserrés à la suite d'un changement de roue.

4 On nous signale la disparition de Mme Laurent, âgée de 75 ans, demeurant à Mirambeau. Elle a quitté son domicile le jeudi 23 mars à 17 heures et n'est pas reparue. Voici son signalement. Taille: 1,60m, assez mince, cheveux blancs relevés en chignon, et s'exprimant parfois avec difficulté. Elle était vêtue au moment de sa disparition d'une veste noire, d'un chemisier jaune et d'une jupe grise. Toute personne susceptible d'avoir rencontré ou d'apporter des renseignements sur la disparue est priée de contacter le commissariat de Mirambeau le plus tôt possible.

5 On est sans nouvelle depuis dix jours du petit Jean-Luc âgé de 7 ans, 1,20m. Il a les cheveux noirs, les yeux bleus et une cicatrice sous l'oeil droit. Il était vêtu au moment de sa disparition d'un blouson en toile rouge, de jeans et de baskets bleus et rouges. Il a été aperçu pour la dernière fois le vendredi 8 février à 17 heures à la sortie de son école à Plassay. Le cartable de l'enfant a été retrouvé à 500m de son domicile. Toute personne susceptible d'avoir rencontré le disparu ou capable d'apporter des renseignements est priée de téléphoner au 46.41.19 immédiatement.

Unit 19

La visite d'Amboise (1)
(See Unit 19, page 271 for text)

Extra

La visite d'Annecy (page 279)
Aujourd'hui nous allons visiter la ville d'Annecy. C'est une petite ville de province, comptant à peu près 45,000 habitants. C'est aussi le chef-lieu du département de la Haute-Savoie.

Nous entrons dans la ville par la Route Nationale 201, qui devient l'avenue de Genève. Pour arriver au parking devant la Gare SNCF, il nous faut tourner à droite sur l'avenue du Cardinal de Brogny. Celle-ci nous mène directement devant la gare. Puisque c'est dimanche, le parking qui se trouve en face de la gare est gratuit.

Nous allons continuer notre visite à pied. Nous prenons la rue de la Gare, puis, traversant la rue Vaugelas, nous traversons un petit jardin à pelouse. En bordure du jardin se trouve un parc à vélos. Traversant la rue François de Sales, et prenant à droite sur la rue des Glières, nous longeons le bureau de poste central avant de tomber sur la rue Royale, une des grandes rues commerciales de la ville moderne. Plus loin, la rue du Pâquier nous mène à la Place de la Libération. En regardant vers le lac, nous voyons un grand bâtiment propre et élégant: c'est le casino, qui abrite aussi le théâtre et un cinéma.

Suivons maintenant le quai Eustache Chappuis, qui nous mène à l'Hôtel de Ville. Ce grand bâtiment a beaucoup perdu de son aspect impressionnant depuis que la place de l'Hôtel de Ville a été convertie en parking. En face de la porte de l'Hôtel de Ville, nous voyons l'église Saint-Maurice, avec le Syndicat d'Initiative construit d'une manière cocasse en coin, et adossé à l'église.

Unit 20

Une visite au cinéma: questions sur les photos (page 283)
Each question is read twice.

Regardez la première photo:
a Quel temps fait-il?
b Combien de films est-ce qu'on passe?
c *1941*, c'est quelle sorte de film, croyez-vous?
d Comment s'appelle le cinéma?
e Les gens dans la photo, quel film vont-ils voir?
f Le petit garçon, quel âge a-t-il, croyez-vous?
g Décrivez le petit garçon.
Maintenant, regardez la deuxième photo:
h À quelle heure est-ce que la première séance de *1941* commence?
i Quel film commence à trois heures moins le quart?
j Quel film commence à huit heures moins le quart?
k Quel film commence à six heures et demie?

Une fillette prisonnière dans une machine à laver (page 284)
Une fillette de neuf ans, Janine Bonnard, de Palaiseau, dans la banlieue parisienne, s'est coincée l'autre jour en jouant dans une machine à laver. Pendant qu'elle s'amusait à jouer à cache-cache avec ses camarades, elle est montée dans l'appareil ménager et est restée prisonnière de la cuve mobile. Tous les efforts de ses parents étaient inutiles. Ce sont les pompiers qui ont réussi après un long moment à sortir la petite Janine de sa cachette.
(End of Side 1)

Extra

Problems! (page 292)
Each conversation is repeated.
1 'Vous désirez, monsieur?'
   'Quatre croissants, s'il vous plaît, mademoiselle.'
   'Ah, je regrette, monsieur, mais il n'en reste plus.'
2 'Il y a un musée dans la ville?'
   'Bien sûr, madame. Mais attention, nous sommes lundi, alors il est fermé jusqu'à demain.'

3 'Une chambre avec douche pour ce soir, s'il vous plaît, mademoiselle.'
'Je regrette, je n'ai plus de chambres avec douche, mais il y en a avec salle de bains, ou sans douche.'

4 'Pardon, monsieur, pour aller aux Galeries Lafayette, s'il vous plaît?'
'Je ne suis pas d'ici, madame. Vous feriez mieux de regarder le plan de la ville. Il y en a un en face de l'église.'

5 'Où est le téléphone, s'il vous plaît, mademoiselle?'
'Je suis désolée, mais le téléphone est en panne. Il y a une cabine téléphonique en face de l'Hôtel de Ville.'

6 'Le prochain train pour Auxerre part à quelle heure?'
'Il n'y a pas de trains, madame. Il y a une grève des contrôleurs.'

Dans un supermarché (page 293)
Each announcement is read twice.

1 Chers clients, pour vos desserts, nos glaces pur fruit feront la joie de toute la famille.

2 Attention: un vendeur est demandé à la caisse principale.

3 À notre rayon crémerie, aujourd'hui, vente promotionnelle de produits frais. Le lot de 16 yaourts 25 francs. Profitez-en.

4 Chers clients, nous vous rappelons qu'aujourd'hui vous avez 15% de réduction sur toute la collection 'Femme'.

5 Monsieur, madame, pour une économie de temps dans votre cuisine, achetez nos surgelés: viandes, poisson, légumes.

6 Nous vous rappelons que, pour mieux vous servir, votre Rond Point reste ouvert sans interruption de 8h à 21h tous les jours.

7 À notre rayon fruits et légumes, aujourd'hui vente exceptionnelle d'oranges en provenance du Maroc. Le filet de 3 kilos 28 francs.

8 Un petit garçon âgé de 5 ans environ, cheveux blonds, bouclés, vêtu d'un blouson bleu clair, de jeans et de baskets bleus et blancs et répondant au nom de François attend sa maman au centre d'accueil.

Extra practice

Listening comprehension 1 (page 296)
Who is speaking?
Each conversation is repeated.

a 'C'est tout, monsieur?'
'Non, il me faut aussi un kilo de sucre.'

b 'Et où avez-vous mal, madame?'
'Depuis trois jours j'ai très mal à la gorge.'

c 'Il est interdit de stationner là, madame.'
'Mais il n'y a plus de place ailleurs!'

d 'Est-ce que vous avez un plan de la ville?'
'Oui madame. Voulez-vous aussi une liste d'hôtels?'

e 'Tu viens de recevoir de très mauvaises notes. Tu devras travailler plus dur.'
'Mais j'ai déjà beacoup travaillé, monsieur.

Listening comprehension 2 (page 296)
Where are they?
Each conversation is repeated.

a C'est tout ce que vous avez comme valises, madame?'
'Oui, est-ce qu'il faut les ouvrir?'

b 'C'est bien le train de Châteauroux, monsieur?'
'Non, madame, vous devez attendre là-bas. Il arrive dans cinq minutes.'

c 'L'appartement de Madame Dufour, s'il vous plaît?'
'C'est au troisième étage, madame. Vous pouvez prendre l'ascenseur.'

d 'Tiens, la marée monte vite aujourd'hui.'
'C'est vrai, on ne voit presque plus de sable.'

e 'Heureusement que la mer est calme ce soir.'
'Oui, on verra bientôt la côte française.'

Listening comprehension 3 (page 297)
An unfortunate start to the holidays
Suggested procedure:

1 Tell pupils to listen to the tape with books closed. Play the tape once.

2 Pupils then open their books at page 297 and read the questions and possible answers.

3 Rewind the tape.

4 Play the tape a second time, in sections. At the end of each section allow pupils time to answer the questions.

Section 1

Julia Martin, son frère Antoine et leurs parents étaient en vacances. Cette année, ils n'étaient pas allés comme d'habitude au bord de la mer. Pour changer ils faisaient du camping en Touraine.

'Cela nous fera du bien,' avait dit M Martin, 'et puis les enfants s'amuseront à vivre en plein air à la campagne.'

Cependant leur première journée a mal commencé. Quand la famille s'est réveillée, il pleuvait à verse.

Section 2

Après le petit déjeuner, les enfants ont commencé à se disputer: ils ne savaient que faire.

'Tu veux jouer aux cartes?' a demandé Antoine.

'Ah non, je ne veux pas,' a répondu Julia, 'c'est ennuyeux parce que c'est toujours moi qui gagne. Moi, je préfère lire.'

Sans plus rien dire elle s'est installée sur une chaise et a commencé sa lecture. Antoine, qui n'avait rien de plus intéressant à faire, est parti avec son père pour voir s'il était possible d'acheter un permis de pêche chez le gardien du camping, car le terrain se trouvait près d'une petite rivière.

Section 3

Soudain Julia a été tirée de sa lecture par un cri perçant venu de l'intérieur de la tente:

'Oh, il y a de l'eau partout! Les sacs de couchage sont tout mouillés! Comment va-t-on faire pour dormir ce soir?'

Mme Martin avait trouvé que la pluie entrait par une fenêtre de la tente qu'on avait mal fermée. À ce moment-là, Antoine et M Martin sont revenus, les mains vides. M Martin avait l'air très fâché.

'Le nombre de permis est limité,' a expliqué Antoine, 'il n'y a en a plus pour cette semaine.'

'Quel désastre, quel désastre,' grommelait M Martin. 'Qui a eu cette idée ridicule de faire du camping?'

Sa femme et les enfants se sont retournés pour le regarder:

'C'est toi,' ont–ils dit ensemble.

Listening comprehension 4 (page 297)
An English girl arrives in France
Suggested procedure:
As for Listening comprehension 3.

Section 1

Mariane Chapiteau et son père étaient à la gare du Nord. Mariane regardait l'horaire des trains pour vérifier l'heure d'arrivée de sa correspondante anglaise à Paris: elle avait invité la jeune Anglaise, Sally, à passer quinze jours chez elle à Pâques et comptait à son tour visiter l'Angleterre au mois d'août.

Section 2

Le train devait entrer en gare à 5h 20; Mariane regarda sa montre – encore dix minutes à attendre. Elle avait juste le temps d'aller acheter des bonbons au kiosque de journaux: elle pourrait en faire un petit cadeau à Sally. Sans rien dire à son père, qui regardait tour à tour la grande horloge de la gare et le quai encore vide, Mariane partit faire ses achats. Elle paya ses bonbons et retourna à l'endroit où elle avait laissé son père. À sa grande surprise il n'y était plus!

Section 3

Affolée, elle regarda autour d'elle. Elle aperçut enfin son père, près du Buffet de la Gare. Et Sally était avec lui!

'Alors c'est comme ça qu'on reçoit ses invités?' dit-il à Mariane, qui rougit tout en s'excusant.

'Mais ça n'a pas d'importance,' reprit-il, 'car Sally m'a reconnu sans difficulté. Elle dit que tu me ressembles, ma pauvre petite, alors elle a pu me trouver tout de suite. Bon, allons chercher la voiture; je l'ai laissée devant la gare.'

Extra

Chère Karen ... (page 298)

Section 1
Comme tu sais, je suis allée en vacances en Provence comme chaque année depuis maintenent sept ans. C'était toujours aussi magnifique, il faisait toujours aussi chaud! 45 degrés certains jours! Ce n'est vraiment pas comme ici. Enfin nous n'avons pas à nous plaindre car nous avons eu pour une fois un magnifique été. Certains jours 30 degrés! C'est étonnant pour la Belgique. Nous sommes donc restés en Provence treize jours.

Section 2
Après être rentrée de France, une copine m'a invitée à aller passer une semaine avec elle et ses parents à la côte belge. C'était fantastique! Nous allions à la plage, au cinéma, nous faisions de longues promenades à vélo.

Depuis lundi, comme toi d'ailleurs, je suis rentrée en classe, en dernière année. J'espère aller l'année prochaine à l'école normale à quinze kilomètres de la maison pour être institutrice primaire – tout comme maman d'ailleurs! C'est mon plus beau rêve pour l'instant ... et j'espère bien le réaliser!

A passage to England (page 298)

Section 1
Quand je suis partie de Perpignan pour aller en Angleterre, ce fut toute une histoire, car j'ai pris le train de Perpignan jusqu'à Paris, j'ai changé de gare à Paris. À Calais j'ai pris le bateau, puis j'ai repris le train de Douvres jusqu'à Londres. J'ai changé à Londres et j'ai pris un autre train pour monter à Newcastle.

Le plus horrible dans l'histoire c'était que je transportais 80 kg à bout de bras et sur mon dos. J'avais deux valises absolument énormes pleines à craquer à chaque bout de bras et un sac à dos qui me coupait les reins en deux, et je me demande encore comment j'ai fait pour transporter tout ça. De temps en temps j'avais pitié de moi, et quand je voyais un porteur je lui sautais dessus et je lui aurais donné n'importe quoi pour qu'il transporte le tout jusqu'à ... jusqu'à mon point d'arrivée.

Section 2
Et quand je suis arrivée à Newcastle j'avais un ami qui m'attendait et je me rappelle la tête qu'il a faite quand il a soulevé les deux valises. Il m'a regardée comme si j'etais une héroïne à la télévision, une superfemme, quelque chose comme ça, et son sourire est descendu. Puis il est quand même remonté parce qu'il était content de me voir et on a traversé la gare pour aller jusqu'au parking où était sa voiture. J'avais l'impression que quand il mettrait les valises dans la malle tout craquerait et passerait au travers. Mais non, elle a bien tenu. C'est seulement deux ans après qu'elle est allée au cimetière des voitures.

Puis on est sortis de Newcastle pour aller jusqu'à Durham et je me rappelle il habitait dans un petit cottage à la campagne et la première chose que j'ai vue en arrivant c'était sa chatte avec six petits chats – il y en avait peut-être pas six, il y en avait sûrement quatre. Ils sautaient partout et évidemment après cinq minutes qu'est-ce qu'il y a eu? – la tasse de thé. J'aimais pas le thé quand je suis arrivée en Angleterre, mais maintenant c'est bon.

Describing a picture (page 299)
Each question is read twice.

Photo 1
a Quel temps fait-il?
b C'est quoi, le grand bâtiment?
c Nommez un des films qu'on passe.
d Que voyez-vous à gauche?
e Décrivez l'homme.
f Qu'est-ce qu'il fait?

Photo 2
a Où se passe cette scène?
b Le marchand, qu'est-ce qu'il vend?
c Décrivez le marchand.
d Qu'est-ce qu'il fait en ce moment?

e Combien de clientes est-ce qu'il y a devant la boutique?

f Décrivez la femme à gauche qui regarde le marchand.

Photo 3

a Où se passe cette scène?

b Quel est le bâtiment?

c Que font les deux personnes à gauche?

d Décrivez la femme qui est devant le bureau de poste.

e De quelle couleur est la voiture?

f Regardez les fenêtres du 1er étage: quelle différence y a-t-il entre ces fenêtres et des fenêtres anglaises?

Photo 4

a Où se passe cette scène?

b La vendeuse, qu'est–ce qu'elle vend?

c Combien de personnes voyez-vous?

d Quel temps fait-il?

e Qu'est-ce qu'on vend dans le magasin d'à côté?

f Décrivez la femme à droite.

Unit 7

Extra

Rôles for: Contact! (page 102)

	1	2	3	4	5	6
Name	Lucien Thibault	Caroline Leclerc	Régis Charvet	Solange Legros	Gérard Pernier	Marie-Anne Michaud
Lives	Orléans	Lyon	centre de Paris	village près de Saint-Malo	Arles, en Provence	petite ville au nord de Toulouse
Job	mécanicien, garage	étudiante université (maths)	vendeur, Galeries Lafayette	coiffeuse, salon de coiffure	étudiant, lycée	infirmière hôpital
Interests	les vieilles voitures	jouer au tennis, faire la cuisine	le football, écouter des disques, regarder la télévision	la mode, chanter, la musique classique	nager, faire du ski, se promener à la campagne	le cinéma danser, faire de la plongée sous-marine

325

Unit 13
Extra
Rôles for: Débrouille-toi! (page 181)

1
— Quand avez-vous perdu votre parapluie?
— Où l'avez-vous perdu?
— Vous pouvez le décrire, votre parapluie?
— Non, je regrette . . . si vous voulez revenir dans une semaine?
— Au revoir monsieur/mademoiselle.

2
— Oui, ça va bien, merci. Ah, il y a une chose ... C'est à quelle heure, le petit déjeuner?
— Alors, je dois écrire à mes parents. Où est-ce que je peux acheter des timbres?
— Merci. À part ça, je voudrais connaître un peu la ville. Qu'est-ce qu'il y a à à voir?

3
— Vous avez réservé?
— C'est pour une nuit?
— Et vous êtes combien?
— Vous avez une caravane? C'est tout?
— Alors, il y a un emplacement. C'est là-bas, près du bloc sanitaire.

4
— Vous l'avez perdu où, monsieur/mademoiselle?
— Vous pouvez le décrire?
— Qu'est-ce qu'il y avait dedans?
— Alors, votre nom, s'il vous plaît ...
— Et votre adresse?
— Alors, asseyez-vous là, je vais voir ...

Unit 18
Extra
Rôles for: Allô ... (page 263)

1
a Vers dix heures? Alors, il y a un car qui part à dix heures vingt.
b Le car arrive à Beaupréau à onze heures et demie.

c Un aller-retour, c'est 39F 50.
d Il part à seize heures quarante.

2
a Alors nous habitons rue du Marché, 52. Il y a une boucherie à côté et en face vous verrez la croix verte d'une pharmacie.
b Eh bien, vers sept heures, sept heures et quart. Ça va?
c Bon, c'est tout près de la gare routière. Suivez l'avenue de la République et c'est la deuxième rue à gauche. Il y a une église au coin.

3
a Tous les jours, sauf le lundi.
b Jusqu'à six heures les jours de la semaine et jusqu'à 4h 30 le dimanche.
c 15F.
d Oh, c'est assez loin. Un kilomètre, à peu près.

Extra Practice
Extra
Rôle for: Une entrevue (page 302)

a Corinne/André Leboeuf
b Bourges
c C'est une ville au milieu de la France. Il y a une belle cathédrale et puis la maison de Jacques Coeur
d C'est mon troisième séjour
e J'ai un petit appartement près du marché
f Eh bien, jusqu'au mois de juillet, c'est-à-dire neuf mois.
g Je vais enseigner le français, bien sûr!
h Eh bien, je ne connais pas le nord. Je voudrais visiter York et puis la région des lacs.
i C'est très bien!
j J'ai l'impresion que les élèves travaillent plus en France. Mais il vaut mieux me demander ça à la fin de mon séjour
k De rien

Reference grammar

Nouns

Gender

1 Nouns in French are either masculine or feminine, though a few can be either, depending on the sex of the person, e.g.
   un/une enfant   (a child)
   un/une élève   (a pupil)
   un/une professeur   (a teacher)

2 Some masculine nouns, particularly those denoting occupations, have feminine forms, e.g.
   un boulanger (a baker) ... une
      boulangère
   un directeur (a headmaster) ... une
      directrice
   un marchand (a shopkeeper) ...
      une marchande

Plurals

1 Normally, as in English, nouns in French take -s in the plural, e.g.
   la porte (the door) ... les portes

2 But when the noun ends in -s, -x or -z, no extra -s is needed, e.g.
   le bois (the wood) ... les bois
   la voix (the voice) ... les voix
   le nez (the nose) ... les nez

3 Nouns ending in -eau, -eu and some in -ou take -x in the plural, e.g.
   le château (the castle) ... les châteaux
   le neveu (the nephew) ... les neveux
   le bijou (the jewel) ... les bijoux

4 Nouns ending in -al change their ending to -aux, e.g.
   le cheval (the horse) ... les chevaux
Note the odd plural form of *l'oeil (the eye)*: it is *les yeux*. Note also the following:

monsieur ... messieurs
madame ... mesdames
mademoiselle ... mesdemoiselles

Articles

Definite article: *le, la, l', les*
It is used like *the* in English, e.g.
   'Jean, regarde *le* bateau!' (the boat)
It is also used in general statements, e.g.
   Je n'aime pas *le* fromage. (I don't like
      cheese)
   Les Français conduisent à droite. (French
      people drive on the right)
and with days, e.g.
   Le mercredi, les élèves français ne vont
      pas en classe. (On Wednesdays ...)

Indefinite article: *un, une*
It is used like *a* or *an* in English, e.g.
   Janine portait *un* pull et *une* jupe. (a
      jumper and a skirt)

For the omission of the Indefinite article with professions, see Unit 5, page 66.

Partitive article: *du, de la, de l', des*
Introduced in Unit 14, page 184.
It is used like *some* or *any* in English, e.g.
   J'ai acheté *du* lait, *de la* confiture et *des*
      oeufs. (some milk, some jam and some
      eggs)
   Avez-vous *du* fromage italien? (any Italian
      cheese)
After negatives, *du, de la, de l'* and *des* all become *de*, e.g.
   J'ai des abricots, mais je n'ai pas *de*
      pêches. (I haven't any peaches)
   Robert ne boit jamais *de* vin. (Robert never
      drinks any wine)

Adjectives

Introduced in Unit 1, page 11.

All types of adjectives describe nouns or pronouns, and in French have to agree with what they are describing: they are masculine, feminine, singular or plural, as required.

Feminines

1 Normally to make an adjective feminine, add -e to the masculine form when there is no -e there already, e.g.

    brun ... brune (brown)
  but rouge ... rouge (red)

2 Sometimes you have to double the last letter before adding -e, e.g.

    gentil ... gentille (nice, kind)
    bon ... bonne (good)
    épais ... épaisse (thick)

3 Sometimes a grave accent is added, as well as -e, e.g.

    premier ... première (first)
    dernier ... dernière (last)
    cher ... chère (dear)

4 Adjectives ending in -eux change to -euse, e.g.

    heureux ... heureuse (happy)
    dangereux ... dangereuse (dangerous)

5 Sometimes, though, the adjective does not belong to any type, and the feminine form has to be remembered on its own, e.g.

    beau (*bel* before a vowel) ... belle (fine, beautiful)
    nouveau (*nouvel* before a vowel) ... nouvelle (new)
    vieux (*vieil* before a vowel) ... vieille (old)
    blanc ... blanche (white)
    doux ... douce (soft, sweet)
    favori ... favorite (favourite)
    frais ... fraîche (fresh)
    long ... longue (long)
    neuf ... neuve (brand new)
    sec ... sèche (dry)

Plurals

1 Normally to make an adjective plural, add -s on to the singular form when there is no -s or -x there already, e.g.

    noir ... noirs (noire ... noires) (black)
  but gros ... gros (grosse ... grosses) (big, fat)
    heureux ... heureux (heureuse ... heureuses) (happy)

2 Adjectives ending in -al become -aux in the plural, e.g.

    général ... généraux (general)
    principal ... principaux (main)

Position

Most adjectives come after the word they describe, e.g.

    un livre *intéressant* (an interesting book)
    la rue *principale* (the main street)

However some shorter, more common ones come in front, e.g.

beau (fine, beautiful)	haut (high)	mauvais (bad)
	jeune (young)	nouveau (new)
bon (good)	joli (pretty)	petit (small)
grand (tall)	long (long)	vieux (old)
gros (big, fat)		

Comparisons

Introduced in Unit 7, page 91.

plus ... que	(more ... than)
moins ... que	(less ... than)
aussi ... que	(as ... as)

Note: meilleur ... que   (better ... than)

Superlatives

Introduced in Unit 8, page 108.

    le plus ... (the most. the ... -est)
    le moins ... (the least ...).

Note: le meilleur/la meilleure, etc. (the best)

When the adjective goes after the noun, as most do, *le plus/le moins* ... also go after it, e.g.

    un livre *intéressant*
    le livre *le plus intéressant* (the most interesting book)

When the adjective goes before the noun, *le plus/le moins* also go in front, e.g.

    la *belle* robe
    la *plus belle* robe (the most beautiful dress)

Possessive adjectives (mon, ma, mes, etc.)

Introduced in Unit 2, page 29.

Demonstrative adjectives (ce, cet, cette, ces)

Introduced in Unit 1, page 11.

Interrogative adjectives (quel? quelle? quels? quelles?)

Introduced in Unit 14, page 186.

Indefinite adjectives

The most common are:

quelque(s) (some)
plusieurs (several)*
chaque (each)*
même (same)
autre (other)
tout ... toute
tous ... toutes } (all)

*Note that this word never changes.

Adverbs

Introduced in Unit 19, page 274.

Just as adjectives describe things and people, adverbs describe actions by saying when, where or how they take place. They are often recognised in English by -ly (happily, generally, etc.). In French they often end in -ment.

1 Most are formed by adding -ment to the feminine of the adjective, e.g.
    heureuse ... heureusement
    générale ... généralement

2 When the adjective ends in a vowel, -ment is usually added to the masculine form:
    vrai ... vraiment (really)
    absolu ... absolument (absolutely)

3 Adjectives ending in -ent or -ant have adverbs ending in -emment or -amment:
    patient ... patiemment (patiently)
    constant ... constamment (constantly)

4 Note also
    énorme ... énormément (enormously)
    précis ... précisément (precisely)

5 Many of the commonest adverbs have to be learnt on their own:
    beaucoup (a lot)   souvent (often)
    bien (well)   tôt (soon, early)
    maintenant (now)   toujours (always, still)
    mal (badly)   vite (quickly)
    même (even)

In French, adverbs usually go after the verb, e.g.
    Je mange souvent des pommes frites.
    (I often eat chips)
    Elle aime beaucoup les pêches.
    (She likes peaches a lot)

Intensifiers

These are words or phrases which make the adjective (or adverb) stronger or weaker. The most common are:

très
bien } (very)   tout à fait (completely)
fort   extrêmement
                      (extremely)
assez (quite)   presque (almost)
peu (little, not very) si
un peu (a little)   tellement } (so)

Negatives

Introduced in Unit 2, page 35.

1 ne ... pas (not), e.g. On *ne* travaille *pas* le dimanche. (You don't work on Sundays.)
    ne ... jamais (never), e.g. Je *ne* fume *jamais;* je *n'*ai *jamais* fumé. (I never smoke; I've never smoked.)
    ne ... plus (no longer), e.g. Les Dupont *n'*habitent *plus* Paris. (The Duponts don't live in Paris any longer.)
    ne ... rien (nothing), e.g. Je *ne* vois *rien* (I can see nothing.)
    ne ... personne (no one), e.g. Je *ne* connais *personne* à Rouen. (I know no one in Rouen.)
    ne ... ni ... ni (neither ... nor), e.g. Elle *ne*

parle *ni* italien *ni* espagnol. (She speaks neither Italian nor Spanish.)

ne ... aucun(e) (no, not a ...), e.g. Il n'y a *aucun* problème. (There's no problem.)

2 When *nothing* and *no one* are subject of the verb, *rien* and *personne* come first, e.g.
Rien *n'*a changé. (Nothing's changed).
Personne ne les aime. (No one likes them.)

3 *Rien, personne* and *jamais* can also be used alone to answer questions, e.g.
Voyez-vous quelqu'un? — Non, *personne.* (No one)
Êtes-vous déjà allé en Norvège? — Non, *jamais.* (Never)
Qu'est-ce que vous faites? — *Rien.* (Nothing)

Exclamations with Comme/Que ...! (How ...!)

Introduced in Unit 3, page 45.

Exclamations with Quel ...! Quelle ...! Quels ...! Quelles ...!

Introduced in Unit 17, page 240.

Pronouns

Subject Pronouns
These indicate who or what is doing the action of the verb:

je	nous
tu	vous
il/elle	ils/elles
*on	

Subject pronouns normally come before the verb (*il* mange, *nous* allons, etc.), but may come after in questions, in which case they are linked to the verb by a hyphen (or -t-), e.g.
parlez-*vous* français?
danse-*t-elle* bien?
*For details of how to use *'on'*, see Unit 2, page 27.

Direct Object pronouns
Introduced in Unit 4, page 57.

These indicate who or what is on the receiving end of the action of the verb:

me	nous
te	vous
le/la	les
se	se

e.g.
Pierre Dupont? Je *le* connais. (I know him)
Je connais ses parents, mais je ne *les* aime pas. (I don't like them).

Indirect Object pronouns
Introduced in Unit 5, page 70.

Usually equivalent to English *to me, to you,* etc:

me	nous
te	vous
lui	leur

e.g.
Je *leur* envoie une carte tous les ans (I send them (i.e. to them) a card ...)

Position of Object pronouns
Introduced in Unit 5, page 71.

They normally come before the verb, as in the examples above. Where two pronouns are used before the verb, they come in this order:

me				
te	le	lui	*y	**en VERB
se	la	leur		
nous	les			
vous				

*For details of how to use *y*, see Unit 11, page 139.
**For details of how to use *en* see Unit 14, page 189.
e.g.
Si je trouve le bracelet que tu perdu, je *te l'*enverrai (I'll send it to you)
Object pronouns come *after* the verb in positive commands, e.g.
Tu as laissé la porte ouverte; ferme-*la!* (close it!)
When *two* object pronouns come after the verb in this way, the order is as in English, e.g.
Donne-*le-lui!* (Give it to him/her!)
Note that *me* and *te* become *moi* and *toi*

when they come after the verb, e.g.

Regardez-*moi!* (Watch me!)

Amuse-*toi* bien (Enjoy yourself!)

Disjunctive pronouns (sometimes called Emphatic pronouns)

Introduced in Unit 7, page 100.

Both Subject and Object pronouns come close to the verb. Disjunctive pronouns often stand some way away from it. They are:

moi	nous
toi	vous
lui	eux
elle	elles
soi	

Uses

1　In one-word answers, e.g.

Qui a fini? – *Moi!*

2　After prepositions, e.g.

J'irai au cinéma *avec eux.* (with them)

Je viendrai *chez toi* demain. (to your house)

When used with *à*, Disjunctive pronouns indicate possession, e.g.

Ce stylo est *à moi.* (is mine)

Et cette règle est *à elle.* (is hers)

3　For emphasis, e.g.

Moi, je suis allé en Suisse. (*I* went to Switzerland)

Mais je ne l'ai pas fait, *moi! (I* didn't do it!)

4　After the verb *être,* e.g.

Qui m'a envoyé cette carte? – *C'est moi,* monsieur. (I did)

5　Combined with *-même/-mêmes* to mean *-self/selves,* e.g.

Tu ne veux pas y aller pour moi? Alors j'irai *moi-même.* (I'll go myself)

Regarde ce bureau; papa l'a fait *lui-même.* (Dad made it himself)

Demonstrative pronouns

1　Ceci/cela (this/that) can be either subject or object of the verb, e.g.

Regardez *ceci.* (Look at this)

Cela m'a surpris. (That surprised me)

In conversation, *cela* is often shortened to *ça,* e.g.

Ça coûte combien? (How much does that cost?)

Il est toujours comme *ça.* (He's always like that)

2　Ce qui/ce que/ce dont (what), introduced in Unit 5, page 77. Usually occurs in the middle of a sentence, e.g.

Il m'a raconté *ce qui* s'était passé. (He told me what had happened)

Je ne comprends pas *ce que* vous voulez dire. (I don't understand what you mean)

3　Celui, etc. (the one, etc.)

celui	ceux
celle	celles

Used with *qui/que* (see Unit 14, page 197)

Used with *de* (see Unit 17, page 237)

Like *ce, cette,* etc. *celui* can be used with *-ci* and *-là* to emphasize that you mean *this* or *that* one rather than any other, e.g.

J'aime cette robe-là, mais je n'aime pas *celle-ci.* (this one)

Ce pull-ci est rouge, *celui-là* est vert. (that one)

Relative pronouns

1　Qui/que (qu') (who/whom/which) Introduced in Unit 4, page 55.

2　After prepositions:

For people, use *qui,* e.g.

C'est la tante à *qui* j'envoie toujours une carte à Noël.

(She's the aunt to whom I always send a card at Christmas)

Les amies avec *qui* elle sort toujours.

(The friends with whom she always goes out)

For things use *lequel,* etc. Introduced in Unit 4, page 62.

	Singular	Plural
Masc.	lequel	lesquels
Fem.	laquelle	lesquelles

331

e.g.

Le magasin devant *lequel* j'ai laissé mon vélo

(The shop in front of which I left my bike)

If the preposition is *à* use:

auquel	auxquels
à laquelle	auxquelles

e.g.

Les villes *auxquelles* elle a voyagé

(The towns to which she travelled)

If the preposition is *de*, use:

duquel	desquels
de laquelle	desquelles

e.g.

La boulangerie près *de laquelle* il a été accidenté

(The baker's near which he had his accident)

N.B. *Où* is often used instead of *dans lequel* and *sur lequel*, e.g.

La maison *où* je suis né

(The house in which (=where) I was born)

Le rayon *où* je mets mes livres

(The shelf on which (= where) I put my books)

3 Dont (whose/of whom/of which/about whom/about which) Introduced in Unit 4, page 61.

Interrogative pronouns

1 Qui/Qui est-ce qui ...? (Who ...?) e.g.

Qui est là? (Who is there?) or

Qui est-ce qui est là? (Who is there?).

2 Qui/Qui est-ce que ...? (Whom ...?) e.g.

Qui voyez-vous? (Whom do you see?) or

Qui est-ce que vous voyez? (Whom do you see?)

3 Qu'est-ce qui ... (What ...?) as subject of the verb), e.g.

Qu'est-ce qui se passe? (What's going on?)

4 Que/Qu'est-ce que ... (What ...? as object of the verb), e.g.

Que faites-vous? (What are you doing?) or

Qu'est-ce que vous faites? (What are you doing?)

Possessive pronouns

Introduced in Unit 8, page 118.

masc. sing.	fem. sing.	
le mien	la mienne	(mine)
le tien	la tienne	(yours)
le sien	la sienne	(his/hers)
le nôtre	la nôtre	(ours)
le vôtre	la vôtre	(yours)
le leur	la leur	(theirs)

masc. plural	fem. plural	
les miens	les miennes	(mine)
les tiens	les tiennes	(yours)
les siens	les siennes	(his/hers)
	les nôtres	(ours)
	les vôtres	(yours)
	les leurs	(theirs)

e.g. Tu n'as pas ton vélo? Prends *le mien*

(Take mine)

Tes cheveux sont plus longs que *les siens*

(Your hair's longer than his/hers)

Tenses

The Present

Introduced in Unit 1, page 13.

Form

1 Regular. There are three types, formed by removing *-er, -ir, -re* from the Infinitive and adding endings as follows:

-ER

je donn*e*	nous donn*ons*
tu donn*es*	vous donn*ez*
il/elle donn*e*	ils/elles donn*ent*

-IR

je fin*is*	nous fin*issons*
tu fin*is*	vous fin*issez*
il/elle fin*it*	ils/elles fin*issent*

-RE

j'attend*s*	nous attend*ons*
tu attend*s*	vous attend*ez*
il/elle attend	ils/elles attend*ent*

2 Irregular. For irregular Present tenses see Verb Table, page 337.

Use
To describe present situations, to indicate actions which are happening now or which happen all the time.

With *depuis* to indicate that something *has been* happening, and *still is* (See Unit 4, page 58).

English equivalent
e.g. Il donne: he gives, he is giving

The Future
Introduced in Unit 5, page 67.
(The Future can also be expressed with the Present of *aller* followed by an Infinitive — see Unit 3, page 43.)

Form
The Future is formed by adding endings on to a stem, usually the Infinitive. In the case of *-re* verbs, the final *-e* is removed before the endings are added. A list of some irregular stems appears in Unit 5, page 68. Whether the verb is regular or irregular, the endings are always the same. They are:

-ai	-ons
-as	-ez
-a	-ont

Use
To refer to future events and actions, even though in English the verb may be in the Present:
Quand je *quitterai* l'école, je travaillerai dans un magasin.
When I *leave* school, I'll work in a shop.

English equivalent
e.g. il donnera: he will give

The Perfect (sometimes called the *passé composé)*
Introduced in Unit 7, page 93.
(*avoir* verbs in *-er)*

Introduced in Unit 8, page 113
(*avoir* verbs in *-ir, -re* and irregulars)

Introduced in Unit 9, page 123
(*être* verbs: *aller,* etc. and agreement of *avoir* verbs)

Introduced in Unit 11, page 144
(*être* verbs: reflexives)

There are two groups of Perfect tenses, those with *avoir* and those with *être.*

Form
1 Regular past participles are formed by removing *-er, -ir, -re* and adding *-é, -i, -u:*
j'ai donné
j'ai fini
j'ai attendu

2 Irregular past participles appear in the Verb Table.

3 Past participles of verbs taking *être* have to agree, just like adjectives. There are two types of *être* verbs:
a *all* reflexive verbs, e.g. elle s'est levée, nous nous sommes promenés;
b others, usually verbs of movement. See Unit 9, page 123.

Use
To refer to *completed* actions in the past.

English equivalent
E.g. il a donné: he gave, he has given

The Imperfect
Introduced in Unit 12, page 154 (for description and continuous action); Unit 15, page 206 (for continuous action with *pendant que* ...); Unit 16, page 220 (for habitual action i.e. 'used to').

Form
The Imperfect is formed by removing *-ons* from the *nous* part of the Present and adding these endings:

-ais	-ions
-ais	-iez
-ait	-aient

The only irregular form is the Imperfect of *être* (j'étais, tu étais, etc.).

Use
1 For descriptions in the past.
2 For continuous action in the past.
3 For habitual action in the past (i.e. 'used to').
4 With *depuis* to indicate that something *had been* happening and *still was* (see Unit 19, page 282).

English equivalent
1 Il était charmant. (He was charming)
2 Elle regardait la télévision quand soudain ... (She was watching television when suddenly ...)
3 Nous nous levions toujours à 7h. (We always used to get up at seven o'clock)

The Past Historic (sometimes called the *passé simple*)
Introduced in Unit 16, page 223.

Form
There are three types of Past Historic, recognizable by their endings:

je donn*ai*	nous donn*âmes*
tu donn*as*	vous donn*âtes*
il/elle donn*a*	*ils/elles donnèrent*

All -*er* verbs belong to this group

je fin*is*	nous fin*îmes*
tu fin*is*	vous fin*îtes*
il/elle fin*it*	ils/elles fin*irent*

All regular -*ir* and -*re* verbs and some irregulars belong to this group.

je cour*us*	nous cour*ûmes*
tu cour*us*	vous cour*ûtes*
il/elle cour*ut*	ils/elles cour*urent*

All verbs in this group are irregular

Two verbs only do not fit into these groups: *venir* and *tenir*:

je vins/tins	nous vînmes/tînmes
tu vins/tins	vous vîntes/tîntes
il/elle/vint/tint	ils/elles/vinrent/ tinrent

Use
The Past Historic is rarely used in everyday French. It refers, like the Perfect, to completed actions in the past, but is never used in letters or in conversation.

It is usually seen in the *il/elle* or *ils/elles* form.

English equivalent
e.g
il donna: he gave
il finit: he finished
ils coururent: they ran

The Conditional
Introduced in Unit 18, page 254.

Form
The Conditional is formed by adding the Imperfect endings to the stem of the Future.

Use and *English equivalent*

The Conditional is used in French where *would/should* occurs in English. Note especially:
a 'I *should like* ...': 'Je *voudrais* ...'
b In indirect speech: Elle a dit qu'elle *arriverait* vers 10 heures. (She said she *would arrive* ...)
c In 'if' sentences: Si, j'étais riche, j'*achèterais* une belle voiture. (If I were rich, I *would buy* ...)

The Pluperfect
Introduced in Unit 18, page 257.

Form
The Pluperfect, like the Perfect, consists of a part of *avoir* or *être* and a past participle. The part of *avoir/être* is in the Imperfect:
j'avais donné
elle était arrivée
ils s'étaient promenés

Use and *English equivalent*
The Pluperfect is used to say that someone *had* done something. The examples above would in English be:
I had given
she had arrived
they had gone for a walk

Present participles
Introduced in Unit 9, page 128.

Imperatives

Introduced in Unit 5, page 72.

In addition to the *vous* form, which is described in Unit 5, there are two more forms of the imperative:

1 For persons you call *tu*, take the 2nd person singular of the Present tense and leave out the *tu*, e.g.
   Fais tes devoirs, Alain!
   However, if the letter before the final *-s* is *e* or *a*, leave off the *-s*, e.g.
   Regarde, le match va commencer!
   Paul, *ouvre* la fenêtre!
   Le train arrive: *va* vite!

2 To say *Let's* ... take the 1st person plural of the Present tense and leave out the *nous*, e.g.
   Allons au cinéma ce soir. (Let's go ...)

3 Imperative forms of *avoir* and *être* are irregular. See Unit 5, page 72. *Savoir* also has irregular imperative forms. They are:
   sache
   sachons
   sachez

Reflexive verbs

Present tense introduced in Unit 2, page 26.
Perfect tense introduced in Unit 11, page 144.

Avoir expressions

Introduced in Unit 5, page 73.

In many, though not quite all, of these expressions, the French use *avoir* (to have) when we use *to be* in English:
   avoir chaud (to be hot) – but use il *fait* chaud for the weather
   avoir froid (to be cold)
   avoir faim (to be hungry)
   avoir soif (to be thirsty)

avoir raison (to be right)
avoir tort (to be wrong)

avoir de la chance (to be lucky)
avoir sommeil (to be sleepy)
avoir peur de (to be afraid of)
avoir lieu (to take place)
avoir besoin de (to need)
avoir envie de (to feel like, to want to)

Verbs followed by Infinitives

Introduced in Unit 7, page 95.

de
décider (to decide)
cesser (to stop)
empêcher (to prevent)
essayer (to try)
oublier (to forget)
refuser (to refuse)

à
commencer (to begin)
aider (to help)
apprendre (to learn)
inviter (to invite)
réussir (to succeed)

nothing
aller (to go)
aimer (to like)
devoir (to have to)
espérer (to hope)
pouvoir (to be able)
préférer (to prefer)
savoir (to know)
vouloir (to want)

e.g. Regarde, il a cessé *de* pleuvoir ... et le soleil commence *à* briller enfin. Veux-tu sortir, ou préfères-tu rester dans la maison?

Venir de ...
Introduced in Unit 8, page 110 (with the Present tense).
Introduced in Unit 12, page 166 (with the Imperfect tense).

Être en train de ...
Introduced in Unit 3, page 43.

Après avoir/être …

Introduced in Unit 11, page 139.

-er verbs with irregularities.

1 Verbs ending in -cer (e.g. commencer) and -ger (e.g. manger) have -ç and -ge- before a, o and u. For example:
je commence *but* nous commençons
il mange *but* il mangeait

2 Certain verbs have irregularities in all parts of the Present tense (except *nous* and *vous*) and throughout the Future. For example:

appeler: nous appelons *but* il appelle
jeter: nous jetons *but* nous jetterons
lever: vous levez *but* ils lèvent
mener: nous menons *but* il mène
s'ennuyer: vous vous ennuyez *but* je m'ennuierai

3 Préférer has irregularities in the Present tense only:

je préfère	nous préférons
tu préfères	vous préférez
il/elle préfère	ils/elles préfèrent

Days, months, numbers

Les jours de la semaine

lundi, mardi, mercredi, jeudi, vendredi, samedi, dimanche.

Les mois de l'année

janvier, février, mars, avril, mai, juin, juillet, août, septembre, octobre, novembre, décembre

Les numéros

1	un, une	15	quinze	40	quarante	81	quatre-vingt-un
2	deux	16	seize	41	quarante et un	82	quatre-vingt-deux
3	trois	17	dix-sept	42	quarante-deux	90	quatre-vingt-dix
4	quatre	18	dix-huit	50	cinquante	91	quatre-vingt-onze
5	cinq	19	dix-neuf	51	cinquante et un	92	quatre-vingt-douze
6	six	20	vingt	52	cinquante-deux	100	cent
7	sept	21	vingt et un	60	soixante	101	cent un
8	huit	22	vingt-deux	61	soixante et un	102	cent deux
9	neuf	23	vingt-trois	62	soixante-deux	200	deux cents
10	dix		etc.	70	soixante-dix	350	trois cent cinquante
11	onze	30	trente	71	soixante et onze	1000	mille
12	douze	31	trente et un	72	soixante-douze	4000	quatre mille
13	treize	32	trente-deux	80	quatre-vingts	1,000,000	un million
14	quatorze						

Verb table

Verb	Present	Future	Past Participle	Past Historic
Aller (to go)	je vais, tu vas, il va, nous allons, vous allez, ils vont	j'irai, etc.	allé	j'allai, etc.
Avoir (to have)	j'ai, tu as, il a, nous avons, vous avez, ils ont	j'aurai, etc.	eu	j'eus, etc.
Boire (to drink)	je bois, tu bois, il boit, nous buvons, vous buvez, ils boivent	je boirai, etc.	bu	je bus, etc.
Conduire (to drive)	je conduis, tu conduis, il conduit nous conduisons, vous conduisez, ils conduisent	je conduirai, etc.	conduit	je conduisis, etc.
Connaître (to know people and places)	je connais, tu connais, il connaît, nous connaissons, vous connaissez, ils connaissent	je connaîtrai, etc.	connu	je connus, etc.
Courir (to run)	je cours, tu cours, il court, nous courons, vous courez, ils courent	je courrai, etc.	couru	je courus, etc.
Croire (to think, believe)	je crois, tu crois, il croit, nous croyons, vous croyez, ils croient	je croirai, etc.	cru	je crus, etc
Devoir (to have to, to owe)	je dois, tu dois, il doit, nous devons, vous devez, ils doivent	je devrai, etc.	dû	je dus, etc.
Dire (to say, tell)	je dis, tu dis, il dit, nous disons, vous dites, ils disent	je dirai, etc.	dit	je dis, etc.
Dormir (to sleep)	je dors, tu dors, il dort, nous dormons, vous dormez, ils dorment	je dormirai, etc.	dormi	je dormis, etc.
Écrire (to write)	j'écris, tu écris, il écrit, nous écrivons, vous écrivez, ils écrivent	j'écrirai, etc.	écrit	j'écrivis, etc.
Envoyer (to send)	j'envoie, tu envoies, il envoie, nous envoyons, vous envoyez, ils envoient	j'enverrai, etc.	envoyé	j'envoyai, etc.
Être (to be)	je suis, tu es, il est, nous sommes vous êtes, ils sont	je serai, etc.	été	je fus, etc.
Faire (to make, do)	je fais, tu fais, il fait, nous faisons, vous faites, ils font	je ferai, etc.	fait	je fis, etc.

Verb	Present	Future	Past Participle	Past Historic
Lire (to read)	je lis, tu lis, il lit, nous lisons, vous lisez, ils lisent	je lirai, etc.	lu	je lus, etc.
Mettre (to put, put on)	je mets, tu mets, il met, nous mettons, vous mettez, ils mettent	je mettrai, etc.	mis	je mis, etc.
Ouvrir (to open)	j'ouvre, tu ouvres, il ouvre, nous ouvrons, vous ouvrez, ils ouvrent	j'ouvrirai, etc.	ouvert	j'ouvris, etc.
Partir (to leave)	je pars, tu pars, il part, nous partons, vous partez, ils partent	je partirai, etc.	parti	je partis, etc.
Pouvoir (to be able)	je peux, tu peux, il peut, nous pouvons, vous pouvez, ils peuvent	je pourrai, etc.	pu	je pus, etc.
Prendre (to take)	je prends, tu prends, il prend, nous prenons, vous prenez, ils prennent	je prendrai, etc.	pris	je pris, etc.
Recevoir (to receive)	je reçois, tu reçois, il reçoit, nous recevons, vous recevez, ils reçoivent	je recevrai, etc.	reçu	je reçus, etc.
Rire (to laugh)	je ris, tu ris, il rit, nous rions, vous riez, ils rient	je rirai, etc.	ri	je ris, etc.
Savoir (to know)	je sais, tu sais, il sait, nous savons, vous savez, ils savent	je saurai, etc.	su	je sus, etc.
Sortir (to go out)	je sors, tu sors, il sort, nous sortons, vous sortez, ils sortent	je sortirai, etc.	sorti	je sortis, etc.
Suivre (to follow)	je suis, tu suis, il suit, nous suivons, vous suivez, ils suivent	je suivrai, etc.	suivi	je suivis, etc.
Venir (to come)	je viens, tu viens, il vient, nous venons, vous venez, ils viennent	je viendrai, etc.	venu	je vins, etc.
Voir (to see)	je vois, tu vois, il voit, nous voyons, vous voyez, ils voient	je verrai, etc.	vu	je vis, etc.
Vouloir (to want)	je veux, tu veux, il veut, nous voulons, vous voulez, ils veulent	je voudrai, etc.	voulu	je voulus, etc.

French-English vocabulary

Note This vocabulary has been compiled so that the meanings
of French words appearing in the Units may be easily
checked. The English equivalents given are therefore limited
to those which are appropriate to context.

une abbaye	abbey	*l'Allemagne (f)*	Germany
abriter	to shelter, house	*allemand*	German
d'accord	all right, OK	*un (billet d') aller et*	
accoucher de	to give birth to	*retour*	return ticket
accroché	hanging on	*une amende*	fine
un accueil	welcome	*(bien) s'amuser*	to have a good time
le centre d'accueil	reception	*un an*	year
accueillir	to welcome	*anglais*	English
un achat	purchase	*l'Angleterre (f)*	England
acheter	to buy	*une année*	year
un acteur	actor	*un anniversaire*	birthday
une actrice	actress	*s'apercevoir*	to notice
actuellement	at present	*un appareil ménager*	household appliance
une addition	bill	*un appartement*	flat
adieu!	farewell!	*apporter*	to bring
s'adonner à	to take part in	*apprendre*	to learn
adossé	backing on to	*appuyer*	to press
un aéroglisseur	hovercraft	*un après-midi*	afternoon
un aéroport	airport	*un arbitre*	referee
les affaires (f)	things	*un arbre*	tree
une affiche	poster	*un arc*	bow
afficher	to stick up (posters)	*l'argent (m)*	money
affolé	frantic	*l'argenterie (f)*	silver(ware)
affreux (-euse)	frightful	*une armoire*	cupboard, wardrobe
agacer	to annoy, irritate	*un arrêt (d'autobus)*	(bus) stop
une agence de voyages	travel agent's	*(s') arrêter*	to stop
un agenda	diary	*une arrivée*	arrival
l'agrément (m)	enjoyment	*arroser*	to water
ailleurs	elsewhere	*un ascenseur*	lift
d'ailleurs	besides	*un aspirateur*	vacuum cleaner
aimable	pleasant, nice	*une aspirine*	aspirin
aîné	elder	*assez*	enough, fairly
ainsi que	as well as	*une assiette*	plate
une aire	motorway parking area	*assis*	sitting down
		assister (à)	to attend
les alentours (m)	surroundings	*une attente*	wait, waiting
l'alimentation (f)	food	*atterrir*	to land

339

attraper	to catch	*battre*	to beat
l'aube (f)	dawn	*le beau-père*	father-in-law
une auberge	inn	*belge*	Belgian
une auberge de jeunesse	youth hostel	*la Belgique*	Belgium
aujourd'hui	today	*la belle-mère*	mother-in-law
auparavant	before	*la berge*	bank
aussi	also	*le beurre*	butter
aussitôt	at once	*la bibliothèque*	bookcase
en faire autant	to do the same	*la bicyclette*	bicycle
un autobus (le bus)	bus	*bientôt*	soon
l'automne (m)	autumn	*la bière*	beer
en automne	in autumn	*le bifteck*	steak
l'auto-stop (m)	hitch-hiking	*le(s) bijou(x)*	jewel(s)
un autostoppeur	hitch-hiker	*le bilan*	total number
autre	other	*le billet*	ticket
autrefois	once, formerly	*le billet de banque*	banknote
l'Autriche (f)	Austria	*blanc(he)*	white
avant de	before	*blesser*	to hurt, injure
l'avenir (m)	future	*la blessure*	injury
une averse	shower	*bleu*	blue
avertir	to warn, inform	*blond*	blond, fair
un avion	aeroplane	*le blouson*	jacket
un avis	notice	*le bocal*	jar
à (mon) avis	in (my) opinion	*le boeuf*	beef
		le bois	wood
		la boisson	drink
les bagages (m)	luggage	*la boîte*	box, tin
la baguette	(long) loaf	*la boîte aux lettres*	postbox
la baignade	bathing (place)	*la boîte d'allumettes*	box of matches
se baigner	to bathe	*le bonbon*	sweet
la baignoire	bath	*le bonheur*	happiness
se baisser	to bend down	*le bord*	edge, side
la balance	weighing scales	*au bord de la mer*	at the seaside
la balle	(golf, tennis) ball	*la botte*	boot
le ballon	ball	*la bouche*	mouth
le banc	bench	*le boucher*	butcher
la banlieue	suburbs	*la boucherie*	butcher's shop
la banque	bank	*le bouchon*	stopper, cork
la barbe	beard	*bouclé*	curly
bas(se)	low	*bouger*	to move
en bas de	at the bottom of	*le boulanger*	baker
le bas	stocking	*la boulangerie*	baker's shop
les baskets (m)	basketball shoes, trainers	*le boulon*	bolt
		le/la bouquiniste	second-hand bookseller
le bassin	pool		
la bataille	battle	*la bouteille*	bottle
le bateau	boat	*la boutique*	shop
le bâtiment	building	*le bouton*	button
bâtir	to build	*le bras*	arm

brasser	to stir	*le cas*	case, situation
brave	good, worthy	*le casier*	locker
briller	to shine	*la casquette*	cap
bronzé	sun-tanned	*casser*	to break
le brouillard	fog, mist	*la casserole*	saucepan
le bruit	noise	*à cause de*	because of
brûler	to burn	*causer*	to chat
la brume	fog, mist	*la cave*	cellar
brun	brown	*la ceinture*	belt
bruyant	noisy	*célèbre*	famous
le buffet	sideboard, buffet	*celui, celle*	the one
le bureau	office	*le centre ville*	town centre
le bureau de poste	post office	*chacun*	each one
le bureau de		*la chaîne*	(TV) channel
renseignements	information office	*la chaise*	chair
le bureau de tabac	tobacconist's shop	*la chaleur*	warmth, heat
le but	goal	*la chambre à coucher*	bedroom
le butin	loot, swag	*le champignon*	mushroom
		la chance	luck
le cabinet de travail	study	*le change*	foreign exchange
jouer à cache-cache	to play hide and seek	*la chanson*	song
(se) cacher	to hide	*chanter*	to sing
la cachette	hiding place	*le chanteur*	singer
le cadeau	present	*la chanteuse*	singer
le cadre	setting	*le chapeau*	hat
le café	coffee, café	*chaque*	each
le(s) caillou(x)	pebble(s)	*le charbon*	coal
la caisse	cash desk	*la charcuterie*	pork butcher's shop,
cambrioler	to burgle		delicatessen
le cambrioleur	burglar	*le charcutier*	pork butcher
le camion	lorry	*le chariot*	trolley
(à) la campagne	(in) the country	*la chasse*	hunting
le camping	campsite	*châtain*	chestnut
faire du camping	to go camping	*le château*	castle
le canapé	sofa	*le chauffage*	heating
le canard	duck	*chauffé*	heated
le caniveau	gutter	*le chauffeur*	driver
la canne à pêche	fishing rod	*la chaussée*	carriageway, road
le canot	rowing boat	*la chaussure*	shoe
le canotier	boatman	*le chef*	chief
la cantine	canteen, dining hall	*le chemin*	way, path
car	for	*le chemin de fer*	railway
le car	coach	*la cheminée*	fireplace
le carrefour	crossroads	*la chemise*	shirt
la carrière	career	*le chemisier*	blouse
le carrosse	coach	*le chenal*	channel
le cartable	satchel	*le chèque de voyage*	traveller's cheque
la carte	map, card, menu	*cher (-ère)*	dear
la carte postale	postcard	*chercher*	to look for

341

le(s) cheval (-aux)	horse(s)	*connaître*	to know
le(s) cheveu(x)	hair	*le conseil*	council
le chien	dog	*conseiller*	to advise
la chimie	chemistry	*la consigne*	left luggage office
choisir	to choose	*la consommation*	beverage
le choix	choice	*constater*	to ascertain
le chômage	unemployment	*construire*	to build
la chute	fall	*contre*	against
la cicatrice	scar	*le contrôleur*	ticket collector
ci-dessous	below	*le copain*	pal
le ciel	sky	*la copine*	pal
le cimetière	cemetery	*la coquille*	shell
la circulation	traffic	*la corbeille (à papier)*	(wastepaper) basket
circuler	to run	*le corps*	body
cirer	to polish	*la correspondance*	connection
le cirque	circus	*le costume*	suit
la clé	key	*le côté*	side
la clef	kéy	*la côte*	coast
le/la client(e)	customer	*la côtelette*	chop
la cloche	bell	*le cou*	neck
le clou	nail	*se coucher*	to lie down, go to bed
cocasse	comic	*le couloir*	corridor
le coeur	heart	*le coup*	blow, kick
le coffre	safe	*le coup d'oeil*	glance
le coiffeur/la coiffeuse	hairdresser	*le coup de téléphone*	phone call
le coin	corner	*couper*	to cut (off)
se coincer	to get stuck	*la cour*	playground
le col	collar	*le coureur*	rider, runner,
le collège	school		competitor
le collier	necklace	*courir*	to run, race
la colline	hill	*le courrier du coeur*	lonely hearts column
commettre	to commit	*le cours*	lesson
le commissariat	police station	*la course*	race
la compagnie	company	*les courses*	shopping
comparer	to compare	*court*	short
complaisant	kind, obliging	*le court*	(tennis) court
composter	to validate	*le couteau*	knife
comprendre	to understand,	*coûter*	to cost
	include	*le couvercle*	lid, cap
comprimé	compressed	*le couvert*	place (at table), cover
le compteur	meter		charge
le comptoir	counter, bar	*la couverture*	blanket
le concours (hippique)	(horse-riding)	*craindre*	to fear
	competition	*craquer*	to burst
le conducteur	driver	*la cravate*	tie
conduire	to drive	*le crayon*	pencil
la confiserie	confectioner's shop	*créer*	to create, found
la confiture	jam	*la crémerie*	dairy produce shop
le jour de congé	day's holiday	*la crêpe*	pancake

crevé	burst, punctured	*la digue*	dyke, embankment
la croisière	cruise	*la dinde*	turkey
la croix	cross	*le dîner*	dinner
le croque-monsieur	toasted cheese and ham sandwich	*le directeur*	headmaster
		se diriger	to make one's way
la crosse	butt (of gun)	*la disparition*	disappearance
la cuiller	spoon	*disponible*	available
le cuir	leather	*disposer de*	to have at one's disposal
la cuisine	kitchen		
la cuisinière	cooker	*le disque*	record
la cuve	drum	*divaguer*	to stray
le cygne	swan	*dominer*	to overlook
		le dortoir	dormitory
la dactylo	typist	*la douane*	customs
débarrasser	to rid	*le douanier*	customs officer
debout	standing (up)	*la douche*	shower
débrancher	to disconnect	*le drap*	sheet
le début	beginning	*le drapeau*	flag
débutant	novice	*se dresser*	to stand, rise
déchirer	to tear	*droit*	right
se décourager	to get discouraged	*tout droit*	straight on
décrire	to describe	*à droite*	on, to the right
le défaut	fault	*drôle*	funny
la dégustation	tasting	*dur*	hard
dehors	outside	*la durée*	length (of time)
le déjeuner	lunch	*durer*	to last
demain	tomorrow		
demeurer	to live	*l'eau (f)*	water
le départ	departure	*un échafaud*	scaffold
dépasser	to overtake, go beyond	*une échalote*	shallot
		une échelle	ladder
dépendre de	to depend on	*s'éclaircir*	to clear up
dépenser	to spend	*une école*	school
déplacer	to move	*écossais*	Scottish
être déporté	to go out of control	*écouter*	to listen (to)
déposer	to deposit, put down	*écrire*	to write
déranger	to disturb, bother	*s'effectuer*	to take place
dernier (-ière)	last	*effrayer*	to frighten
descendre	to go down (stairs), to put up (at a hotel)	*également*	equally
		une église	church
désherber	to weed	*élargir*	to make wider
désirer	to want	*un électrophone*	record player
le dessin	drawing	*un(e) élève*	pupil
se détromper	to undeceive oneself	*s'éloigner*	to go away, wander
deuxième	second	*un embouteillage*	traffic jam
dévisager	to stare at	*une émission*	broadcast, programme
devoir	to have to, to owe		
les devoirs (m)	homework	*emmener*	to take
diffuser	to broadcast	*empêcher*	to prevent

343

un emplacement	pitch (for a tent), site	*un étalage*	stall, display
une emplette	purchase	*une étape*	stage (of journey)
un emploi	job	*un état*	state
un(e) employé(e)	clerk, employee	*les États-Unis*	USA
emporter	to take	*l'été (m)*	summer
emprunter	to borrow	*en été*	in summer
encombré	encumbered, cluttered	*éteindre*	to extinguish, switch
encore	still, again, yet		off
un endroit	place	*s'éteindre*	to die
un(e) enfant	child	*s'étendre*	to extend, stretch
enfermer	to shut up	*étincelant*	sparkling
enfin	in fact, finally	*une étoile*	star
enlever	to take off	*étonnant*	astonishing
un ennui	worry, problem	*étranger (-ère)*	foreign
s'ennuyer	to get bored	*un(e) étranger (-ère)*	foreigner
enseigner	to teach	*à l'étranger*	abroad
ensemble	together	*un(e) étudiant(e)*	student
ensoleillé	sunny	*étudier*	to study
ensuite	next, then	*eux (m)*	them
entamer	to begin	*un évier*	sink
entendre	to hear	*éviter*	to avoid
s'entendre	to get on	*s'exprimer*	to express oneself
bien entendu	of course		
entier (-ère)	entire, whole	*en face de*	opposite
entourer	to surround	*facile*	easy
un entr'acte	interval	*de toute façon*	anyway
un entraînement	training	*le facteur*	postman
entre	between	*faire de l'alpinisme*	to go mountaineering
environ	about	*faire des courses*	to go shopping
envoyer	to send	*faire un écart*	to move aside
épais(se)	thick	*faire la lessive*	to do the washing
une épaule	shoulder	*faire la vaisselle*	to do the washing up
une épicerie	grocer's shop	*faire les lits*	to make the beds
un épicier	grocer	*faire voir*	to show
une épine	thorn	*la falaise*	cliff
éplucher	to peel	*la famille*	family
une époque	period, time	*fatigant*	tiring
épouser	to marry	*fatigué*	tired
une équipe	team	*il faut*	you (etc.) must
un escalier	staircase	*le fauteuil*	armchair
un escargot	snail	*favori(te)*	favourite
l'Espagne (f)	Spain	*la féerie*	fantasy, spectacle
espérer	to hope	*la femme*	wife, woman
un espion	spy	*la femme de ménage*	cleaning lady
essayer (de)	to try (to)	*la fenêtre*	window
l'essence (f)	petrol	*la fente*	slot
essuyer	to wipe	*le fer à repasser*	iron
l'est (m)	east	*(le jour) férié*	(day's) public holiday
un étage	floor, storey	*le fermier*	farmer

344

féroce	ferocious	*la gare*	station
la fête	festival	*la gare routière*	bus station
le feu	fire	*garer*	to garage
les feux (rouges)	traffic lights	*le gas-oil*	diesel oil
la fiche	form	*le gâteau*	cake
fier (-ière)	proud	*gauche*	left
le filet	net	*à gauche*	on, to the left
la fille	daughter, girl	*le gaz*	gas
le filleul	godson	*le gazon*	grass, lawn
le fils	son	*la gendarmerie*	police station
fin	fine	*gêner*	to block
la fin	end	*le(s) genou(x)*	knee(s)
la flaque	pool, puddle	*gentil(le)*	pleasant, nice, kind
la fleur	flower	*gigantesque*	huge
le flot	wave	*le gigot (d'agneau)*	leg (of lamb)
la fois	time	*la glace*	ice, ice cream
foncé	dark (colour)	*glisser*	to slip, slide
au fond	at the back, bottom	*la gorge*	throat
la forêt	forest	*le gosse*	kid
fort	strong, very	*gourmand*	greedy
la foule	crowd	*grand*	large, tall
le four	oven	*la grand-mère*	grandmother
la fourchette	fork	*le grand-père*	grandfather
fournir	to supply	*gratter*	to scrape, scratch
fourré	filled	*gratuit*	free
le foyer	centre	*grave*	serious
frais (fraîche)	fresh, cool	*à mon (etc.) gré*	for my liking
la fraise	strawberry	*le grenier*	attic
français	French	*la grenouille*	frog
frapper	to hit, knock	*la grève*	strike
le frère	brother	*le gréviste*	striker
frisé	curly	*gris*	grey
les frites (f)	chips	*gros(se)*	big, fat
froid	cold	*grossir*	to get fat
le fromage	cheese	*la guerre*	war
le front	forehead	*le guichet*	ticket office
la frontière	frontier		
la fruiterie	greengrocer's shop		
le fruitier	greengrocer	*habiter*	to live in
la fuite	flight, escape	*d'habitude*	usually
la fumée	smoke	*s'habituer à*	to get used to
fumer	to smoke	*un hameçon*	hook
furieux (-euse)	furious	*le hareng*	herring
le fusil	rifle, gun	*le haricot*	bean
le fusil à canon scié	sawn-off shotgun	*haut*	high
		l'hébergement (m)	accommodation
gagner	to earn, win	*une hélice*	propellor
le gant	glove	*l'herbe (f)*	grass
le garçon	boy, waiter	*de bonne heure*	early

heurter	to bump into, collide with	*le lac*	lake
		la laine	wool
hier	yesterday	*la laisse*	lead
hisser	to hoist	*laisser*	to leave, let
une histoire	story	*le lait*	milk
l'hiver (m)	winter	*la langue*	language
en hiver	in winter	*le lapin*	rabbit
un hôpital	hospital	*large*	wide
un horaire	timetable	*la larme*	tear
hors de	out of	*le lavabo*	wash basin
un hôtel de ville	town hall	*le lave-vaisselle*	dishwasher
l'huile (f)	oil	*la lecture*	reading
		léger (-ère)	light, slight
une île	island	*le légume*	vegetable
une image	picture	*le lendemain*	the next day
un immeuble	block of flats	*lent*	slow
un imperméable	raincoat	*la levée*	collection
impressionner	to impress	*la librairie*	bookshop
les imprimés (m)	printed matter	*libre*	free
inattendu	unexpected	*le libre service*	self-service shop
incroyable	unbelievable	*le lieu*	place
une infirmière	nurse	*la limonade*	lemonade
inquiet (-ète)	worried	*le linge*	washing
s'inquiéter	to get worried	*la lingerie*	draper's shop
un(e) instituteur (-trice)	teacher (primary school)	*le lit*	bed
		le littoral	coast
interdit	forbidden	*le logement*	lodging, accommodation
ivre	drunk		
		la loi	law
jamais	ever, never	*loin*	far off
la jambe	leg	*les loisirs (m)*	leisure
le jambon	ham	*long (ue)*	long
le jardin	garden	*longer*	to go along
le jean	jeans	*lorsque*	when
le jeu	game	*louer*	to hire, rent
jeune	young	*lourd*	heavy
joli	pretty	*la lumière*	light
la joue	cheek	*la lune*	moon
jouer au tennis, aux échecs, etc.	to play tennis, chess, etc.	*les lunettes (f)*	glasses
		la lutte	wrestling
jouer de (la guitare)	to play (the guitar)	*lutter (contre)*	to fight (against)
le joueur	player		
le jour	day	*la machine à laver*	washing machine
le journal	newspaper	*le magasin*	shop
la journée	day	*maigrir*	to slim
la jupe	skirt	*le maillot*	jersey
jusqu'à	until	*le maillot de bain*	bathing costume
		la main	hand
là-bas	over there	*maintenant*	now

346

la mairie	town hall	*les meubles (m)*	furniture
la maison	house	*le meurtre*	murder
(le/la) malade	ill, sick (person)	*le milieu*	middle, background
le malfaiteur	crook	*au milieu de*	in the middle of
malgré	in spite of	*mince*	thin, slim
la malle	(car) boot	*le miroir*	mirror
la Manche	English Channel	*la mi-temps*	half (time)
manger	to eat	*la mode*	fashion
manquer	to miss	*moins*	less
le manteau	overcoat	*le mois*	month
le marais	marsh	*la moitié*	half
le marchand	shopkeeper	*le monde*	people, world
la marchandise	merchandise, goods	*tout le monde*	everyone
le marché	market	*la monnaie*	change
marcher	to walk, run (of machinery)	*la montagne*	mountain
		monter	to go up
la marée	tide	*montrer*	to show
le mari	husband	*le monument*	important building
se marier	to marry	*se moquer de*	to make fun of
le Maroc	Morocco	*le morceau*	piece
la maroquinerie	leather goods shop	*mordre*	to bite
la marque	make, brand	*le mot*	word
marquer	to score	*la motte*	pat, lump
la marraine	godmother	*la moto(cyclette)*	motor bike
la matière	school subject	*mouiller*	to moisten
la matière première	raw material	*la moule*	mussel
le matin	morning	*le moustique*	mosquito
la matinée	morning	*le mouton*	sheep, mutton
le mécanicien	mechanic	*moyen(ne)*	average
méchant	nasty	*muni (de)*	provided (with)
mécontent	dissatisfied	*le mur*	wall
le médecin	doctor	*le musée*	museum
le médicament	medicine		
se méfier de	to mistrust	*nager*	to swim
meilleur	better	*la naissance*	birth
le mélange	mixture	*la natation*	swimming
même	same, self, even	*néanmoins*	nevertheless
quand même	even so	*la neige*	snow
tout de même	all the same	*nettoyer*	to clean
le ménage	housework	*neuf (neuve)*	(brand) new
mener	to lead	*le neveu*	nephew
le mensonge	lie	*le nez*	nose
la mer	sea	*le niveau*	level
la mère	mother	*noir*	black
la messe	mass	*le nom*	name
la météo	weather forecast	*le nombre*	number
le métier	job, trade	*le nord*	north
le Métro	Underground	*la Norvège*	Norway
mettre	to put (on), take (time)	*la note*	bill, mark

nouveau (-elle)	new	la particularité	distinctive feature
à nouveau	once again	faire partie de	to belong to
les nouvelles (f)	news	partir	to leave, depart
(se) noyer	to drown	à partir de	from
le nuage	cloud	partout	everywhere
nuageux	cloudy	le passager	passenger
nuire à	to harm	le passant	passer-by
		se passer	to happen
obligé	grateful, obliged	passer (un disque)	to play (a record)
d'occasion	second-hand	passer (un film)	to show (a film)
occupé	occupied	passer une frontière	to cross a frontier
un oeil (les yeux)	eye(s)	passer (une journée)	to spend (a day)
un oeuf	egg	le passe-temps	pastime
un oiseau	bird	le patinage	skating
à l'ombre	in the shade	la patinoire	skating rink
un oncle	uncle	la pâtisserie	cake shop
l'or (m)	gold	le pâtissier	baker (cakes)
un orage	storm	le/la patron(ne)	boss
une ordonnance	prescription	la pause	half time, break
les ordures (f)	rubbish	payer	to pay (for)
une oreille	ear	le pays	country
un oreiller	pillow	le paysage	countryside,
oublier (de)	to forget (to)		landscape
l'ouest (m)	west	la peau	skin
en outre	besides	la peau de chamois	shammy leather
ouvert	open	la pêche	peach
une ouvreuse	usherette	pêcher	to fish
		à peine	scarcely
le pain	bread	le peintre	painter
la paix	peace	la peinture	painting
la pancarte	sign, notice	le pèlerinage	pilgrimage
le panier	basket	la pelouse	lawn
la panne	breakdown	pendant	during
tomber en panne	to break down	la pendule	clock
le panneau	(notice) board	perdre	to lose
le pansement	dressing	le père	father
le pantalon	trousers	permettre	to allow
le papier	paper	le permis (de conduire)	driving licence
le paquet	packet, parcel	le perroquet	parrot
paraître	to appear	le persil	parsley
le parapluie	umbrella	peser	to weigh
le parc	park	petit	small
par-dessus	over	le petit déjeuner	breakfast
le pardessus	overcoat	(un) peu	(a) little
paresseux (-euse)	lazy	le peuplier	poplar tree
parfois	sometimes	la pharmacie	chemist's shop
la parfumerie	perfume shop	le pharmacien	chemist
parmi	amongst	la pièce	room, coin, each,
le parrain	godfather		piece

le pied	foot
à pied	on foot
la pierre	stone
le piéton	pedestrian
piquer	to sting, bite
le piquet	(tent) peg
la piscine	swimming-bath
la piste	track, dance floor
le pistolet	pistol
le placard	cupboard
la place	square, seat (on train, etc.)
le plafond	ceiling
la plage	beach
se plaindre	to complain
au premier plan	in the foreground
la planche à voile	sailboard
le plancher	floor
la plaque électrique	hotplate
le plat	dish
plein	full
en plein air	in the open air
pleuvoir	to rain
la plongée sous-marine	skin diving
le plongeoir	diving board
la pluie	rain
la plupart	majority
plusieurs	several
plutôt	rather
pluvieux	rainy
le pneu	tyre
la poche	pocket
le poids	weight
la poire	pear
les (petits) pois (m)	peas
le poisson	fish
la poissonnerie	fishmonger's shop
le poivre	pepper
poli	polite
polir	to polish
la pomme	apple
la pomme de terre	potato
le pompier	fireman
le pont	bridge
le port (de pêche)	(fishing) port
portatif (-ive)	portable
la porte	door
le porte-bagages	luggage rack
le portefeuille	wallet
le porte-monnaie	purse
porter	to wear, carry
poser	to put
la Poste	Post Office
le poulet	chicken
le pourboire	tip
pourtant	however
pousser	to push
pratique	practical
pratiquer	to take part in, play
se précipiter	to hurry, rush
préférer	to prefer
préféré	favourite
premier (-ère)	first
prendre	to take
prendre sa retraite	to retire
le prénom	first name
le préposé	official, attendant
la présentatrice	TV presenter
se présenter	to introduce oneself
presque	almost
pressé	in a hurry
prêt	ready
prévenir	to warn
le printemps	spring
au printemps	in spring
la prise	capture
le prix	price, prize
prix à débattre	price to be negotiated
prochain	next
proche	near
le/la professeur	teacher
faire une promenade	to go for a walk, outing
se promener	to go for a walk, outing
la promotion	special offer
propre	clean, own
puis	then
le pull(over)	pullover
le quai	platform, quay, riverside street
quel(le)	which? what a ... !
quelquefois	sometimes
faire la queue	to queue up
la quincaillerie	hardware shop, ironmonger's

la quinzaine	fortnight	*la retraite*	retirement
quitter	to leave	*retrouver*	to find again
		(se) réunir	to meet, gather
rabattre	to pull down	*réussir*	to succeed
raconter	to tell (a story)	*le rêve*	dream
ramasser	to pick up	*le réveil*	alarm clock
ramener	to take back, bring back	*le rez-de-chaussée*	ground floor
râpé	grated	*le rideau*	curtain
par rapport à	in comparison with	*de rien*	that's quite all right
rater	to fail	*rire*	to laugh
le rayon	counter, department	*le rivage*	shore, bank
recevoir	to receive	*la rive*	bank
la recherche	inquiry	*la rivière*	river
rechercher	to seek	*le riz*	rice
le réfectoire	dining hall	*la robe*	dress
le réfrigérateur	fridge	*la roche*	rock
la régate	regatta	*le rocher*	rock
le règlement	rules	*le roi*	king
les reins (m)	back, kidneys	*le rôle*	part
le relâche	respite, rest	*rôti*	roast
relier	to link	*la rôtisserie*	cooked meat shop
remarquer	to notice, remark	*la roue*	wheel
les remerciements (m)	thanks	*rouge*	red
remercier	to thank	*rouler*	to drive, ride, travel
la remise	discount	*la route*	road
remplir	to fill (in)	*le routier*	lorry driver
remporter une victoire	to win a victory	*la rue*	street
rencontrer	to meet	*la ruée*	rush
rendre	to give (back)		
se rendre compte	to realise	*le sable*	sand
les renseignements (m)	information	*le sac*	bag
la rentrée	beginning of term	*le sac de couchage*	sleeping bag
rentrer	to return (home)	*sage*	well-behaved
renverser	to knock down	*la salade*	lettuce
le réparateur	repairer	*sale*	dirty
réparer	to repair	*la salle à manger*	dining room
le repas	meal	*la salle d'attente*	waiting room
le repassage	ironing	*la salle de bains*	bathroom
reposant	restful	*le salon*	lounge
reprendre connaissance	to regain consciousness	*le sang*	blood
		sans	without
le reproche	reproach	*la santé*	health
le requin	shark	*le sapeur-pompier*	fireman
resserrer	to tighten	*le saucisson*	sausage
rester	to remain, stay	*sauf*	except
en retard	late	*saupoudrer*	to sprinkle
le retour	return	*sauter*	to jump
de retour	back	*sauver*	to save
		la séance	performance, 'house'

le seau	bucket	*stationner*	to park
sec (sèche)	dry	*la station-service*	petrol station
la secrétaire	secretary	*le sucre*	sugar
secourir	to help	*le sud*	south
le secours	help	*la Suisse*	Switzerland
le séjour	stay, living room	*à la suite de*	because of
séjourner	to stay	*tout de suite*	straight away
la semaine	week	*suivre*	to follow
le serpent	snake	*suivant*	following
la serrurerie	locksmith's shop	*le supermarché*	supermarket
la serviette	towel	*bien sûr*	of course
servir	to serve	*surgelé*	deep-frozen
seul	alone	*surtout*	above all, especially
le siècle	century	*surveiller*	to watch (over),
le siège	seat, siege		supervise
le sifflet	whistle	*svelte*	slim
le signalement	description	*sympa(thique)*	nice
signaler	to draw attention to, to signal	*le syndicat d'initiative*	tourist information office
sinon	otherwise		
le slip	pants	*le tableau*	picture
la soeur	sister	*la tâche*	task, job
soigner	to take care of	*la taille*	height
le soir	evening	*le talus*	bank
la soirée	evening	*la tante*	aunt
le sol	ground	*taper à la machine*	to type
le soleil	sun	*le tapis*	carpet
le sondage	opinion poll	*tard*	late
sonner	to ring	*la tasse*	cup
la sortie	outing, exit	*le taureau*	bull
sortir	to go out	*téléphoner à*	to telephone
le souci	worry	*le téléviseur*	TV set
soudain	suddenly	*tellement*	so much, all that much
souffler	to blow		
souhaiter	to wish	*la tente*	tent
souillé	soiled, dirty	*le terrain*	pitch, (sports) ground, (camp) site
soulagé	eased		
soulever	to lift	*la terre*	land
le soulier	shoe	*la tête*	head
sourire	to smile	*le thé*	tea
le sourire	smile	*le tibia*	shin
le sous-sol	basement	*le ticket*	ticket (bus, Métro)
soustraire	to take away	*le timbre (-poste)*	(postage) stamp
souterrain	underground	*le tir*	shooting
souvent	often	*le tir à l'arc*	archery
le sparadrap	sticking plaster	*le tirage*	draw
le stade	stadium, (football) ground	*tirer*	to pull
		tirer sur	to shoot at
en stationnement	parked	*s'en tirer*	to recover

la toile	linen	vérifier	to check
les toilettes (f)	toilets	le verre	glass
le toit	roof	vers	towards, about
le tombeau	tomb	verser	to pour
la tondeuse à gazon	lawnmower	la veste	jacket
tondre	to mow	le veston	jacket
le torchon	duster, tea towel	les vêtements (m)	clothes
tôt	early	vêtu	dressed
toujours	always, still	veuillez ...	be so kind as to ...
la tournée	round	la veuve	widow
tourner (un film)	to make, shoot (a film)	la viande	meat
		vide	empty
le tournoi	tournament	vider	to empty
tout à fait	quite	la vie	life
le traité	treaty	vieux (vieille)	old
le trajet	journey	la vigne	vine
travailler	to work	la ville	town
le travailleur	worker	le vin	wine
la traversée	crossing	le virage	bend
traverser	to cross	le visage	face
trempé	soaked	vite	quickly
le trimestre	term	la vitesse	speed
triste	sad	la vitrine	shop window, display cabinet
troisième	third		
trop	too, too much	la voie	track
le trottoir	pavement	la voile	sail, sailing
le trou	hole	voisin	nearby
trouver	to find	le/la voisin(e)	neighbour
se trouver	to be	le voisinage	neighbourhood
le truc	trick, device	la voiture	car
tuer	to kill	le vol	theft, flight
		le volant	shuttlecock, steering wheel
une usine	factory		
utile	useful	voler	to steal
		le volet	shutter
les vacances (f)	holidays	le voleur	thief
la vache	cow	volontiers	willingly
la valise	suitcase	vouloir dire	to mean
varier	to vary	le voyage	journey
la vedette	(film, TV) star, pleasure boat	le voyageur	passenger
		vrai	real, true
la veille	eve	vraiment	really
le vélo	bicycle	la vue	view
le vendeur	salesman		
la vendeuse	salesgirl	les WC (m)	toilets
vendre	to sell		
le vent	wind	le yaourt	yoghurt
dans le vent	up-to-date		
le ventre	stomach		